川合　安著

南朝貴族制研究

汲古叢書119

汲古書院

目　次

南朝貴族制研究

序　論

本書は、中国の江南で五世紀から六世紀にかけて展開した政治社会体制、すなわち南朝貴族制を取り上げて、その具体相を究明することを通じて、大正時代の内藤湖南以来[1]、わが国の六朝隋唐史の最も重要な研究テーマの一つである「貴族制」とは一体どのようなものであり、中国史上においてどのような意味をもっていたのかを解明しようとするものである。

ところでこの「貴族制」は、「貴族制」の下での皇帝権力が貴族層によって大きく掣肘されているという「貴族政治」の側面と、貴族階層が累世高位高官を輩出し、同等の貴族階層の間で通婚することによって、固定化して閉鎖性を強めたという「貴族制社会」の面と、大きくいって両面から論ぜられる傾向があった。この論点は現在に至るまで基本的に継承されている。第二次世界大戦後、一九五〇年代に貴族の官僚的側面を重視する傾向が強まるなかで、いわゆる「寄生官僚」論が提起され、六〇年代から七〇年代にかけてのわが国の六朝貴族制研究においては、貴族を「寄生官僚」とみるか、あるいは共同体の指導者とみるか、という論争が活潑に展開された。この論争については、六朝貴族制論に関する研究史的考察の中で、従来も大きく取り上げられてきたので、詳細はそれらの先行研究に委ねる[2]。私見では、六朝貴族はその生活をほとんど俸禄に依存した寄生官僚ととらえる矢野主税の学説[3]は、越智重明[4]、川勝義雄[5]らの諸氏による批判があり、もはやそのままでは成立しがたいと考えるが、貴族と豪族とを区別し、貴族の官僚的側面を重視すべきであるという提言については、なお傾聴すべき論点を含むと考える。ただ、その官僚としての貴族が、たとえ荘園などの強固な経済的基盤をもたず、その生活を俸禄等の収入に依存していたとしても、そのことをもってただちに貴族を皇帝権力に寄生する官僚という結論を導くのは、あまりにも短絡的に過ぎるのではないだろうか。この点については、中村圭爾「六朝貴族制と官僚制」における、六朝貴族は官人的形態をとって存在するけれども、「みずからを皇帝の支配を成立せしめるために機能する官僚として実現することに否定的」であるという指摘(6)が非常に示唆的であり、皇帝に官僚として仕えることは、一方的に皇帝に身も心も委ねて服従するということにはならないと考える。他方、貴族の共同体の指導者としての側面、すなわち地域社会における名望家である豪族と、中央朝廷における官僚である貴族との連続面を重視する川勝義雄、谷川道雄の観点は正当なものと考えるが、東晋南朝の北来の僑姓貴族については、地域社会との関係性を見出しがたいこともあって、両氏の研究では、貴族＝寄生官僚論を批判しつつも、こと南朝に関する限り、むしろ寄生官僚論を追認する結果に陥っているのではないかとさえ考えられるのである(7)。両氏の観点を受けついで、南朝の「地域社会に根ざした「望族」的豪族の徳治主義と尚賢主義とに基づく政治的機会均等の要求を掲げた政治的擡頭」に着目した安田二郎は、その一方で、北来の門閥貴族層も危機意識を喚起されて「門地一辺倒から才学中心のあり方への自己革新の必要性を自覚」したことの歴史的意義を評価して、寄生官僚論的理解を克服する方向性を提示しており(8)、この方向性は本書でも継承しなければならない。

以上のような観点から、本書では、南朝の官僚としての貴族を主に取り上げて、その政治史上における役割や政治的社会的特権身分のあり方に考察を加えつつ、「貴族制」の内実に迫っていきたい。

本書は、序篇「六朝貴族制論の研究」、第一篇「南朝前期政治史研究」、第二篇「南朝貴族制社会の研究」の三篇からなる。

序篇は六朝貴族制研究史を考察した二つの章で構成され、第一章「六朝隋唐の「貴族政治」」では、隋唐期も含めた「貴族政治」に関わる研究史を、第二章「日本の六朝貴族制研究」では、六朝貴族制社会、とりわけ貴族の家格に関わる研究史をそれぞれ考察する。

第一篇は南朝前期、宋・斉時代政治史に関わる第三～第七の五つの章で構成される。政治史的考察において特に南朝前期を取り上げたのは、この時期が宋の文帝の元嘉時代（四二四～四五三）を頂点に、南朝貴族制の特徴を最も顕現した時代とされているからであるが(9)、また、この時期の歴史が『宋書』、『南斉書』に詳細に記述され、南朝後半、梁・陳時代の史料状況とは大きく異なるという事情にもよる(10)。第三章「劉裕の革命と南朝貴族制」では、劉裕の革命を取り上げて、南朝貴族制が産み出されてゆく過程を明確化するとともに、東晋のそれとは異なる南朝の政治体制の特質に迫る。第四章「南朝・宋初の「同伍犯法」の論議」では、南朝・宋初に行われた同伍（五人組）制に関わる論議を取り上げて、劉宋政治史上に位置づけることを試みる。さらにこの論議は、第二篇で考察する南朝貴族社会を規定する士庶区別に深く関わる論議でもあり、南朝貴族制社会の実態の解明をも目指す。第五章「元嘉時代後半の文帝親政」では、貴族の合議を尊重する南朝貴族制の絶頂とみなされてきた元嘉時代政治史を取り上げ、その後半には、皇帝の専制志向が強まることを明らかにし、その背景に寒門・寒人の擡頭があったことを、とくに呉興郡地域に着目して跡付ける。第六章「『宋書』と劉宋政治史」では、劉宋前廃帝期（四六四～四六五）政治史を取り上げつつ、沈約『宋書』が描く政治史の特徴の解明を試みる。第七章「唐寓之の乱と士大夫」では、南斉の永明三年（四八五）から翌年にかけての唐寓之の乱を取り上げ、永明年間（四八三～四九三）の政治構造を明らかにするとともに、南斉政治史に関する蕭子顕『南斉書』、李延寿『南史』それぞれの特徴の解明をも併せて試みる。

第二篇は、南朝貴族制社会に関わる第八～第十二の五つの章で構成される。第八章「南朝貴族の家格」では、南朝貴族の家格を具体的に解明した越智重明の「族門制」説を取り上げて、その論拠となる史料解釈について検証し、その問題点を明らかにする。第九章「南朝官人の起家年齢」も、「族門制」説批判に関わり、甲族、次門、後門の起家(はじめて任官すること)の年齢がそれぞれ二十～二十四歳、二十五～二十九歳、三十歳以上であるとする「族門制」説を正史列伝に記載される起家の事例を取り上げて検証する。第十章「門地二品について」では、宮崎市定『九品官人法――科挙前史――』で提起された門地二品――南朝貴族の家格の固定化説について、その論拠となる史料を取り上げて検証し、その問題点を明らかにする。第十一章「東晋琅邪王氏墓誌について」では、南京北郊の象山で発掘された東晋琅邪王氏墓誌を取り上げて、婚姻や仕官の状況と家格との関連を考察する。第十二章「柳芳「氏族論」と「六朝貴族制」学説」では、六朝貴族制学説の主要な論拠の一つである唐の柳芳「氏族論」を取り上げ、そこにみえる南朝の譜学や家格、任官についての所説の信憑性に検討を加える。

注

(1) 内藤湖南「概括的唐宋時代観」(初出一九二二、『内藤湖南全集』八、筑摩書房、一九六九所収)。
(2) 中村圭爾「六朝貴族制論」(初出一九九三、『六朝政治社会史研究』汲古書院、二〇一三所収)などを参照。
(3) 矢野主税『門閥社会成立史』(国書刊行会、一九七六)。
(4) 越智重明「魏西晋貴族制論」(『東洋学報』四五―一、一九六二)。
(5) 川勝義雄「貴族制社会の成立」(初出一九七〇、『六朝貴族制社会の研究』岩波書店、一九八二所収)。
(6) 中村圭爾「六朝貴族制と官僚制」(注(2)所掲書所収)。引用は、その八四頁。
(7) 川勝義雄注(5)所掲「貴族制社会の成立」では、九品中正制度の基本精神は、郷論(郷村社会の輿論)にあらわれる共同体原理を国家社会の全体に貫徹させようとするものであり、本来、賢者・有徳者のヒエラルキーをつくるはずのものであったとし、また、西晋の所謂戸調式の占田規定には豪族の自己規制の精神が反映されているとして、郷村の名望家豪族と朝廷貴族との連続面を提示する。さらに、谷川道雄『中国中世社会と共同体』（国書刊行会、一九七六）所収の「均田制の理念と大土地所有」（初出一九六七）や「西魏「六条詔書」における士大夫倫理」（初出一九六七）では、北魏の均田制や西魏の六条詔書に、名望家豪族と貴族との連続面を見出す。しかし、川勝義雄『魏晋南北朝』（初出一九七四、講談社学術文庫、二〇〇三）では、九品中正法は本来の精神どおりには作用せず、既成の権力者側に偏向して、貴族階層を固定化させる方向に運用され、東晋から南朝にかけて典型的貴族制社会を作り出していった（一五四頁）と見通され、その南朝貴族制社会に関する川勝氏の専論（『六朝貴族制社会の研究』所収の「劉宋政権の成立と寒門武人――貴族制との関連において――」〈初出一九六四〉、「貨幣経済の進展と侯景の乱」〈初出一九六二〉、「南朝貴族制の崩壊」〈初出一九六二〉）では、貴族がまず軍事権を喪失し、ついで経済的基盤を喪失し、ついには政治権力さえも喪失してゆく過程が専ら論ぜられていて、魏晋期や北朝期における ような貴族の積極的側面には言及されていない。

（8）安田二郎「晋安王子勛の反乱と豪族・土豪層」（初出一九六七、『六朝政治史の研究』京都大学学術出版会、二〇〇三所収）。引用は、同書の「序」xi頁。

（9）岡崎文夫「南朝貴族制の一面」（『南北朝に於ける社会経済制度』弘文堂、一九三五所収）。「宋斉二代共に武将の出身を以て帝王の位に居る。之に対し貴族が利害相通じて以て其階級の維持をはかり、茲に南朝の貴族制が出来上るのである。……故に梁代は国家が貴族制に体統を与へた時代であつて、此意味に於て北朝孝文の改革とその揆を一にする。若し貴族制の完成時期を求むるならば、恐らく南朝に於て梁の時代を指さねばなるまい。完成とは同時に消滅を意味する」（二七一～二七二頁）という。また、梁代の貴族制について、「若し君主が主動となりて貴族制を維持しようとするならば、全貴族の利害は当然君主の利害に合致せしめねばならぬ。これ果して南朝に行はれた貴族制の本質と一致するものであるかどうか」（二四九～二五〇頁）とも述べており、梁代以後の貴族制は、宋斉時代のそれとは異質なものであり、宋斉時代の貴族制こそ南朝貴族制の典型ととらえられている。なお、元嘉時代がその南朝貴族制の頂点ということについては、同論文に、「文帝により姓族中心の政治が開かれ所謂元嘉の美政を顕出した」（二五八頁）とあり、岡崎文夫『支那史概説　上』（弘文堂、一九三五）に、「宋の文帝に至りて南朝の黄金時代が顕出した。文帝はよく時代の趨勢を善導するに足る丈の明識を具へて居た。彼は貴族社会から最も人望ある才能を選抜して之を朝廷の要地に置き、政治万端は之等の人材と和協して裁定し、曽つて己が独自の威権に手頼ることをしなかつた」（一四八頁）とある。

（10）安田二郎「西晋武帝好色攷」（初出一九九八、注（8）所掲書所収）に、『宋書』、『南斉書』の記述が『梁書』、『陳書』や『南史』のそれと比較して詳細であることについて指摘されている（一三七〜一三八頁）。

序篇　「六朝貴族制」論と南朝政治社会史研究

第一章　六朝隋唐の「貴族政治」

はじめに

近年、皇帝制度が長期にわたって維持された点に中国史ないしは中国社会の特質を認める見解（専制国家説）が強調される傾向にあるが、一方、その皇帝制度の持続の中にも「貴族制」の時代（六朝隋唐）を設定する学説も依然として有力であって、専制国家説と「貴族制」説との対立状況は克服されていないのが現状である(1)。この問題は、「貴族制」説は成立するのか否かという論点に集約されよう。この「貴族制」という用語については、安田二郎の

中央官界では特定の門閥貴族が独占的に活躍し、地方社会においては豪族・土豪層を中心に、牢固たる豪族体制が、自律的に形成確立されている。彼らは政治、社会、経済、文化などのあらゆる部面における指導層であり支配層であったのである。そして、これらの貴族、豪族、土豪は、――例えば貴族は官僚的性格が強く、豪族、土豪は在地土着性が強いといった相違はあったが――本質的に同一の内的構造と性格を有するものと想定される。一般に貴族制とは、社会内部で自律的に形成された、このような貴族―豪族―土豪―一般民衆といった階層的構造をもつ特殊時代的なる統一と秩序の国家＝社会体制全体を指して呼ぶ(2)。

という定義に従う。「貴族制」がこのような国家＝社会体制全体である以上、「貴族制」に関連してとりあげるべき問題は多岐にわたる。

六朝隋唐時代を中国における「貴族政治」の「最も盛なる時代」[3]とみて、独自の時代区分説を創始したのが内藤湖南であったことはよく知られており、とくに六朝「貴族制」研究史において、内藤湖南の学説を取り上げた論文は多い。しかしながら、「いわゆる中世を特色づける基本的な要因としての『貴族政治』[4]」であるにしては、この「貴族政治」説そのものについての研究史的考察は必ずしも十分とは言えない。第一に、内藤湖南の「貴族政治」説が、いわゆる京都学派にそのまま継承されたわけではなくて、継承にともなって重大な変更も見られ、その点が論争を理解しにくくしているにも拘らず、従来の研究史には全くふれられていない。第二に、従来の研究史では、内藤湖南の指摘した貴族の官僚としての側面と地方名望家としての側面と、この二つの側面のどちらを重視するかという問題での対立という観点から叙述され、その結果「貴族政治」説それ自体は二次的問題とされる傾向にあったが[5]、「専制国家」論が「貴族制」を否定的にとらえる場合には貴族の官僚としての立場の重視のみならず、この「貴族政治」説批判が重要なポイントとなっている。以上のような理由から、本章では、内藤湖南以来のわが国における「貴族政治」説の継承と批判の展開を取り上げてみようと思う。

第一節、内藤湖南の「貴族政治」説とその継承

一、内藤湖南の「貴族政治」説

内藤湖南の時代区分論については、よく知られているので、ここでは繰り返しを避け、「概括的唐宋時代観」(注(3)所掲)によって、「貴族政治」説の内容にしぼってみていくことにする。六朝から唐中期にかけては「貴族政治」の「最も盛なる時代」であったが、その内容については、

貴族政治時代に於ける君主の位置は、時として実力あるものが階級を超越して占むる事ありても、既に君主となれば貴族階級中の一の機関たる事を免るる事が出来ない。即ち君主は貴族階級の共有物で、その政治は貴族の特権を認めた上に実行し得るのであつて、一人で絶対の権力を有することは出来ない。……君主は一族即ち外戚従僕までも含める一家の専有物で、従てこれ等一家の意に称はないと廃立が行はれ、或は弑逆が行はれた。六朝より唐に至るまで、弑逆廃立の多いのは、かかる事情によるので、この一家の事情は多数の庶民とは殆んど無関係であつた。（一一二～一一三頁）

といい、さらに「君主は貴族の代表的位置に立って居った」、君主は「貴族団体の私有物」などと表現される。ここでは、君主は基本的には「貴族階級中の一の機関」であって、君主と貴族階級との間に対抗関係は設定されていない。しかし、これは主に六朝時代の傾向を述べたもののようで、隋唐時代に関しては、次のように述べられる。

貴族政治の時代には、貴族が権力を握る習慣であるから、隋の文帝・唐の太宗の如き英主が出で、制度の上に於ては貴族の権力を認めぬ事にしても、実際の政治には尚其形式が残つて、政治は貴族との協議体となつた。勿論この協議体は代議政治ではない。唐代に於ける政治上の重要機関は三つあつた。曰く尚書省、曰く中書省、曰く門下省である。その中で中書省は天子の秘書官で、詔勅命令の案を立て、臣下の上奏に対して批答を与えることになつて居るが、この詔勅が確定するまでには門下省の同意を必要とする。門下省は封駁の権を有して、若し中書省の案文が不当と認むるときには、これを駁撃し、これを封還することも出来る。そこで中書と門下とが政事堂で協議して決定する事となる。尚書省はこの決定を受取つて執行する職務である。中書省は天子を代表し、門下省は官吏の輿論、即ち貴族の輿論を代表する形式になつて居るのではあるが、勿論、中書・門下・尚書三省ともに大官は皆貴族の出身であるので、貴族は天子の命令に絶対に服従したのではない。（一一三～一一四頁）

隋唐時代になると、六朝には貴族階級の共有物にすぎなかった君主が独自の動きを示すようになり、政治は貴族と君主との協議という形式をとるようになる。すなわち、君主対貴族という対抗の図式が成立するのであり、三省制度にその図式が典型的に現われる。この際問題となるのは、門下省の封駁のとらえ方である。「中書省は天子を代表し、門下省は官吏の輿論、即ち貴族の輿論を代表する形式になつて居るのではあるが」と言いつつ、「中書・門下・尚書三省ともに大官は皆貴族の出身であるので、貴族は天子の命令に絶対に服従したのではない」と述べていることに注意すべきであろう。単純に門下省を貴族の牙城ととらえているのではなく、三省とも貴族の代表機関なのであり、その中でもとりわけ門下省の封駁に象徴的な意義を見いだしたというべきであろう。

さて、この六朝の「貴族政治」、唐の三省制度に関する学説は、それぞれ岡崎文夫、内藤乾吉によって深められることになる。

二、岡崎文夫の「貴族制」説

岡崎文夫『魏晋南北朝通史』（弘文堂、一九三二）は、南朝を貴族制最盛期と考え、以下のように指摘する。

南朝貴族の中、最高い家格を有すと見らるるは、概括して甲門旧族と云ふ。之に対して武功を以て其官位を得たる者の家系は所謂勲門に属する。若し此両者を対立して考ふる場合には、王室はむしろ後者に属し、其故に家門の興亡は前者よりも速かである。併し共に貴族の高格として考ふれば、王室も亦一種の貴族以外の何者でもない。此貴族制の特質を充分に知つた帝王の統治は、最平和な政象を顕はす。宋の文帝元嘉の政治は、如何に名族の合議制によつて運用せられたかは、内編之を詳かにした。（外編第二章「南朝の文明」五九八～五九九頁）

ここには内藤の「貴族政治」説が見事に継承されているが、一方隋唐における君主対貴族という対抗の図式が六朝にも適用されている点にも注意すべきである。この図式の導入は君主側の独自の動きを内藤の場合よりも重視したことを意味するが、その結果、

劉宋一代は誠に貴族制を確立することによつて栄え、之を乱すことによつて亡びたと考へらるる。宋亡びて斉起り、表面は貴族制を維持して秩序の回復を保つたに相違ないが、併し実権は次第に名門勢族の手を離れ、且つ姓族の子弟親らも其の家風を維持してどこ迄も社会上の特権に固執することの次第に薄まり、むしろ文辞を以て朝貴の下に其令誉をとらんとするに至つた。斉の暴君明帝並に東昏の忌憚なき権力行使は、更に南朝の貴族制を破壊するに与つて力があり、遂には梁武出でて北朝の影響により国家の法制を樹立し、其下に貴族の統制を作らんとするに及んでは、最早事実上南朝特有の貴族制が消失したものと考へて差支ない。（同上五九八頁）

とあるように、「貴族制」の最盛期といわれる南朝にあっても、「貴族政治」の特質を示す「名族の合議制」が真に機能していたのは劉宋の前半にすぎず、結局は君主の力によって消滅の運命をたどる、という理解に落ち着くのである。多様な内容をもつ岡崎文夫の学説を、「貴族政治」という観点からみた場合、内藤湖南の場合よりも君主権を重視し、「貴族政治」を限定的にとらえるという方向性が示されているのであり、(6) この点が「貴族政治」説批判をよびおこす結果となるのである。

三、内藤乾吉の三省制度研究

内藤乾吉は父湖南の構想を受け継いで、「唐の三省」（原載一九三〇、『中国法制史考証』有斐閣、一九六三所収）を発表した。内藤乾吉は、中書と門下との性質について研究を深化させ、次のように指摘する。

中書省と門下省とはその本職の性質が異つて居り、その機関の本質から言えば、中書省は天子を代表し、門下省

は貴族、的確に言えば貴族的官僚を代表するものと言えるが、しかしその長官が宰相として国事を議するに当つて、各自天子と貴族とを代表して議論を戦わすものとは考えられず、既に宰相たる以上必ずしも中書と門下との別がないものと言わねばならぬ。且宰相たるものは必ずしも両省の長官に限らぬのであつて、要するに皆是れ貴族なのであるから、宰司たる中書門下は言わば貴族的官僚の最高機関と見ることが出来、重要国事はこの機関と天子との合意によつて決せられることになる訳である。従つて中書省が天子の代表であり、門下省が貴族的官僚の代表であるということは稍形式的であると言わねばならぬ。つまり唐の中書門下両省の制度は支那中世の貴族政治を最もよく形式化したものということが出来るのである。（八頁）

さらに、中書門下両省の長官のほか、「次官たる中書侍郎、黄門侍郎も同中書門下平章事等を加えられて宰相となるものが多かつたから、両省の本職は自らそれぞれ判官である中書舎人と給事中とに帰せざるを得ぬ訳である」（八頁）と述べ、「殊に封駁は殆んど給事中の特権となつた」ことを指摘した上で、「之を要するに、天子の秘書たるの実は中書舎人に帰し、貴族の意向を代表することは給事中の封駁に形式化されたものと見て大過あるまいと思われる」（九頁）という。この点のみ見れば、給事中こそ貴族の意向を代表する機関であるとも受け取れるが、前に引用した所を見れば、「宰司たる中書門下は言わば貴族的官僚の最高機関と見ることが出来」とあって、必ずしもそのように単純化できない。それは次のような総括的叙述からもうかがえる。

天子と貴族との共同の統治であるという政治の本質が、官制の上に形式化され、統治の意思に関する機関として中書門下の両省があり、その執行機関として尚書省が存在する訳である。（九頁）

中書門下とはともに統治の意思決定に参与する機関なのであって、門下省のみを貴族の意向を代表する機関と考えていたわけではなかろう。ただ、貴族の意向の反映という形式を最もよく示すものとして、給事中の封駁を強調したのだと考える。しかし、その後の「貴族政治」説の継承においては、内藤湖南、内藤乾吉が限定を付した上で用いていた「門下省が貴族の意向を代表する」という論点のみが強調されていく(7)。たとえば宮崎市定『東洋的近世』（一九五〇、引用は『宮崎市定全集2東洋史』岩波書店、一九九二による）では、「中書が天子の権力下にあるに対して、門下は貴族勢力を代表するものであった」（一八一頁）と論断して、何の限定も付けられていない。このような門下＝貴族の牙城説が普及し通説化しただけでなく、給事中の封駁も、重要な論点として取り上げられる。礪波護「律令体制とその崩壊」（初出一九七〇、『唐の行政機構と官僚』中公文庫一九九八所収）は、次節で取り上げる濱口重國による「貴族政治」説批判に反駁を加え、

封駁権と旧貴族層との関係を明確にするには、唐初においてどういう家柄の者が給事中になったかを跡づけることが要請されるが、給事中の上司たる黄門侍郎の地位に就いた者の中に、陳叔達・崔民幹・蕭瑒・韋津といった旧南朝王室の後裔あるいは錚々たる貴族の名が見えることから推測して、門下省のなかに唐初においてすら旧貴族の意志が色濃く支配したとするのは、強弁ではないと考える。（一一八頁）

と、門下省の給事中の封駁権と貴族の意向とを関連づけてとらえる見解の正当性を主張したのであった。このように、「貴族政治」説において門下省とりわけ給事中の役割が強調されるようになったのは、宮崎市定、礪波護の継承の仕方によるのである。

第二節、濱口重國の「貴族政治」説批判

濱口重國は、『支那官制発達史』（一九四二）所載の魏晋南北朝隋唐時代の官制概説の中で、唐の門下省について、

「天子の意志の発動と、百寮有司の奏請上聞の場合の一大関門をなして居り、門下省を通過せぬ事には実行に移されぬ組織となつてゐたと言へる」と述べた後で、次のような論を展開する。(8)

この門下省の有せる特殊の権限に就いては、唐の政治形態は君主専制ではなく、南北朝時代に同じく天子と門閥貴族との合議による貴族政治であり、其れが官制に反映して門下省が天子の意志に対する賛否の表示権を有したのであつて、謂はば門下省は貴族の意志の代表機関であつたと云ふ説がある。さて門下省が斯の如き権限を賦与された由来は、正しく前代に於いて貴族が政権を壟断して著しく君権を圧迫した事実の中に求む可きである。然し乍ら前代と雖も、門下省がさうした権限を事実上振り廻して君主権の自由なる発動を阻害してゐたのは、主として東晋南朝のことであつて、似た様な制度を取つてゐた北朝では其れ程甚しくはなかつた。況んや隋唐時代になつては形式の上でこそさうした点を残してゐても、事実は寧ろ詔勅の発布と諸有司の奏請を上聞に達するに際して、慎重の上にも慎重を期し万一の欠を補はんとする程度に止まつたと見做す可きで、門下省が天子に対する貴族の意志の代表機関であつたとか、天子と貴族との合議政治であつたと云ふ様な事は毛頭ないのである。

門下省の役割に「貴族政治」の特徴を見いだした内藤湖南の見解に反対し、「慎重の上にも慎重を期し万一の欠を補はんとする」機能としてとらえる見解を提起したのであった。この時点では、濱口重國も東晋南朝における「貴族政治」までは否定していないのであるが、ただ、その「貴族政治」も「君主権の自由なる発動を阻害」するものとして否定的にとらえられている点に注意しなければならない。その後、「中国史上の古代社会問題に関する覚書」（原載一九五三、『唐王朝の賤人制度』東洋史研究会、一九六六所収）では、

春秋戦国からつい先頃までの中国の政治形態をみると君主専制であり、かつ大体において一朝は一朝毎に専制の度合いが強まつたと言つてよい。勿論この間に、例えば東晋南朝にみた如く、貴族の勢力によつて君権の自由な

る伸張が妨害され、一見貴族政治形態と見紛う時代もあつたけれども、この場合でも政治の機構は飽くまで君主専制であつた。（五五九頁）

と、東晋南朝も「一見貴族政治形態と見紛う時代」であったが、「政治の機構は飽くまで君主専制」と大幅に修正され、さらに同論文の補記（前掲書所収）においては、

案ずるに専制ということは結局は力の関係に帰するから、漢の天子が士族を自己の忠実なる官僚たらしめようと努力し、それが長い天子の治世の権威によつて次第に目的を達する方向へと進んできたことは確かであるが、後漢末以来争乱が相ついで国家は三分して了い、西晋の統一も僅かの間にすぎず、晋室の南渡となるや政局は最悪の状態に陥つた。かくて士族、就中、大士族である貴族は君権の衰微に乗じて政治を左右し、貴族政治の語をもつて表現する人さえあるまでの事態になつた。然し覚書においても触れておいたように、君権が衰えたことは事実であるけれども、政治の形態は漢代に引き続き天子の専制体制が維持されており、当時の臣下の国事に関する上奏上言によつても伺い知られる如く、貴族の専横と雖も四海の一統と君権の復旧を念願し、決して自らが天子に代わつて主権者群を構成しようとしたのではなく、またそうしたことが実現したのでもないから、貴族政治と表現し説明することは誤解を招くのであり、唯その威力が地に墜ちた時代というのが妥当であろう。（五七九～五八〇頁）

と、「貴族政治」は明確に否定されるに至った。皇帝と貴族との対抗という視点から六朝の政治体制を分析する岡崎文夫の方法は、濱口に継承されて「貴族政治」否定となったわけだが(9)、同じく皇帝と貴族との対抗という視点から研究したのが越智重明であった。

第三節、越智重明の六朝「貴族制」説

越智重明の研究は、『魏晋南朝の貴族制』（注（6）所掲）にまとめられた。まず、「魏晋南朝の貴族制の基本的性格は」、「一方的な支配者としての権力」という一面と、「郷村社会の輿論としての郷論と同質性をもつもの」という一面と、「二面性をもつ天子の支配権力とのからみあいのなかに求められる」（八頁）という。このような視点で分析を進めた結果、「天子の支配の大きい部分が郷論と合致した形で運営される」という性格が「最もよく現われた」のは西晋時代であり（一七一頁）、南朝以降は「天子の支配権力と郷論との同質性が天子の支配権力強化の勢で弱まった」（二七五頁）という。貴族制の最盛期を南朝とみるか西晋とみるかの違いはあるものの、岡崎文夫の場合と同様、貴族制が健全な形で機能した時期はごく短いという結論が導かれている。

濱口重國が論争点としてとりあげた三省制度については、濱口に近い結論が示される。唐代の門下省の給事中による封還等については、「管見の及ぶ限り、右が当時の貴族層の権益擁護をなしたことは見当らない」とした上で、「貴族制維持のためというよりも、むしろ巨視的に官人機構の整備強化による国政運営の正常機能維持という観点から見るべきが推定されよう」（三七六〜三七七頁）という。さらに、六朝時代の門下省についても「貴族層が門下省の清要官に就くことを望んではいるが、それが貴族層の意向——利益の代表者として天子の支配権力に対峙するような性格のものであったとはいいがたい」（三七二〜三七三頁）と論断する。貴族制を天子の支配権力（君主）と郷論（貴族勢力）との対抗・妥協という観点からとらえた越智であるが、政治機構の分析の上では、君主対貴族という図式はみられない[10]。つまり、政治機構の上では、君主権が一方的に貫徹するとみるのであって、この点では、東晋南朝においては貴

族勢力による君主権の阻害を例外的にではあれ認めていた濱口説よりも、徹底しているとさえいうことができよう。この三省制度については、行政文書の発行手続きという観点から詳細に究明した中村裕一の研究が重要なので節を改めてみてみよう。

第四節、中村裕一の文書行政研究

中村裕一は、『唐代制勅研究』（汲古書院、一九九一）において、「唐代門下省の制勅・上奏の審議権について検討し」、「唐代の門下省には中書省で起草された制勅と尚書省各部において起草された上奏を審議し、不当と認めた場合は、それらを廃案とする権限が存した」ことを明らかにした。その上で、次のような発言を行っている。

貴族制と関連して封還（封駁）を論じる場合に疑問を感じるのは、門下省と貴族制の関連である。門下省と貴族制はどのような関係にあるのであろうか。貴族制との関連において、門下省の有する職権の一つである封還を論じるのであれば、門下省は貴族の牙城でなければならないし、またそのことが証明されなければならないであろう。ところが、唐代の高級官人の遷転を概観するとき、唐代官人は三省六部を遷転し、門下省一省において下から上へ遷転する官人は少ないと、ほぼ結論可能なのである。制勅の封還は門下省と関連するものではなく、給事中と関連するとする見解は成立しないことは、これまでに述べたとおりである。すなわち、唐代の封還は給事中のみが行うのではなく、侍中や黄門侍郎も原則的には行うことができたのである。唐代の給事中という官は、隋の大業令（六〇七年制定）において創設された給事郎であり、その給事中に貴族制との接点を求めるのは無理があろう。しいて貴族制との関連を求めるならば、隋の大業令以前の門下省侍中と給事黄門侍郎であろう。給事中は給事黄門侍郎の職掌を分離し、給事中と黄門侍郎とが創設されたものである。南北朝の門下省侍中と給事黄門侍郎はその職掌の一として、唐代の封還と同様な職掌があった。これは貴族の権益を擁護するものであったかもしれないが、ここでは唐代の封還の性格を論じているのであって、南北朝の門下省の封還に類した職掌が貴族制と関連するかどうかは問題ではない。南北朝に起源を有する唐代の封還が、唐代において貴族の権益を擁護する性格を喪失し（?）、制度的には皇帝の恣意的意志の実現を抑止する方法の一に変質したことを主張するものである。（二五〇～二五一頁）

中村裕一は、唐代の門下省の封還が「貴族の権益を擁護する性格」をもたず、従って「貴族制との関連」でとらえることはできず、「皇帝の恣意的意志の実現を抑止する方法の一」であることを主張する。「貴族政治」説批判であるが、前述したように、内藤湖南は門下省のみを貴族の代表機関としたわけではなかった。内藤乾吉の場合もこの点は湖南と同様だが、封駁における給事中の役割を強調した。中村はこの点に修正を迫るとともに、宮崎・礪波らの門下＝貴族の牙城説を批判したのである。[11]門下省の役割のみを過大に評価するのではなく、三省制という仕組みの中で君主と官僚との間の合意形成が行われ、君主の恣意が抑止される仕組みとなっていたと考えるべきことは、まさに中村裕一の指摘の通りであろうし、「貴族の権益を擁護するものであったかもしれないが」とされる南北朝の門下省についても、越智重明も指摘するように、単純に貴族の代表機関とみることはできない。むしろ、唐の三省制度と同様に考えて差し支えないと考える。

近年、この君主と官僚との合意形成の手続きに関する研究が盛んで、中村裕一以外にも中村圭爾、窪添慶文が精緻な研究を積み重ねつつあり、[12]さらに渡辺信一郎が専制国家における会議の重要性という観点から研究をまとめている。節を改めて、渡辺信一郎の研究をみることにしよう。

第五節、渡辺信一郎の専制国家説

渡辺信一郎『天空の玉座――中国古代帝国の朝政と儀礼』（柏書房、一九九六）は、唐の三省における封駁の制度を取り上げて、次のように論じる。

封駁は、皇帝の詔勅発布にかかわって、中書省の起草した案文を門下省が審議して覆奏し、異議あるときはこれを中書省に封還する制度である。これは、皇帝による意志決定に対し貴族の同意を与える制度として、通常理解されている。しかし、……漢代以来、皇帝の意志決定にかかわる会議にはすべて駁議が認められていた。唐代も例外ではなく、多くの事例がある。門下省の封駁もその一環にすぎないのである。これだけをとりだして重大な任務をおわせるのは不当である。三省のみならず、諸官司の上層部には貴族が就任するのであって、そもそも門下省にだけ貴族がその牙城として独占的に就任するわけではない。また、朝堂の外朝化により、六朝期にみられた数百名におよぶ朝堂の公卿議は姿を消し、総貴族としての集団的意志形成も唐代には後景にしりぞく。たとえ門下省の封駁が皇帝の意志をチェックするものであったとしても、それは、時々に門下省に在任した官僚の個別意見にすぎない。皇帝を国家意志の唯一最終の決定者とする中国古代国家にとってそれぞれの時宜にかなった決定を下すためには、数多くの異論・異見が存在し、選択の幅の広いほうが理にかなっている。それ故にこそ、漢代以来、駁議の制度が儼存したのである。封駁の制度は、漢代以来の駁議に由来するものであり、中国古代の朝議に構造化された機能なのである。（四九～五〇頁）

門下省を貴族の牙城とみる見解を否定し、君主の意志決定に資するための諮問会議における異論・異見の提出としての駁議は、漢代以来行われてきたことを主張する。右引用部分では、六朝期における「総貴族としての集団的意志形成」に言及しているが、六朝期についても「貴族政治」を想定するわけではない。

> 魏晋南北朝期には、数百名におよぶ貴族が朝堂に集結して意志形成を行ったが、この集団的意志が皇帝の最終的決裁を排除して自らの意志を貫徹したことは皆無であったといってよい。かくして朝議の性格は、本質的には皇帝の諮問会議であり、その運営は皇帝の独裁であり、専制である。（一〇一頁）

というように、六朝における貴族の集団的意志も皇帝の決裁を排除するものではなく、本質的に皇帝の諮問会議なのであるから、六朝期も皇帝の独裁であり、専制だというのである。

ここで疑問なのは、貴族の集団的意志と皇帝の決裁とが力関係でとらえられているようにみえる点である。数百名に及ぶ貴族の議も、その会議の場でなんらかの決議を行うものではなく、ただその会議での意見を皇帝の参考に供するものであるとするならば、これを貴族対皇帝という対抗の図式でとらえられないのではなかろうか。もともと諮問会議にすぎないのであれば、その会議である意見が多数を占めたとしても、決議がなされない以上、それを「総貴族の意志」とは当時の貴族も考えておらず、ただ諮問会議に出席した個々の貴族の意見があるだけである。それゆえ、会議において提出された意見とは異なる決裁が下されても、これを皇帝による貴族への挑戦とは当時の貴族も、決裁を下した皇帝自身も思わなかったのではないか。一方、皇帝によって下される決裁なるものも、純粋に皇帝のみの意志ではなく、会議の意見を充分に参考にした上での結論であるのが通常の場合であろう。従って、「総貴族の意志」に対立する皇帝の意志なるものも、通常は存在しない。貴族と皇帝とが一体となって合意を形成してゆくシステムとみるべきなのではなかろうか。この点に関連して、日本史の側からの唐の三省制度に対する発言が大いに参考になるので、節を改めてみてゆくことにしたい。

第六節、日本史研究者からみた三省制度

日本史ないし日本法制史の研究者は、律令を受容した日本古代の政治体制と唐のそれとの比較に早くから関心を示していた。まず、石尾芳久の研究と、石尾説を継承した石母田正の研究から始める。

一、石尾芳久、石母田正の日唐政治体制比較論

石尾芳久『日本古代法の研究』(法律文化社、一九五九)は、日本古代の太政官が「最高の指導的合議体」としてそれ自身の権限と責任を有していたのに対し、唐の官制では、中書、門下、尚書の三省に分割されていて、その三省を統括する「最高の指導的合議体」が存在しなかったことを指摘する。

養老令の規定する太政官が、法上の意味において、『最高の指導的合議体』であったことは、獄令義解の『大納言以上。是通摂之官。故於是三局。皆為次官長官。』という文によって明白である。すなわち、義解によれば、太政大臣、左大臣、右大臣と大納言は、通摂之官たるが故に、少納言局、左弁官局、右弁官局の三局においていずれも長官次官たり得たのであり、かくして大臣と大納言は『統理衆務』の権限と責任を有し得たのである。太政官が天皇と天皇のカリスマの継承者たる太政大臣を中心とするカリスマ的団体であるという点に、それが法上の意味において『最高の指導的合議体』たり得る根拠が存する。太政大臣は、天皇のカリスマの継承者(保持者)たる資格において大政の責務をになうのであり、本来、国務に対して責務を有しないところの単なる寵臣と鋭く対立するものである。それに対し、唐の官制には法上の意味における『最高の指導的合議体』は、存在しなかっ

た。唐官制の中書省、門下省、尚書省の三省の長官は、それぞれ宰相として、事実上の意味において、最高の指導部を形成したけれども、法上の意味においては、三省を統括する権限と責任を有するものでなく、天子の諮問団体にすぎなかったのである。（三二三～三二四頁）

日本古代には、「最高の指導的合議体」としての太政官が存在したが、唐では三省に分割されて「最高の指導的合議体」は存在しないというこの議論は、石母田正に継承される。石母田正『日本の古代国家』（岩波書店「日本歴史叢書」、一九七一）は、次のような日唐政治体制比較論を展開する。

この太政官は「国家の大事」すなわち国家の政策を決定し執行する機関であり、構成員は分掌の職ではなく、したがって厳密な意味の官僚制の秩序にはいらず、むしろその上に立って国家の諸官司を統理する機関である。それは太政官の首席によって主宰される一箇の合議体であるところに基本的な特徴があった。太政官という機関は日本独自の制度である。その官制は、唐の三省すなわち中書省・門下省・尚書省の官制を統一したものであるが、唐の場合、これらの三省が並立していて、法上の意味においては、三省を統轄するところの最高機関である独自の合議体が官制としては欠けている。この相違は、両者における君主と官人層との歴史的な相互関係のちがいを反映するもので、唐の国制は、日本のそれよりも、独自で強力な君主権が制度的に表現されているのである。（二三〇頁）

と述べ、唐の三省制度を「日本のそれよりも、独自で強力な君主権」の制度的表現と明確に指摘した。さらに、唐の三省制度について解説を加えた上で、

右のような異った権能が三省に分割され、分立している体制と、日本の太政官のように、政策の審議・決定の権能とその執行の権能とが一つの機関に集中され統合されている体制とを比較した場合、後者の方が君主権にたい

する官人貴族層の相対的地位がより強いとみなければならない。審議・決定権と執行権の統一が、その分離よりも、より強い国権の掌握であることは、原理的にも推定されるからである。（二三一頁）

と補足している。このように、日本史の側からみた唐の三省制度は、濱口重國に近い理解を示すことになり、中国における専制君主権の強大さを日本との比較においてあらためてうきぼりにするという傾向を示していたのである。このような傾向の中にあって、次の佐藤宗諄の研究は異色であったというべきであろう。その後、古瀬奈津子、吉川真司らによって、あいついで示唆的な論点が提起されるようになった。

二、佐藤宗諄、古瀬奈津子、吉川真司の研究

佐藤宗諄「貴族政治の展開」（『講座日本歴史』二、東京大学出版会、一九八四所収）は、内藤湖南以来の貴族の地方名望家としての側面を重視した研究に着目し、そのような社会的基盤をもたない「日本貴族の社会的非自立性」を問題とし、その点に「貴族制の日本的特殊性」を見いだしたのである（一七一～一七三頁）。石尾・石母田の説では、唐制における専制君主権の強大さのみが強調され、そこからは唐には貴族といえるような勢力は存在せず、官僚あるのみ、というヘーゲル以来の通念と共通する理解が予想されたのであったが、佐藤の研究は、むしろその中国における貴族の方が確固たる社会的基盤を有しているというのであって、石尾・石母田説と真っ向から対立する見解を表明したものであった。ただ、佐藤の場合は三省制度については論及していないので、政治体制そのものに即してどのように考えるのか、という点は課題として残されることになった。この課題について答えたのが古瀬奈津子であった。

古瀬奈津子「天皇と貴族」（『日本古代王権と儀式』吉川弘文館、一九九八所収）は、

日本古代にあっては、権力構造の基本的対立関係は、天皇を中心とした畿内政権対地方ということになり、天皇

と貴族の間に全く対立関係がなかったわけではないが天皇と貴族とは基本的には互いに不可欠の存在で相携えて支配層を構成していたということになる。……このような天皇を中心とした畿内の諸豪族の連合政権、すなわち畿内政権であるという日本古代の律令国家の権力構造の特質は、中国古代、特に隋唐における皇帝と貴族の関係と比較してみる時、その特徴はより鮮明になる。

と、日本古代の律令国家の権力構造の特質を天皇と貴族とが相携えて支配層を構成する畿内政権である点にもとめ、天皇と貴族との間には基本的には対立関係は存在しないという見解を示す。このようにとらえた上で、隋唐の場合との比較を行うわけだが、まず隋唐の貴族については内藤乾吉「唐の三省」の中で貴族の地方名望家としての性格を論じ、社会的声望が天子より上位のものもあったと述べた部分（これはもともと内藤湖南の説）を引用して、次のように分析する。

すなわち、皇帝はこれらの貴族に対抗して独自の権力・権威を築いていかねばならなかった。このように隋唐における皇帝と貴族は強い緊張関係にあるのに対し、日本の天皇と貴族は相互補完関係にあったと言うことができよう。同じ律令制国家でありながら、このように権力構造に歴然たる違いがあるのは、ひとつには、石母田正氏が指摘したように、中国においては、叛乱による王朝の簒奪の危機や対外戦争、異民族の侵略などが常時存在し、それに対して支配層は極度の権力集中を余儀なくされ、強力な貴族層に対抗すべく強力な皇帝専制を敷く必要があったためと考えられる。それに対し、日本の天皇は中国のように厳しい政治環境になかったこと、そして今まで述べてきたような畿内政権の権力構造としての特徴のため、貴族層と強い緊張関係にはなかったと言える。（三〇九～三一〇頁）

地方名望家としての側面をもつという点から「強力な貴族層」という論点を導くのは、佐藤宗諄説の影響であろうが、いささか強引である。さらに、その「強力な貴族層」に対抗しつつ、対外戦争等の危機に対処してゆく必要から強力な皇帝専制体制が構築されるという。佐藤説と石尾・石母田説とを巧みに整合した説明を試みているわけだが、「支配層は極度の権力集中を余儀なくされ」という場合の支配層と貴族層との関わりが問題であろう。もし支配層が貴族層のことであるなら、隋唐の場合にも皇帝と貴族との間に基本的には対立関係がなかったことになるからである。にもかかわらず、隋唐の場合には皇帝と貴族との間に対抗関係の存在したことを自明の前提とした上で立論するため、「強力な貴族層」を抑えるため皇帝権が強大化するという、いささか無理な論法となっているのではなかろうか。

この中国の皇帝と臣下との関係について、きわめて示唆的な論点を提起したのが吉川真司「律令太政官僚制と合議制」（『律令官僚制の研究』塙書房、一九九八所収）である。吉川は、唐代の君主制のもとでの合議制に着目して次のようにいう。

唐代には大別して二種の合議が存在した。一つは、「京官七品以上」が尚書省の都堂（都座）で行なう議である。これは「八議」者の断罪や「律令式不便」などの場合に開催される。もう一つは、宰相が政事堂で行なう議である。政事堂はもと門下省にあったが、後に中書省に移され、名も中書門下と改められた。宰相の議は律令条文上に明記はなく、議の内容は多種多様の国政に関するものであった。以上の二種の合議は、開催される場所や出席する官人から考えて、それぞれ外廷の議・内廷の議と定義し得るものである。そして議の結果はいずれも「奏状」なる文書で皇帝に奏上されたと見られ、皇帝はこれに対して「勅旨」ないし「勅牒」なる文書で自らの意志を表明した。また、議は全会一致を原則とはせず、反対意見を「議」なる文書で奏する道も開かれていた。要するに、「絶対的な権威と権力をあわせもつ皇帝」の意志形成のために、臣下の合議が用意されていたのであり、この場合、合議制は君主制の一部をなすと言っても過言ではない。なお、外廷・内廷が分離した合議制が、すでに漢代

にも存在したことを付言しておく。（五五～五六頁）

と「合議制は君主制の一部」という指摘は、渡辺信一郎説とも軌を一にするものである。このような認識に立った上で、「唐の合議制は如何に律令国家に継受されたか」を問題にして、以下のように論ずる。

まず尚書省の議は、律令条文とともに日本に継受されたが、ほぼ太政官の議に限定する方向で改変がなされている。一方、宰相の議は、大納言の「参議庶事」の職掌として職員令に明記された。してみれば、太政官の合議は大夫合議制という伝統の上に、唐の二種の合議制をほぼ太政官の議に限定して継受したものと考えることができる。特に、大納言以上――参議は、唐の正宰相――兼官宰相を範として構想されており、日本の議政官を考察する場合には唐の宰相制の継受という側面を重視するべきである。（五六頁）

石尾・石母田の説においては、強大な皇帝専制の中国に対して、貴族の力の比較的強い日本という対比の図式がみられ、古瀬説では中国の貴族の力にも一定の配慮はするものの、強大な皇帝専制の中国に対して、天皇と貴族とが提携する日本という対比の図式は、石尾・石母田説と基本的に同じであった。吉川説は、日本の太政官制における合議を唐制の継受という側面を重視してとらえるものであり、従来とは全く異なって、太政官制と唐制とは対比においてではなく同質性においてとらえられることになった。唐の三省制度と日本の太政官制との比較から日唐間の政治体制の相違を導くことは困難であり、吉川説のように同質とみるべきであろう。つまり、唐の三省制度においても日本の太政官制においても合議制はみられる。ただし、その合議制とは君主との対抗関係を生み出すものではなく、あくまで君主制の一部としてとらえられるのであり、基本的には君主と貴族との間に対抗関係はない。

以上みてきたように、日本史研究者の側でも、吉川説のように君主制のもとにおける合議制に着目した指摘が行われており、その結果は日本の天皇に比較して中国の皇帝が特別に専制的独裁的であることを論証するものではなかった。あくまで決定権が君主のもとにあるという点からいえば、このような合議制を含んだ君主制を専制君主制と呼ぶことに誤りはないとしても、君主対貴族という対抗関係でとらえて、君主の方が強力だから専制君主制、貴族の方が強力だから貴族制というような論法が通用しないことが確実になったといえよう。

おわりに

以上、「貴族制」説の中でも、最も基本的な要素というべき「貴族政治」についての諸説について検討してきた。あらためて強調しておきたいのは、中世「貴族政治」説を創唱した内藤湖南の学説が決してそのまま継承されたわけではないことである。継承の中にも変形を加えられ、その変形がかえって「貴族政治」の本質からそれて専制政治説に根拠を提供するようになった点を否定できない。六朝「貴族制」研究が一時期、政治体制の問題よりも貴族の名望家的側面に関心を集中する傾向をみせたのも、そのことと無縁ではなかろう。しかし、最近では、再び国家意志の決定される手続きに関心が向けられ、その方面からの「貴族政治」説見直しの契機が与えられたように思われる。日本史研究者からの指摘も含めた最近の研究によって、従来の君主対貴族という対抗関係でとらえる視点の有効性は完全に否定されたといってよいだろう。あくまでも決定権は君主に属し、その決定に際しては君主と官僚との間の合意形成を前提とする——このような君臣が一体となった体制なのである。この体制のもとでは、西欧中世の身分制議会(13)における議決に示される貴族階級の意志に相当するものはなく、個々の官僚の意見が存在するのみである。他方、君主の側も、官僚の多様な意見を参考に決定を下すとはいっても、その決定が純粋に君主の見解によるものとは限らないのである。このような体制を、決定権が君主に属するから専制君主制と規定すること自体に誤りはない。しかし一方、君主対貴族という対抗関係は存在しなくとも、「貴族政治」という視点からの把握は可能である。元来、内藤湖南は「貴族政治」を論じる場合、君主は貴族階級の機構と考え、対抗関係を設定していなかった。ただ、隋唐時代には君主権強化の動きがみられると考えたため、唐の三省制度の理解は君主対貴族の対抗の図式となっていたのである。内藤湖南以後の研究は、君主対貴族の対抗の図式を継承して「貴族政治」を考え、「貴族政治」に否定的な方向へと進んだ。しかし、内藤湖南のいまひとつの考え（君主は貴族階級の機構）にたちもどって分析するならば、唐の三省制度も門下省のみが貴族階級を代表するのではなく、皇帝も三省制度も包括した全体が支配層の合意形成のための機構なのであり、これこそがまさに「貴族政治」なのである、ということも可能であろう。要するに、六朝隋唐の政治体制が専制君主制のひとつであることはまちがいないとしても、この六朝隋唐期の政治体制の特質をとらえようとする場合には、「貴族政治」という視点がなお有効となり得ると考えるのである。

注

（1）専制国家説の視点による研究書として、足立啓二『専制国家史論――中国史から世界史へ』（柏書房、一九九八）などがあり、「文明の生態史観」等の専制国家説に対する批判を直截に表明した論文としては、谷川道雄「中国理解と中国社会史」（『情況』一九九七年八・九月号）などがある。

（2）安田二郎『六朝政治史の研究』（京都大学学術出版会、二〇〇三）第八章「梁武帝の革命と南朝門閥貴族体制」三三六頁。

（3）内藤湖南「概括的唐宋時代観」（初出一九二二、『内藤湖南全集』八、筑摩書房、一九六九所収）一一一頁。

（4）川勝義雄『六朝貴族制社会の研究』（岩波書店、一九八二）「はしがき」。

（5）葭森健介「中国史における貴族制研究に関する覚書」（『名古屋大学東洋史研究報告』七、一九八一所収）は、内藤湖南が想定した貴族には地方名望家としての側面と官僚としての側面があり、「湖南が指摘した貴族の二つの側面をそれぞれ探求することが、戦後の貴族制研究の基調となっていった」（六三頁）という観点から研究史を整理する。このような整理の仕方は、都築晶子「六朝貴族研究の現状――豪族・貴族・国家」（同上所収）や小尾孟夫「貴族制の成立と性格――その研究史的考察」（今堀誠二編『中国へのアプローチ――その歴史的展開』勁草書房、一九八三所収）にも共通する。中村圭爾「六朝貴族制研究に関する若干の問題」（『六朝貴族制研究』風間書房、一九八七所収）は右の二つの側面を、「貴族政治ということばに象徴されるよう」な「皇帝と貴族との関係、換言すれば政治体制の問題」と「貴族の基盤を地方の名望家や郡望、すなわち在地の社会のなかにもとめている」点として理解し、この理解に沿って政治体制と在地社会との交叉という論点からの整理を行った。中村圭爾はさらに「六朝貴族制論」（『六朝政治社会史研究』汲古書院、二〇一三所収）において、戦後の論争についてより詳しい紹介を行うが、「貴族政治」説の充分な検討は行われていない。このような状況の中で、谷川道雄「中国史上の古代と中世――内藤湖南への回帰」（『古代文化』四五―八、一九九三）は、内藤湖南の「貴族政治」説についてやや詳しく取り上げるものの、主たる関心は名望家としての側面の方にある。それは、谷川道雄「総説」（谷川道雄他編『魏晋南北朝隋唐時代史の基本問題』汲古書院、一九九七所収）においても同様である。貴族の名望家的側面を重視する立場からいえば、「貴族政治」それ自体は自明のことと考えられたであろうし、皇帝と貴族との関係のみに視点をすえることの有効性が疑問視されたことも大きな要因であろう。したがって、従来の研究史の関心のあり方自体が不当であったとは考えないが、現段階においては、あらためて「貴族政治」説そのものを取り上げる必要があると考えるのである。

（6）越智重明『魏晋南朝の貴族制』（研文出版、一九八二）「序言」にも、岡崎文夫が「南朝の貴族制を天子の支配権力＝国家権力との関連・対比の形でとりあげ」（六頁）ていることに注意している。なお、中村圭爾「六朝貴族制研究に関する若干の問題」（前掲）が指摘しているように、岡崎説は「貴族制を政治体制としてのみ、つまり皇帝と貴族との政治権力の所在をめぐる問題としてのみではなく、社会における六朝的構造から発生する体制としてとらえようとするところに最大の特色があろう」（三頁）が、政治体制についての岡崎の論及のみを取り上げた場合、かえって君主対貴族、とりわけ君主の独自の動きが強調されるという特徴が浮かび上がってくるのである。

（7）尾形勇・岸本美緒編『中国史』（山川出版社、一九九八）第三章「帝国の分裂と統合」（金子修一執筆）において、「門下省の存在や封駁の制度から、政策決定における貴族の発言権を強調することはできない」（一四七頁）と特に記述していること自体、門下省といえば貴族の牙城という説がほとんど通説化していることを示す。

（8）「魏晋南北朝隋唐史概説」（濱口重國『秦漢隋唐史の研究』下巻、東京大学出版会所収、一九六六）より引用。八八九頁。

（9）「中国史上の古代社会問題に関する覚書」（前掲）にも述べるように、濱口重國は、「昭和五年から足かけ八年」岡崎文夫の「特異な学風に接し」た時期がある（五五〇頁）。当初、東晋南朝を「貴族政治」ととらえたのもその影響と考えられよう。後に「貴族政治」否定へと進む点についても、岡崎の影響を脱したというよりは、むしろ君主対貴族という図式による分析をつきつめていくとき、必然的にたどるべきコースだったのではないか、と考える。

（10）越智説と関連する研究に、野田俊昭「東晋南朝における天子の支配権力と尚書省」（『九州大学東洋史論集』五、一九七七）がある。野田俊昭は、東晋南朝の門下省の長官である侍中について、「貴族の側に立って、天子の独断専行を規制するといった底のものでは決してなく、むしろ天子の側に位置して天子と一体となって、尚書省の保持する機能つまり貴族の政治権力の効果的な発現を抑圧するといった底のものであった」（九五頁）と論じる。越智の門下省理解に影響を与えていると思われるが、野田の場合は、尚書省には「貴族の政治権力の効果的な発現」の機能を認めている点が注目されよう。この「尚書の案奏権」による「天子と貴族との対峙」も、「宋の文帝の元嘉の治と称される治世で終止符が打たれ、以後は序々に天子の側から尚書の案奏権の吸い上げが行われる」（九五頁）とされ、魏晋から南朝初期にかけての限定された時期とはいえ、比較的長期にわたって、君主対貴族の対抗関係が政治機構に反映されていたと考える点は、越智説と異なる。

（11）中村裕一は、「唐代の門下省には中書省で起草された制勅と尚書省各部において起草された上奏を審議し、不当と認めた場合は、それらを廃案とする権限が存した。日本の律令古代国家の太政官にはこの権限がなく、日唐の天皇・皇帝大権を比較する一の視角を提供している」と、日唐の比較に関する論点も提起している。後に日本史研究者からの発言を取り上げるので注記しておく。

（12）中村圭爾「南朝における議」（注（5）所掲『六朝政治社会史研究』所収）、窪添慶文「国家と政治」（『魏晋南北朝官僚制研究』汲古書院、二〇〇三所収）等。

(13) A・R・マイヤーズ（宮島直樹訳）『中世ヨーロッパの身分制議会』（刀水書房、一九九六）を参照。

(14) 六朝隋唐期の政治体制の特質を論じるならば、漢代以前や唐末五代以後を視野に入れなければならないが、筆者の力量不足により、別の機会に譲らざるをえない。唐末五代の過渡期を経た宋以後のいわゆる「君主独裁」政治については、宮崎市定らにより研究が深化された。とくに、宋の独裁制については、熊本崇編著『中国史概説』（白帝社、一九九八）第四章第二節「君主独裁制と科挙」を参照。六朝隋唐との相違としては「官僚機構のあらゆる面での権限の分割」（一六三頁）という点がポイントになるかと思う。また、谷川道雄（注（5）所掲論文）も指摘するように、内藤湖南は、漢代以前も「貴族政治」としており、これと六朝隋唐の「貴族政治」との質的相違をどこに求めるかは、いっそう困難な課題であることが予想される。漢代と六朝との政治体制の相違については、下倉渉「『三公』の政治的地位について」（『集刊東洋学』七八、一九九七）が刺激的な論点を提供している。

第二章　日本の六朝貴族制研究

はじめに

わが国における六朝貴族制研究は、内藤湖南の六朝隋唐中世説以来の伝統をもち、現在、次のような点についてはほぼ通説となっているように思われる。すなわち、九品官人法（九品中正法）の運用の結果として、官僚となる家の特定化と〈門地〉（家格・家柄）の層序的固定化が進んで、門地に応じて就官の範囲に差別がある門閥貴族制が成立することになった(1)。という理解である。しかしながら、この門地あるいは家格・家柄の具体的内容に関しては、諸説のあいだで大きな懸隔が存在する。わが国の六朝貴族制の学説史を整理する試みはこれまでにも行われてきたが(2)、門地あるいは家格・家柄の内実をめぐる問題に焦点を合せた整理は十分には行われていないと考えるので、本章では六朝貴族制学説史のなかでも、とくに門地（家格・家柄）の問題にしぼってみていくことにしたい。

第一節、内藤湖南、岡崎文夫の中世貴族制研究

内藤湖南は、清朝考証学の大家、趙翼の影響のもと、六朝隋唐時代を中国の中世、貴族政治の時代とする時代区分

論を唱えた。この時代区分論を提起した論文として有名な「概括的唐宋時代観」によれば、中国中世貴族とは、「制度として天子から領土人民を与へられたといふのではなく、其家柄が自然に地方の名望家として永続したる関係から生じたるもの」であって、元来、国家の制度として規定されたものではなく、地方の名望家から発展したものなのであった。このように元来は地方の名望家であったにしても、貴族となると、国家、政治とのかかわりが出てくるのであり、それこそが「貴族政治」なのであるが、とくに南朝について述べた部分をみると、「南朝に於ても王氏、謝氏などが天子の家柄よりも遙に重んぜられた。是等は皆同階級の貴族の間で結婚をなし、それ等の団体が社会の中心を形成して、最もよき官職は皆此仲間の占むる所となつた」とあり(3)、身分的内婚制と貴族による高級官職の独占についての指摘がみられる。さらに、この貴族による高級官職の独占については、内藤湖南『支那中古の文化』に、九品中正法が門閥選挙に移行したことを述べ、

代々続いた家柄からのみ選挙するやうになり、家柄以外の貧乏人は出られぬことになつた。中正になる人が、皆土地の家柄のものであつたので、自然家柄の人を引立てる。この頃より士庶が分れた。官吏を出した家は、その後も士族として続く。中正は士族より出る故、引立てられる人も士族より出る。士族なる証拠として、自然、系図を考へる。譜籍が重大なものになる。

という(4)。貴族による高級官職の独占が九品中正法を通じて行われたこと、士族の証拠として「譜籍」が重んぜられたことなどが、すでに指摘されており、わが国における六朝貴族の通説的理解は、ほぼ内藤湖南によって固められたといっても過言ではない。

内藤湖南の中世貴族政治説は、その弟子の岡崎文夫に継承され、とくに南朝貴族制に関して詳細な研究が進められた。岡崎は、九品中正法について、

三国に始まり西晋に備はつた中正制度は、名門の勢力を維持するに役立つたこと云ふ迄もないが、同時にそは王者によりて与へらるるものである限り、南朝に於ける如き貴族制を成立せしむるに妨害となるであらう。中正制度は其一面を発展せしめて、高祖〔北魏の孝文帝。川合注記〕の下に氏族分定の役を果したとしても、其他面家系と共に人物を品評すると云ふ部分が又強く高祖によりて維持せらるる限り、名族は常に多分に其権力を監視せらるること止むを得ない。(5)

と、九品中正法が名門の勢力を維持する作用を果すだけでなく、南朝のような貴族制を成立させるうえでは障害となる一面をも重視する。この岡崎の見解によれば魏晋や北朝では、名門の勢力は維持されたが、南朝のような貴族制は成立しなかったことになるのであり、わが国の貴族制学説史のなかではやや特異な位置を占める。

岡崎が南朝特有の制度として貴族制を考えていることを確認したので、その貴族制はどのようにして成立したと岡崎が考えているのか、つぎにみてみよう。岡崎は、第一に、東晋以来、力役を免除される士族と、力役を負担する庶民とは、その戸籍を士族の黄籍、庶民の白籍とに区分することによって、明確に区別されていたと考える。(6)その士族が「政治、軍事乃至は経済上等社会運営に関する事象に於て、積極的に主たる役を演ずるもの」であったわけだが、趙翼『廿二史劄記』巻十二「江左世族無功臣」に「門類の区別として旧門、次門、後門、勲門、役門の称呼のあったことを注意して居る」(7)ことから、「此士族の籍には自ら或程度の類別があったのである」と想定し、『宋書』巻八三宗越伝の記事を引いて、役門（庶民）と次門（士族）の区別が明瞭に行われていたことを確認している。だが、「趙翼が劄記に書いたやうに其他に旧門、後門、勲門等の区別があつたか否か、若しそう云ふ名称が使用されたとしても、それは直ちに家系の高卑を顕はしたか否かは不明瞭である」(8)と、それらの名称が家格の表現であるのか否かについてはいったん判断を保留している。そのうえで、岡崎はさらに考察を進め、その結果、士族は武功によって顕要の地位を占める勲官（勲門）と文官に就く姓族とに分けられ、その姓族はさらに甲族と乙族とに分類されるとして、士族のなかに類別があり、それらの類別によって任官や婚姻の面で差別のあったことを論じているが[9]、その類別が戸籍への注記のような具体的制度によって行われたのか否かについては、やはり明言してはいない。

以上のように、岡崎説では、士族と庶民との区別が、それぞれ黄籍、白籍という別個の戸籍に登載されることによって厳格明瞭に区別されるとした点に大きな特徴があるが、士族のなかの類別が、どのようになされたのかは明言していない。この岡崎説の根幹ともいうべき、黄籍が士族の戸籍で白籍が庶民の戸籍であるという説は、増村宏「黄白籍の新研究」によって否定されたので[10]、その後岡崎説がそのままの形で継承されることはなかった[11]。

第二節、宮崎市定の九品官人法研究

六朝隋唐中世説にもとづく六朝貴族制研究は、宮崎市定によって継承され、名著『九品官人法の研究――科挙前史――』として結実した。宮崎は、九品官人法について、

最初の立法の趣旨が個人の才徳によって郷品を与え、郷品によって官吏を登用するという言わば官僚的な精神にも拘らず、その実施の面において最初から貴族的な色彩を有した。即ち高官の子弟は才徳の如何を問わず郷品において高品を獲、高品に従って高官に列せられるのである[12]。

と、指摘する。この「貴族的な色彩」については、また次のようにも述べられる。

父の獲得した地位が、何等かの形で子に伝わるのが任子の精神であるとすれば、九品官人法は恐らく成立の始めから、この任子の精神を以て運用されたと思われる。言いかえれば九品官人法は、漢代の任子の制度をその中に

温存していたことになる。但し漢制は二千石以上を境としたが、九品官人法は前述の如く二千石以上を五品に細分して居り、主眼は第三品以上の官の子で、第四品第五品の官の子は任子の上ではあまり問題とされなかったであろう。そして任子はそれが繰返されると、貴族制度と全く異る所がない。この点からも九品官人法は貴族化する危険を最初から内蔵していたと言えるのである。(13)

このように最初から貴族的な色彩をもった九品官人法が、いっそう貴族化する契機となったのは、州中正制度であると宮崎は考え、次のように説明する。

魏王朝が成立し、強力な軍隊を背景として中央集権政府を樹立すると、それに反比例して地方の勢力が薄らいできた。また中央は意識的に地方を抑え、中央から統治し易いように郡の細分を行った。そして一たび中央政府に顕貴な地位を占めた勢力家はそのまま居据って、子孫にその地位を伝えようとする傾向が強くなってきた。これは中央においても、地方ピラミッド〔後漢以来形成されていた郡ごとの豪族番付。川合注記〕を踏台として利用し、その上に全国的な貴族ピラミッドが形成されたことを意味する。これに対しては九品官人法が最初から貴族的に運営されたことも大きな原因をなしているが、魏の末期に中正制度の改正があり、郡中正の上に州中正が加置されたことが、いよいよこの傾向を決定的なものたらしめたと思われる。(14)

かくして、

九品官人法はいよいよ貴族的に運営せられた。郷品は門閥によって決定され、門閥は原来堆積によって生ずるものなので、高位の貴族はその門閥がいよいよ高く、門閥家の中に更に数等の階層を生ずるようになった。この家格を門地と称し、門地の高下を流品と称する。抑も貴族主義なるものは、原来甚だ闘争的なものである。即ち貴族社会の成立する当初からして、各貴族は他に勝る優位を獲得しようとして、互いに激烈な闘争を行い、時には非常手段に訴えることも辞さなかった。この激烈な闘争の結果勝敗が決まり、夫々の貴族の格式が定まり、上下の区別が設けられると、始めて貴族社会は安定し固定し、固定すると意外に長く継続するものなのである。さて貴族社会の成立の始め、今や各貴族の家格が決定的に定められようとする西晋の時代において、天子が暗愚なために主権者からの圧力が一時的に外された貴族社会は、度々貴族間の勢力争いから来る内訌を経験しなければならなかった。(15)

すなわち、西晋時代、貴族の家格が固定されかけたが、恵帝の時代の混乱によって、それは中断し、貴族社会の固定化は、東晋の時代に持ち越されることとなったというのである。

（東晋時代）北来流寓貴族の中で特に傑出したのは瑯邪の王氏である。ついで謝氏が著われ、王謝と併称された。第一第二の貴族の格付けが定まると、続いて各家の大体の相場が、そこから自然に判定されるので、ここに南方における貴族社会は安定し固定する傾向が強く現われてきた。これを九品官人法について見るに、非常特別の人才はいざ知らず、郷品は先ず家格によって決定され、個人の才能は若干これを修正するのみである。当時広く用いられる言葉に、人地、才地などの語があるが、これは人才と門地とであり、両者を合せて官吏登用の条件とされるが、実際は人才よりも門地の方が重しとされる。かくなれば中正なる者の職務は、別に個人の才徳を問うを要せず、その家の経歴を知れば足りる。然るに中正よりも更に正確に各家の経歴を知ることが出来るのは、中央政府の尚書である。何となれば貴族の譜牒は尚書に保管されていたからである。(16)

この家格あるいは門地を決定するための資料、譜牒については、次のように詳述される。

南史巻五十九王僧孺伝によると、当時官僚の履歴を編纂して姓譜を造ることが行われ、晋の太元中に散騎侍郎賈弼の撰した七百十二巻という尨大な系譜が秘閣に蔵せられ、その副本が尚書左民曹にあった。別に尚書には各官の履歴書があり、一たび晋の咸和初年に蘇峻の叛乱によって焼かれたが、咸和二年以後のものは、宋代に至るまで尚書左民曹の前廂に、東西二庫に分って堆積していた。王僧孺は此等の資料に基づいて、州譜、百家譜集抄などの書を撰したと言う。この百官の履歴が尚書左民曹にあったのは、恐らく傜役免除と関係あり、これらの所謂士籍に登載されているか否かで、傜役の有無が決定せられたのであろう。かくの如く資料が尚書に保管され、確実な証拠によって門閥の上下が決定されると、もはや中正の仕事は大半が失われる。中正は貴族制度の成立には重大な役割を果したが、いざ貴族制度が確立してみると、同時に不要な存在と化してしまったのである。(17)

このように、宮崎説では、貴族の家格は、尚書省に保管された百官の履歴書——岡崎説とは異なり宮崎説ではこれを士籍と呼ぶ——や東晋末太元年間（三七六～三九六）賈弼撰の系譜を資料として決定されたと考えられていることが判明した。その場合、貴族の家格とは、具体的にどのようなランクに分けられるのだろうか。宮崎説では、貴族（士族）は、郷品二品を与えられて六、七品で起家する門地二品の階層と、郷品三品乃至五品を与えられて七～九品で起家する寒門・寒士の階層とに大きく区分され、郷品六品以下の階層は寒人・庶民と考えられている。(18)

宮崎説によれば、東晋時代に固定化した貴族社会は、南朝・陳にいたって転機をむかえる。

陳の政府には侯瑱、侯安都、章昭達、呉明徹などの武将が代る代る三公となり、内外に重きをなしていたから、彼等の地位を保証してやってその歓心を買う必要があり、従前のような貴族制度だけではやって行けなくなった。ここにおいて貴族制度と官僚制度の中間とも言うべき任子制度が法規化された。蓋し任子制度は門地が低くして一代の間に高官に昇った者に対して、その子弟に官を与える制度なので、官僚たる地位を尊重するという観点から見れば官僚制に付随した制度と言えるのである。

と、陳代に任子制度が法制化されたこと、その任子制度が貴族制度とは異質のものであることを論じているが、後者の論点については、さらに次のように述べる。

任子制度を法制化したことは確かに新しい傾向である。何となれば貴族なる者は長い歴史の堆積によって生じたもので、幾世代もかかって始めて秘書郎起家という権利を獲得したので、一門の中でも官界遊泳競争に敗れた多くの家は決してこの恩典に浴することができぬ。然るに一朝風雲に乗じて高官となった成上り者でも、高位の官僚という地位によって、その子を秘書郎で起家させることができるのである。明かにこれは貴族主義の精神とは相容れない異質のものである。(19)

以上、みてきたところから、宮崎説においては、東晋から南朝・梁までが典型的貴族制の時代であり、その時代には、尚書省に保管されていた百官の履歴や諸氏族の系譜によって門地二品・寒士・寒門などの家格が決定され、おおむねこの家格にもとづいた官吏任用が行われたと考えられていることが判明するのである。

第三節、矢野主税の門閥社会研究

宮崎市定『九品官人法の研究——科挙前史——』刊行の前から、六朝隋唐中世説とは異なる、唐以前古代説の立場からの六朝貴族制研究が行われるようになった。その傾向の代表者が矢野主税と越智重明であり、少なくともその出発点においては、両者とも当時における貴族の政治的力量の過大評価に反対し、貴族の皇帝権力に寄生する官僚としての側面を重視する立場において共通していた。まず、矢野主税の学説から見てみよう。矢野といえば右の寄生官僚論を強固に主張したことで有名であるが、矢野が六朝時代の門閥の家格について、どのようにとらえていたのかなどの問題は、あまり取り上げられてこなかったように思う。以下、この家格についての矢野の見解を中心にみていく。

矢野が門閥の研究に取り組むようになったのは、おそらく守屋美都雄『六朝門閥の一研究——太原王氏系譜考——』の影響であった。同書は、六朝の代表的門閥の一つ、太原王氏の盛衰を究明することを通じて、六朝門閥の特徴を浮かび上がらせ、いわゆる豪族と門閥とは区別して考えるべきことを明らかにしたのであった。すなわち、累代官人を輩出した家である門閥の宗族結合について、「一般に門閥と呼ばれる家においては、家長本位の家族の結合の強さに比して、広い範囲の宗族が宗家を中心として結合することは殆んどありえなかつたらうと考へるのである」と見通したうえで、さらに、「官僚的門閥の場合とは反対に、地方豪族の場合には積極的に宗族の聚居が行はれ、時には収族の方法もとられたのではないかと思はれる」[20]と、門閥と豪族とのちがいを明示したのである。

矢野が門閥研究に取り組んだ最初の論文は、「張氏研究稿」である。本論文では、『南史』巻二三王奐伝の記事を引いて、奐の諸兄が王国常侍に起家したのに、奐は清官たる著作佐郎に任ぜられ、同じ兄弟ながら起家官に格差を生じた原因は、奐が従祖の王球をついで、門流が相違していたためにほかならない、とする。すなわち、同じ兄弟でも、奐は甲門の門流に、兄たちは寒門の門流に属したのであり、この甲門、寒門という門流の評価は、とくに王球（宋の文帝に仕えて中書令、吏部尚書、尚書僕射等を歴任した最高官僚）と兄弟の父である王粋（黄門侍郎）との閲歴の差による、という。このように、矢野は守屋説を推し進めて、門流ごとに家格の評価がなされたこと、その評価の基準が官職であったことを明らかにし、さらに、「甲門、寒門の区別は決して絶対的のものではあり得ず、官職を基準として容易に変化するものであったことを知る」[21]と、家格が固定的なものではなく、容易に変化するものであるという注目すべき指摘も行っている。

この門流の盛衰ということについては、矢野主税『門閥社会史』においても、

同じく琅邪王氏といい、陳郡謝氏といいながら、而もその主流に属しながらも、東晋から宋・斉にかけて、早く

もその門流各派の間に優劣盛衰があったことが明らかである。従って筆者は、門閥を論ずる場合、それらのことを考慮することなくしては、充分な考察は行ない得ないと考える。即ち、父祖によって獲得せられた特権的地位は、一流中の一流の門閥にあっても、決して無条件に受けつがれ得たものではないことを常に考慮すべきであると考える。(22)

と改めてその観点を確認している。それでは、このように変動する特権的地位、家格は、門閥社会においてどのように作用していたと矢野は考えるのであろうか。

この点については、矢野「起家の制について」で触れられている。この論文において、矢野は、起家を限定する条件について検討を加え、西晋時代には、個人の才能・資質に応じた起家であったのが、東晋になると、次第に家格中心の起家に変化し、南朝・宋以降は、家格が基本的条件となり、時に個人的理由その他が加味されるということになったという結論を導いている。(23)矢野のこの結論は、すでにみた宮崎市定説とほとんど変わりがないようにみえる。矢野説では、家格は「必ずしも固定的ではなく」流動的なものであるはずだが、いっぽう家格が「伝統的なその政治的、社会的地位」であることも矢野は認めており、そうなるとやはり流動性より固定性においてとらえられるのではないかという疑問を生じる。要するに、矢野説における家格とは、いったいどのようなものなのか、いまひとつ明瞭を欠いているのである。(24)

第四節、越智重明・野田俊昭の族門制研究

矢野主税による門閥研究開始と前後して、貴族制研究に着手した越智重明は、「南朝の貴族と豪族」において、貴

族と豪族とを峻別し、貴族の寄生官僚的性格を論じ、[25]「南朝における皇帝の中央貴族支配に就いて」でも、南朝皇帝権力が貴族に対して優位にあったことを力説した。後者の論文においては、守屋美都雄説を継承して、「貴族の皇帝に対する弱点」を「貴族の族的結合の脆弱さに求め」、貴族の場合、「通常構成員個々の政治的行動を決定する最高のものは自己であり、かれらの連帯感への顧慮は、通常直系者で構成される門流（あるいは兄弟）に止まったとしなければならない」[26]と述べ、矢野と同様の見解を示している。越智はさらに、「魏西晋貴族制論」において、〔貴族制という〕概念の根本をなす「政治的支配者層が世襲的性格をもつ」ということは、巨視的にとりあげた際必らずしもこの時代の政治的支配者層に限られたことではなくまたそれがこの時代を開始点としているわけでもないのである。従ってそれは他の時代の政治的支配者層のもつ世襲的性格よりもその世襲性が一段と濃厚であったという「程度」の問題になるのである。[27]

と、貴族制概念について注目すべき見解を公表している。しかし、その後、越智が推進した族門制研究は、むしろ東晋南朝期には、他の時代とは、「質」的に異なる、特異な世襲的身分制の強固な存在を主張するもののように思われる。[28]以下、この族門制説についてみることにしよう。

越智が族門制説の全体像をはじめて提示したのは、「魏晋南朝の最下級官僚層について」[29]であったが、ここでは、その後の研究成果もふくめてまとめられた『魏晋南朝の貴族制』[30]によって族門制説を概観する。同書によれば、州大中正の制の運営は家格の固定化を促進した。その結果、ほぼ西晋末には、図式的にいうと上級士人層、下級士人層、上級庶民層（郷品六―九品をえて下級官人となる階層）、下級庶民層の別が生じた。それらは制度的な政治的身分とほぼ対応する。この身分はいろいろな表現をされているが、本書では甲族、次門、後門、三五門という表現をとることとする。（以下、それを族門制という。[31]）

と、族門制の定義が示される。州大中正制の運営の結果、家格が固定化という理解は、宮崎市定説などとも共通しており、また、階層の区分なども宮崎説と共通点が多いのに気づく。その相違点は、宮崎説ではおおまかに門地二品、寒士・寒門、寒人と区分していたのを、越智説は一段と推し進めて厳格な身分制としてとらえた点にあるといえよう。

さて、右には、上級庶民層（後門）の定義のみ示されているが、上級士人層（甲族）は、郷品一・二品をえて、「秘書郎、著作佐郎に起家したり、太子洗馬に就いたりする最上級の人々」、下級士人層（次門）は、郷品三～五品をえて王国常侍、王国侍郎、奉朝請等で起家する階層、下級庶民層（三五門）は、「三丁に一丁、五丁に二丁を徴発される一般の庶民[32]」である。

以上が、族門制の各階層についてである。さらに

各族門の人的構成についてであるが、父の属する族門が（例外的に）変化した際、その子たちがそれぞれの時点における父の族門に応じた起家をし、その起家に示される族門を構成すべきであった。それは父の属する族門が本来起家より前の子だけを含み、起家以後の子はそれぞれ新しく自らの族門を構成するのを察せしめる。つまり、各族門の人的構成は夫婦を核とし、官人であればそれに未起家の子、庶民であればそれに未成丁の子（ともに未婚の女子を含む）を含むもの、ということになる。

という。この見解は、かつて、貴族の族的結合がせいぜい門流の範囲にとどまるとした見解を、いっそう推し進めたものといえよう。この族門が例外的に変化する事例としては、父が処罰を受けて族門が引き下げられる場合や、逆に父が出世して族門が上昇する場合などが想定されているが、それはあくまで例外であり、「甲族の子（たち）は通常甲族として起家をし、その子（たち）の子（たち）もまた通常甲族として起家をする。次門以下についてもそれは同様であったといえよう。いわゆる家格の世襲化とは、こうしたことを意味する[33]」と述べるように、一般に族門が継承

される傾向は、家格の世襲化と捉えられているのである。

次に、以上のような族門がどのようにして決定されていたか、についてであるが、越智は、宗越が地方長官によって改められた族門を、天子に請うて旧に復してもらった事例（『宋書』巻八三宗越伝）などによって、「少くとも南朝にあっては、地方長官（恐らく正式にはそのなかの最高官である州の刺史）が族門判定権を掌握し、天子がその最終決定権を掌握していたとすべきであろう(34)」とする。このように、族門は、地方長官が天子の承認のもとに判定する制度であったと考えられている。その族門判定の際の基準については、とくに明言はされていないが、「次門出身であっても第三品官以上すなわち貴となれば甲族となったことを察せしめる(35)」という指摘などから、官職を最も重視していることは確かであろう。

その後、越智重明の族門制説を継承、推進した野田俊昭は、この最後にあげた族門の判定にかかわる新見解を公表した。野田俊昭「南朝における吏部の人事行政と家格」では、家格（族門）の改定を行いえたのは清議であって、「次門から甲族へというような高次にわたる家格の改定については、天子の支配権力もこれを回避したのではないか。誤解を恐れずにいえば、改定しえなかったのではないか」と述べる。この清議とは、「人事をめぐる士人間の輿論」であり、「清議による家格の改定は……各人の示す才学、学識に注目してなされたものとすべきである(36)」という。もちろん、天子の抜擢によって次門以下の出身者が政権の枢要に抜擢されることはあったが、その場合には、家格の改定までは行われなかったというのである。この野田説は、族門制論を大きく修正、発展させたものとして重要である。

野田俊昭は、さらに、「家格と「清議」」において、族門制論が、次門出身者であっても三品（梁の十八班制では流内十二班）以上の官につけば、甲族としての家格があたえられたとするように、「家格のヒエラルキーの形成、維持ということについて官制的要件ということを大きく重視し、そのほかの要件がほとんど考慮に入れられていない」ことを批判して、「ときとして、次門の出身者の、三品以上ないし流内十二班以上の官への就官があったにもかかわらず、そのものの家格が甲族のそれへと改定されない場合もあったと考えられる。このことは南朝にあって、次門から甲族のそれへという家格の上昇が全面的に官制的要件に連動するかたちで実現するものではなかったことを推測させるものとなろう」と指摘する。また、その逆に、「三品官以上の官につくことなく、その家格が次門のそれから甲族のそれへと上昇した」事例もあげて、上記の推測を固め、そのうえで、家格の改定が清議によることを改めて確認し、この清議は必ずしも官制的要件を重視するものではなく、「時として官位、爵位を重視する方向にも動くし、官位や爵位よりも人才、人物如何、あるいはその他のものを重視する方向にも動くし、さらにはそのいずれをも重視する方向に動くべきものとして把握すべきことになるのである(37)」という。

以上の野田の研究では、甲族は郷品一・二品、次門は郷品三～五品という「族門制」の大枠を継承していたが、最近の「南朝の清議・郷論」においては、甲族も次門も郷品二品であり、甲族と次門との間の差別・差異は、郷品二品内での差別・差異であるとして、族門制説を大きく修正している。そして、この甲族・次門という家格の決定や改変は、州大中正が清議・郷論をふまえて行ったとして、家格決定における州大中正の役割を重視する観点を明確に打ち出したのである。ただし、後門（郷品三～九品）と三五門の家格の決定や改変は、皇帝の許可のみによったという(38)。

第五節、中村圭爾の六朝貴族制研究

前節では、越智重明と野田俊昭の「族門制」研究についてみてきた。本節では、族門制論に批判的な観点から、起家官を手がかりに、家格の存在を検証した中村圭爾「九品官人法における起家」をとりあげる。中村は、宮崎説・越智説で家格が固定化したとされる宋・斉時代において「同一起家官が何代かにわたたって連続する」事例がみられることから、「家格の存在を検証することができた」とし、「父祖の起家官と子の起家官のあいだに密接な関連があり、家格が起家官を決定するという事実が判明した」とする一方、「しかし、また、その家格は、あらゆるばあいに起家官を決定する唯一の要素ではなく、むしろ父の官職が子の起家官決定に大きく作用していることも判明した」と指摘した。これは、家格と起家官との関係を重視してきた宮崎説・越智説の根幹にもかかわる重大な論点であった。にもかかわらず、本論文が「宋・斉時代には、九品官制における任子の制と家格が、相互に補完し、かつ規制し、家格を固定させつつ、貴族の階層的秩序を強固なものにきづきあげていったのであるということができよう[39]」と結ばれ、家格と任子制的要素とが並列的にとらえられているようにもみえることもあって、この重大な意味があまり認識されなかったのではないだろうか[40]。

このことを確認するため、以下、家格についての本論文の見解をさらに詳しくみてみよう。中村は、たとえば秘書郎起家が数世代にわたって連続している例もみられることから、「秘書郎起家の家とでもいうべき家格が存在することとは否定できなくなる」とし、さらに、このように「おなじ起家官が連続するというかたちで、家格を想定できるということは、逆にいえばこうした家格が起家官を決定するという可能性がつよいということであり、そのばあい、多く父祖の起家官が子の起家官とされるということが予測できる。それは、いよいよ家格の固定化をすすめることになる」という。ここまでの記述を読むかぎり、中村説にあっても、宮崎説や越智説と同様に「家格の固定化」が重視されているようにみえる。

しかし、本論文ではこのあとに後引のような問いを設定しており、右では家格の存在は認めざるを得ないとしつつも、その固定化については一応そのようにもとらえられるが、その内実についての結論は、検討をへたのちにあらためて示されるべきものであることがわかる。その問いとは、次のようなものである。

ところで、以上のような、起家官を基準としてみることのできる南朝貴族の家格について、つぎのような問題を考えてみなければならない。まず、この家格は固定したものであったのか、はたまた変動するものであったのか。前者のばあい、それは本質的に固定的なものであったのか、また後者のばあい、変動するとすれば、それは父子の起家官に相違が生じることによってしることができるが、はたして父子の起家官が大幅に異なるのはいかなるばあいなのか(41)。

この問いに対する答えは次のようである。

家格は本来固定したものではなく、一定の条件があってはじめて維持され、固定化されるものといえる。ここでいう一定の条件とは、主として父の官歴であり、この父の官歴の高下によって、家格が上昇することもあり、その逆に降下することもありうるのである。そして、それがあたかも固定したもののごとくみえるのは、高い起家官が必然的にもたらす高官位への昇進がつぎには子の高い起家官を結果し、かような連環が連続するからであるともいえる。したがって、起家官の決定にとって、家格はかならずしも唯一絶対の基準ではない(42)。

といい、それまでの研究で強調されてきた家格の固定性についての重大な問題提起を含んでいたのであった。本論文において、直截に任子制的原理が強調されなかったのは、起家官決定にあたって、父の官歴のみでは説明できず、家の伝統（家格）も考慮されたとみられる事例もあるためであろうが(43)、父の官歴が最も重視されたことは動かないであろう。本論文が提起した任子制的原理、すなわち宮崎が指摘しているように、貴族制度とは異質の側面をもつ制度が、宮崎説で典型的貴族制の時代と考えられた宋・斉時代にさえ、官僚人事を大きく左右していたことは、貴族制を考えるうえで、もっと真剣に考慮されてよい問題であったと考えるのである。

おわりに

以上、わが国の六朝貴族制学説の展開を、貴族の家格についての見解に焦点をあわせて考察し、最近の中村圭爾、野田俊昭の学説にいたった。九品官人法（九品中正法）の運用との関連で、高官を世襲する貴族層の成立を説明する論点は、内藤湖南以来のものであるが、九品官人法における郷品と官品との関係をはじめて明らかにして貴族制研究に新生面を拓いたのは宮崎市定であった。

宮崎市定は、任子制的原理とは異質の家格による官吏任用の行われた、典型的貴族制の時代を東晋末期から南朝・梁にかけての時代に求め、この時代に、門地二品、寒士・寒門、寒人・庶民という三つの階層が成立していたことを明らかにしたのであった。この宮崎説を推し進め、郷品、起家官、家格との間に厳格な対応関係を想定し、甲族、次門、後門、三五門という四階層からなる族門制論を発表したのが越智重明であった。このように、宮崎説、越智説によって、貴族の家格の固定化がほぼ通説となり、その具体相の究明が進んだのが一九七〇年代初頭までの研究動向であった。もっとも、その間、寄生官僚論の立場から矢野主税が門閥社会の流動性を強調することもあったが、結局、家格の固定という論点を大きく変えるものではなかった。

家格の固定化という通説的理解に対して、大幅な修正を迫る論点を提起したのは、一九七三年に公表された中村圭爾の論文であった。中村は、貴族の家格が最も固定化していたと考えられた宋・斉時代にさえ、任子制的原理が強固に貫徹しており、「家格はかならずしも唯一絶対の基準ではない」事実を突きつけるものであった。ただ、本論文においても、家格の固定化という通説の否定については慎重な姿勢を堅持しており、そのこともあって、学界において この衝撃的事実の重大性はあまり認識されてこなかったように思われる。

越智重明の族門制論を継承した野田俊昭は、甲族・次門・後門・三五門の四階層説は堅持しつつも、清議・郷論を ふまえた州大中正による甲族・次門の家格の決定・改変という新たな観点を導入することなどにより、南朝貴族制に おける皇帝権力の役割を重視した越智説を大幅に修正して、新たな南朝貴族制像を提起している。

以上みてきた南朝貴族制にかかわる主要な研究のほかに、渡邉義浩「西晋における五等爵制と貴族制」が公表され た。本論文では、「世襲的に高官を独占するという属性に代表される貴族制は、西晋における五等爵の賜与が、州大 中正の制とあいまって国家的身分制として創り出したものなのである」[44]として、五等爵制が「世襲」の維持に果たす 機能を重視する新説が提起され、今後の展開が注目される。

以上、日本の六朝貴族制研究を概観して、それぞれ若干の相違点はあるが、おおむね家格の固定化という論点で共 通していることに気づく。この傾向の意味するところは、厳密には、中国における六朝門閥制度の研究と比較検討す ることが必要なのであるが、ここで現段階での見通しを述べるならば、中国の学界で使用される「士族」「世族」「門 閥」や「門第」などの用語と、わが国の学界で使用される「貴族」「家格」との間には微妙な相違点があるように思 われる。わが国の学界で、「貴族」「家格」が使用される場合、そこに、意図的ではないかもしれないが、日本史にお ける貴族のイメージが投影される傾向がないとはいえないであろう。わが国の平安時代後期、院政期に、摂関・清華・ 羽林・名家などの家格が成立し、これらの家柄によって官職が独占世襲されたこと[45]は、よく知られた事実である。も ちろん、日本の貴族と六朝貴族が同じだと積極的に主張する学説が存在するわけではないのだが、家格と官職との間 の対応を厳密に考える傾向には、やはり日本の貴族のあり方が念頭にあるように思えてならないのである。

日本の貴族の場合、たとえば摂関家という家格をもつ家柄が摂政・関白職を独占世襲するのであるが、六朝貴族の場合、父の官位をはじめ、家の伝統に対する評価、本人の才学など、いくつかの要素が、特定の家に有利に作用した結果として、数代にわたって高官を輩出する家系が出現し、それらの家柄の評価が高まり、その評価がまたその家系に属する者が任官する際に、有利な条件の一つとなることはあっても、それが唯一絶対の条件ではない以上、官職の独占世襲は保障されてはいない。父が官界で出世する前に若くして死去、あるいは逆に父が政変などの機会に乗じて破格の出世をするなど、様々な事件によって、家柄の評価（家格）の昇降は頻繁にありえた。日本の貴族の場合は、官職就任の前提としての家格であったが、六朝貴族の場合は、むしろそれぞれの家系に属する官人の官界における営為の結果に対する評価としての家格である。従来のわが国の六朝貴族制研究では、このことが十分に意識されてこなかったのではないだろうか。少なくとも、このことが明示的に指摘されたことはなかったと考えるのである。

注

（1）安田二郎「貴族（中国）」（『大百科事典』第四巻、平凡社、一九八四）。池田温「貴族とは何か——東アジアの場合——」（笠谷和比古編『国際シンポジウム　公家と武家の比較文明史』思文閣出版、二〇〇五所収）二六四頁も参照。

（2）越智重明「魏西晋貴族制論」（『東洋学報』四五―一、一九六二）、谷川道雄「六朝貴族制社会の史的性格と律令体制への展開」（初出一九六六、『中国中世社会と共同体』国書刊行会、一九七六所収）、葭森健介「中国史における貴族制研究に関する覚書」（『名古屋大学東洋史研究報告』七、一九八一）、都築晶子「六朝貴族研究の現況——豪族・貴族・国家——」（同上）、小尾孟夫「貴族制の成立と性格——その研究史的考察——」（今堀誠二編『中国へのアプローチ——その歴史的展開——』勁草書房、一九八三）、中村圭爾『六朝貴族制研究』（風間書房、一九八七）序章「六朝貴族制研究に関する若干の問題」、中村圭爾「六朝貴族制論」、「日本における魏晋南北朝史研究」（ともに『六朝政治社会史研究』汲古書院、二〇一三所収）、窪添慶文『魏晋南北朝官僚制研究』（汲古書院、二〇〇三）序章「日本における魏晋南北朝時代の官僚制度研究」、渡邉義浩『三国政権の構造と「名士」』（汲古書院、二〇〇四）序論第一節「所有と文化」など。

（3）内藤湖南「概括的唐宋時代観」（初出一九二二、『内藤湖南全集　第八巻』筑摩書房、一九六九所収）一一一～一一二頁。

（4）内藤湖南『支那中古の文化』（初出一九四七、『内藤湖南全集　第十巻』筑摩書房、一九六九所収）三二〇頁。本書は、昭和二年（一九二七）の京都帝国大学における講義である。

（5）岡崎文夫「北魏に於ける中正制度」（『南北朝に於ける社会経済制度』弘文堂、一九三五所収）二二一頁。

（6）岡崎文夫「南朝に於ける士庶区別に就ての小研究」（『南北朝に於ける社会経済制度』前掲所収）。

（7）岡崎文夫「南朝貴族制の一面」（『南北朝に於ける社会経済制度』前掲所収）二三九頁。

（8）前掲「南朝貴族制の一面」二四二～二四三頁。『宋書』巻八三宗越伝には、

宗越……本為南陽次門、安北将軍趙倫之鎮襄陽、襄陽多雑姓、倫之使長史范覬之条次氏族、弁其高卑、覬之点越為役門。出身補郡吏。……元嘉二十四年、啓太祖求復次門、移戸属冠軍県、許之。

とある。

（9）前掲「南朝貴族制の一面」二六二頁以下。岡崎は、史料に散見する甲族、次門、後門の語に注意しつつも、「併し次門、後門の別は其他の場合明白でないから、一般に甲族、乙族と両種に分類して叙述をすすめるであろう」としている。

（10）増村宏「黄白籍の新研究」（『東洋史研究』二―四、一九三七）。増村宏によれば、黄籍とは一般戸籍、白籍とは土断された僑寓戸の戸籍である。白籍についてはいまだ定説をみていないが、黄籍については増村説が定説となっている。

（11）ただし、士族の戸籍と庶民の戸籍が別個のものであったのではないかという論点は、その後も依然として重要な問題でありつづけた。たとえば、越智重明「南朝の国家と社会」（『岩波講座世界歴史5』一九七〇）には、「晋時代の戸籍制度では「士人（後門を含む）」の戸籍と庶民＝三五門の戸籍とが区別されていたようであるが、恐らく「士人」の戸籍には同籍者の就いた官名のみならず、同籍でない戸主の一定範囲の親族で官に就いたものの人名とその就いた官名があわせ注記されており、そうした官の注記が免役権を保証していたと思われる。一方、三五門の場合、必要がないだけにそうしたことがあったとは

想定しがたい」（一八一頁）とあり、越智説では、晋代には士人の戸籍と庶民の戸籍が別個のものであったが、南朝・宋の中期、「四五四（孝建元）年に、全国の三五門の戸籍に同籍者の就いた官名が注記され、同時に、同籍でない戸主の一定範囲の親族で九品官に就いたものがいた場合、その人名と就いた官名が注記されるようになった。四五四年以後、三五門はこの新戸籍によって免役権が認められることとなった。この新戸籍の出現は旧来の「士」籍、庶籍の区別を形骸化する」（一八二頁）というように、南朝・宋代には実質的に士・庶の戸籍は一本化されるとしていた。しかし、その後、越智重明『魏晋南朝の貴族制』（研文出版、一九八二）においては、四五四年の戸籍制度改革の記述はある（二九五頁）が、士籍と庶籍の区別という論点はみられなくなっている。この士籍・庶籍問題については、中村圭爾「南朝戸籍に関する二問題」（初出一九九二、『六朝江南地域史研究』汲古書院、二〇〇六所収）が、明確に越智説を否定している。

(12)　宮崎市定『九品官人法の研究――科挙前史――』（初出一九五六、『宮崎市定全集6九品官人法』岩波書店、一九九二所収）二四頁。

(13)　前掲『九品官人法の研究』一〇九～一一〇頁。

(14)　前掲『九品官人法の研究』一三一頁。

(15)　前掲『九品官人法の研究』二九～三〇頁。

(16)　前掲『九品官人法の研究』三一～三二頁。

(17)　前掲『九品官人法の研究』一七一頁。なお、『南史』巻五九王僧孺伝にみえる「晋籍」を、趙翼『陔餘叢考』巻一七「譜学」の解釈によって、官僚の履歴書（士籍）としたのであるが、「晋籍」は戸籍である。このことについては、本論文第十章「門地二品について」注(19)も参照。付言すれば、右の趙翼の解釈が「失考の甚しいもの」という指摘は、はやく岡崎文夫「南朝貴族制の一面」（前掲）二四一頁にみられるが。ただし、岡崎説はこの「晋籍」を一般の戸籍ではなくて士族の戸籍である黄籍と考えているので、岡崎説も妥当とはいえない。

(18)　前掲『九品官人法の研究』二一四頁以下。

(19)　前掲『九品官人法の研究』三〇五、三〇八頁。宮崎が陳の任子制というのは、『隋書』巻二六百官志上「陳官制」の規定である。任子制自体が九品官人法のなかに温存されていたことは宮崎も認めるところであるが、「唐六典巻十秘書郎の条下に、秘書郎が令僕の子の起家官であることを、陳の令に著わしていると明言している」ことから、それまで単に慣習法であった任子制が明確に令に規定されたのは陳代であるというのが宮崎説である。いっぽう、『隋書』百官志「陳官制」には、陳制が梁制を継承したものであることを明言していることも確かで、このことを重視した越智重明「梁陳時代の甲族層起家の官をめぐって」(『史淵』九七、一九六六)は、梁制とする(三九～四一頁)。

(20) 守屋美都雄『六朝門閥の一研究――太原王氏系譜考――』(日本出版協同株式会社、一九五一)一四八頁。

(21) 矢野主税「張氏研究稿」(『長崎大学学芸学部社会科学論叢』五、一九五五)六～七頁。「愛媛大学越智氏の御教示による」として、『南史』巻二三王奐伝の次の記事を引く。

奐諸兄出身諸王国常侍、而奐起家著作佐郎。琅邪顔延之与(王)球情款稍異、常撫奐背曰、「阿奴始免寒士。」

(22) 矢野主税「魏晋南朝の中正制と門閥社会」(『門閥社会史』長崎大学史学会、一九六五所収)三八頁。

(23) 矢野主税「起家の制について――南朝を中心として――」(『長崎大学教育学部社会科学論叢』二四、一九七五)二四頁。

(24) 前掲「起家の制について」でも、「家格が必ずしも固定的ではなく……貴族社会そのものをもっと流動的にとらえねばならぬ」(一〇頁)という立場が確認されているが、家格については、「即ち、伝統的なその政治的、社会的地位」(一三頁)という定義を与えるにとどまっている。なお、本論文の第四節「家格――家の範囲と政治的社会的地位――の変動」が、『長崎大学教育学部社会科学論叢』の次輯に掲載予定とされているが、未刊に終っており、あるいはこの第四節において詳論される予定であったのかもしれない。

(25) 越智重明「南朝の貴族と豪族」(『史淵』六九、一九五六)。

(26) 越智重明「南朝における皇帝の中央貴族支配に就いて」(『社会経済史学』二一―五・六)八三～八四頁。

(27) 越智重明「魏西晋貴族制論」(前掲)九三頁。

(28) この点については、本書第八章「南朝貴族の家格」でも述べた。

(29) 越智重明「魏晋南朝の最下級官僚層について」(『史学雑誌』七四―七、一九六五)。

(30) 越智重明『魏晋南朝の貴族制』（前掲）第五章「制度的身分＝族門制をめぐって」。
(31) 前掲『魏晋南朝の貴族制』二三三〜二三四頁。
(32) 前掲『魏晋南朝の貴族制』二三五頁。
(33) 前掲『魏晋南朝の貴族制』二三八〜二四〇頁。
(34) 前掲『魏晋南朝の貴族制』二四三頁。
(35) 前掲『魏晋南朝の貴族制』二六二頁。越智重明「南朝の国家と社会」（前掲）では、「士人が甲族・次門・後門の何れに属するかということは、族門制制定時にあっては、各士人の豪族勢力、官人・士人としての地位・声望といったものを勘案して定められたことであろう」（一六六頁）と述べ、制定時（西晋末）については、官職以外の要素も勘案されたとしているが、その後についての明言はない。しかし、官職を最も重視していることは、本文にあげた記述などからうかがえる。
(36) 野田俊昭「南朝における吏部の人事行政と家格」（『名古屋大学東洋史研究報告』一八、一九九四）二一、一四、二三頁。
(37) 野田俊昭「家格と「清議」」（『九州大学東洋史論集』二八、二〇〇〇）一〜二、一三〜一四、一七頁。
(38) 野田俊昭「南朝の清議・郷論」（『産業経済研究』五〇―一、二〇〇九）。
(39) 中村圭爾『六朝貴族制研究』（前掲）第二篇第一章「九品官人法における起家」（初出一九七三、原題「九品中正法における起家について」）二一〜八頁。
(40) 拙評「中村圭爾著六朝貴族制研究」（『東洋史研究』四六―四、一九八八）でも、この点についての認識が欠落していたことを、この際告白せざるをえない。
(41) 前掲「九品官人法における起家」一八八、一九二頁。
(42) 前掲「九品官人法における起家」一九四〜一九五頁。
(43) たとえば、沈文季は、父沈慶之が一品官であった時に、本来ならば五品官の員外散騎侍郎で起家すべきところ、六品官の秘書郎で起家している事例などは、「員外郎の評価が当時かなり下落していたという事情があるにしても、父の起家官が低かった、そして家格が低かったことに影響されたものと考えざるをえない」という。前掲「九品官人法における起家」二〇五頁。

(44) 渡邉義浩「西晋における五等爵制と貴族制」（初出二〇〇七、『西晋「儒教国家」と貴族制』汲古書院、二〇一〇所収）一一八頁。
(45) 橋本義彦「貴族政権の構造」（『平安貴族』平凡社選書、一九八六所収）を参照。

第一篇　宋斉政治史研究

第三章　劉裕の革命と南朝貴族制

はじめに

四〇四年に始まり四二〇年に成就するまで十数年にも及んだ劉裕の革命は、寒門武人集団による政権の奪取であり、北来名族を中心とする従来の政治社会体制に大きな変革を呼び起こしたと考えられてきた。すなわち、この革命によって軍事権を喪失した北来名族は、以後衰退の過程をたどり、皇帝の権力は東晋王朝に比して一段と強化されたというのが通説となっており、革命以後の政治社会体制を南朝貴族制とよんで東晋貴族制と区別することも行われている。このように重大な歴史的意義を付与される劉裕の革命であるにもかかわらず、寒門武人と北来名族とが複雑に絡み合うなかで進行したその革命の具体相に関しては、いまだ考究の余地を残していると考える。

本章では、まず、劉裕の革命に関する学説史の整理を行う。さらに、劉裕の革命の過程を、①劉裕らが政権奪取に成功しつつも、なお北来名族の王謐を政権首班としていた時期（四〇四〜四〇七）、②劉裕が政権首班となったことにより、劉裕のかつての同志、劉毅との対立が深刻化した時期（四〇七〜四一二）、③禅譲革命に向かう時期（四一二〜四二〇）、の三つの時期に区分して分析し、革命の具体相を明らかにする。特にそれぞれの時期における権力構造を注視することによって、南朝貴族制と称せられる新たな政治体制が産み出されてゆく過程を明確化したい。

第一節、劉裕の革命に関する学説史

劉裕の革命については、岡崎文夫「南朝貴族制の一面」(1)に、「宋斉二代共に武将の出身を以て帝王の位に居る。之に対し貴族が利害相通じて以て其階級の維持をはかり、茲に南朝の貴族制が出来上るのである。併し帝室は既に勢族と通婚し、亦帝室の諸王子好んで文学を修養し、甲門の子弟と相唱和して、其家門の如何を超越し時の声誉を得ることに勉めた。これ実に階級観念を消滅せしむる大きな力である」(二七一～二七二頁)と述べられている。既に岡崎氏の研究において、武将出身の皇帝の出現に対抗して、貴族層がその身分階層的特権を護持するために貴族制を完成させたという側面と、武将出身の帝室が新たに貴族層に参入したという側面と、両面についての指摘がなされていたことは注目に値しよう。

その後、六朝貴族制研究に新生面を切り開いた宮崎市定『九品官人法の研究――科挙前史――』(2)においては、「晋宋革命に際し、南方貴族社会は反ってこの革命を歓迎した。貴族社会は次第に固定しつつあったが、貴族社会の固定とは、各貴族が大体において既得の地位を維持することで満足し、それ以上に無理をしても昇進しようという野心を失った代りに、また下位の貴族豪族に対してもその進出を抑えようとする状態を意味する。こういう貴族社会の固定化のためには、強大な君主権の圧力が必要である。軍閥出身の劉裕こそ、その実力の保持者である。もし彼が貴族社会のルールを認めて保護してくれるならば、主権者を東晋朝から宋朝に乗換えることは、貴族社会にとって別に損はなかったのである」(三三三頁)と、貴族社会が固定化するためには、むしろ強大な君主権を必要としたという観点が示されたのであった。

宮崎氏の研究の刺激を受けて発表されたのが、越智重明「劉裕政権と義熙土断」(3)である。越智氏は、

近来、「宋王朝が軍人王朝であり、この軍人王朝の出現は、平安朝の公卿政治から鎌倉の武家政治への移行ほどに顕著な変化を示したものではないが、それにやや近い意味をもつものとして注目に価する。」という有力な異説が提出されている。その論拠は主として、その帝統が寒門（の軍人）出身であることにあるようにうけとれる。しかし、この説には納得しがたい面が多い。すなわち、貴族王朝たる東晋王朝にかわって軍人王朝たる宋王朝が出現したとすれば、そこには当然社会の下部構造にそれと関連する何らかの変化が見えるべきであるが、そうしたことは知りがたい。宋の帝統が寒門出身であることはまぎれもない事実であるが、この際問題となるのはそのことでなく、帝族としてのありかたが寒門的――武人的であったのか、あるいは貴族的なものであったかということである。（六五頁）

という視点から分析を行い、「劉裕政権は元来純然たる「武人」政権から出発したものであるが、それが宋政権となったときは「貴族」政権に変質していた」（四二頁）という結論を導いた。ここに所謂「貴族」とは、「東晋南朝の貴族、（貴族制）をそのもつ歴史的機能という面から見た際、貴族に北人貴族と南人貴族との別が存したことは最も注目されるべきである。当時の全貴族はその何れかに属するが、北人貴族中最高のものとして、寄生的な一部特定の官僚貴族（以下これを「貴族」という）の階層があり、南人貴族中最高のものとして江東豪族（以下これを「豪族」という）の階層がある」（五三頁）と述べられていることから、琅邪の王氏や陳郡の謝氏などの北来名族のことであり、これに対して官僚を出す家全体を指して貴族といっている。さらに、「「貴族」政権については、「貴族」がその首領――皇帝から最も重倚された階層として、その中枢にあった政権という意味である。このことは、同時に宋政権が「貴族」の利益を代表した政権であるということも意味する」（六三頁）と規定した上で、「東晋政権も亦「貴族」政権であったが、

「貴族」政権としての宋、東晋両王朝政権には相当大きい内容的変化がある。それは前者が後者に比し少なくとも中央官界において豪族的官僚貴族勢力を激減させたことである。宋「貴族」政権のこうした新性格の生成は義熙土断をめぐる諸政策の断行に求められる」（七〇頁）という論点をも提起したのであった。

この最後の義熙土断に関する論点については、葭森健介「晋宋革命と江南社会」[4]が、江南土着の豪族層一般が政権から排除されていたわけではなく、むしろ江南の郷村社会が劉裕政権の支持基盤であったという観点から反論を加えており、葭森氏の見解が妥当であると考える。が、それにもかかわらず、劉裕政権が寒門武人政権から「貴族」政権に変質していったという越智氏の論点は、現在でもなお検討に値すると考える。越智氏前掲論文の後に発表された川勝義雄「劉宋政権の成立と寒門武人——貴族制との関連において——」[5]は、北来名族が軍事権を喪失し、寒門武人が擡頭してくる状況を鮮明に論証したのであるが、上記の越智氏の論点について解答を与えているわけではない。石田徳行「劉裕集団の性格について」[6]は、まさにこの劉裕政権の変質過程を、①四〇五年ごろまで、②四一七年ごろまで、③四二二年までのそれぞれの時期における劉裕集団の構成員の変化から読み取ろうとする試みであった。同論文では、①の時期には北府の寒門武人主体の軍団的性格が強く、②の時期以降には貴族層が多くを占めるようになったことを明らかにしているが、その場合の「劉裕集団」の概念規定が不明なこと、具体的政治過程の分析が弱いことなどから、越智氏の論点を追認するにとどまっている。[7]

中国の研究では、祝総斌の（a）「試論東晋後期高級士族之没落及桓玄代晋之性質」および（b）「晋恭帝之死和劉裕的顧命大臣」が詳細である。[8]祝氏は、東晋後期に高級士族が政治的にも軍事的にも無能化し軟弱化した結果、低級士族が政権の主導的地位を獲得するに至ったのが、劉裕の革命であると考える。しかし、「劉宋王朝の階級本質は東晋王朝と比較して、なお基本は同じで、ともに封建地主階級の広範な農民に対する専政であり、また同様に士族地主とりわけ高級士族が統治の大権を壟断し、高級士族の政治的経済的利益を保護することを重視した。ただ士族地主とりわけ高級士族の構成にある程度の変化を生じたに過ぎない。つまり、一部のもと寒門が士族に変わり、一部のもと低級士族が皇族や高級士族に変わったにすぎない。これら新成員の加入は、封建地主の腐朽の過程をいささか引き伸ばし、王朝の政策にいささかの活力を注入し、これらのことはすべて南朝社会の生産の発展に役立った」（bの六八頁）と、むしろ東晋と劉宋との政権構造の同質性を強調する結論を導いている。

祝氏の見解は、基本的には周一良『魏晋南北朝史札記』の見解と一致する。[9] 周氏は、「宋の武帝劉裕は、寒微の出身であり、東晋の『君弱く臣強し』の局面に鑑みるところがあったが、皇帝個人の権力をもって世家大族が数百年来形成してきた政治・経済・社会における地位を改変することはできなかった。とりわけ孫恩・盧循の大起義の後、劉裕はいっそう世家大族（北来の僑姓および孫呉以来の江南大姓をふくむ）と提携合作してこそ、広範な人民を鎮圧して、劉氏の統治を強固なものにすることができると感じるようになった。しかし、世家大族が皇室を左右する局面はさらに劉裕がきらうところであって、荊州と揚州の両州に対する支配を強化する政策を採用して、皇室を強固なものにした」（一二二～一二三頁）と述べており、南朝では皇室の基盤が強化されるものの、世家大族の地位に大きな変化はなかったと考える。注目すべきは、劉裕がそのような政治体制を採用するに至った契機として、「孫恩・盧循の大起義」を重要視していることであろう。

陳勇「劉裕与晋宋之際的寒門士族」[10] は、周一良や祝総斌の見解と基本的に一致するが、南朝における高門士族の政治力の低下を強調して次のように述べる。「寒門士族の晋宋之際における崛起は、劉裕が専制主義中央集権を再建することを可能にした。劉宋時期に、高門士族はなお高い社会的地位をもち、政治・経済上、優厚な待遇を享受していたが、すでに実権を失い、皇室を統制し政局を左右する形勢は回復できなかった。高門士族はひたすら皇室に依付することによってのみ、生存することができ、政治の上で作用を発揮することができた。これこそ東晋南朝社会の一大変化である。劉宋政権は地主階級内部のふたつの階層――寒門士族と高門士族の妥協の産物である。権力をにぎった寒門士族はその既得利益を保持するために、高門士族とともに門閥のとりでを築いて、いっそう地位の低い庶族（寒人）階層の崛起を防ぐ必要があった」（四〇頁）と。陳氏のように劉宋政権を寒門士族と高門士族の妥協の産物ととらえる見解は、王毅「劉宋統治階級的内部関係与劉宋政権的興亡」[11]にもみえ、「南朝最初の劉宋政権の成立は、劉裕を代表とする京口寒門士族が両晋以来の門閥世族の国家政権に対する壟断を打破した結果であるとともに、寒門士族と高門士族との相互妥協・相互結合の結果でもあった。このような原因によって、劉宋政権成立当初、その統治階級の内部関係は東晋時期に比べていっそう複雑であり、それだけにいっそう深刻な危機をはらんでいた」（一頁）と述べる。この王氏の見解においては、劉宋における統治階級の内部関係の複雑化・不安定化を指摘していることが目を引く。

このような東晋と南朝との間の政治構造の変化の局面についてすぐれた洞察を示すのが田余慶『東晋門閥政治』[12]である。田氏の基本的立場は、「東晋と南朝は、従来ともに門閥政治の時代と考えられてきた。実際には、正確で厳密な意味における門閥政治は東晋にのみ存在し、南朝には存在しない。東晋門閥政治は皇権政治の変型として出現した。劉宋以後、皇権政治は基本的には常態を回復した」というものであり、そのような視点から、東晋と劉宋の政治体制の違いは、次のような説明を与えられる。「東晋門閥政治では、いくつかの最強有力な門戸の間における利益の平衡を維持しなければならず、さらに司馬氏の皇位も保留しなければならない。それぞれの強大な門閥士族の間で、たがいに制約の作用を起こしたので、権力を掌握した士族も多少は自己規制し、東晋政権は百年もの間維持された。南朝は門閥政治を排斥して、皇権政治を回復したが、皇権政治の基礎と形態はすぐには強固になることはできず、政権はかえって安定の要素を失い、不断に皇族内戦と易姓革命を発生させる」（二六七頁）と。田氏の説明は、説得力をもつが、劉裕の革命の具体的政治過程に即した分析は行われていない。また、東晋と南朝それぞれの政治体制が大きく変化したことは事実であるとしても、それを門閥政治から皇権政治へという体制の根幹にもかかわるような大変革であったといえるのかどうかは、なお検討を要する問題であろう。

韓国では、金民寿「劉裕の晋宋革命と寒門勢力」(13)が、劉裕の建武将軍府、鎮軍将軍府、車騎将軍府、太尉府等の府僚について詳細な分析を加えて、劉宋政権の成立過程の解明を試みた。その結論としては、劉裕は北人門閥貴族・寒門勢力・江南豪族の妥協のもとに宋王朝を建てたが、晋宋革命の過程において一貫して主導権を掌握していたのは寒門勢力であったことを強調している。

以上、劉裕の革命にかかわる内外の主要な研究を取り上げてきた。従来の研究で強調されてきたように、大局的には寒門武人勢力による政権奪取と捉えて誤りではないが、そのように捉えただけでは、王毅や田余慶が提起した劉宋政権の不安定性を十分に説明できないのではなかろうか。このような考えから、本章では、いま少し越智氏の提起した劉裕政権の変質という論点にこだわってみたい。先行研究の蓄積にもかかわらず、劉裕政権の変質という観点からの政治過程の具体的追究は十分に行われているとはいいがたいので、次節以降では、「はじめに」で示した時期区分に沿って劉宋王朝成立に至る政治過程の具体的考察を行うことにする。

第二節、劉裕起義

劉裕(彭城の劉氏)が桓玄の楚王朝打倒のために決起したのは、元興三年(四〇四)二月のことであった。『宋書』巻一武帝紀上によれば、決起の中核は、桓脩(桓玄の従兄、撫軍将軍・徐州刺史)の中兵参軍で、建武将軍・彭城内史であった劉裕のほか、東海の何無忌、任城の魏詠之、詠之の弟欣之・順之、高平の檀憑之、憑之の従子韶、韶の弟祇・隆・道済、道済の従兄範之、劉裕の弟道憐、沛郡の劉毅、毅の従弟藩、平昌の孟昶、昶の族弟懐玉、河内の向弥・管義之、陳留の周安穆、臨淮の劉蔚、従弟珪之、東莞の臧熹、従弟宝符、従子穆生、東莞の童茂宗、陳郡の周道民、漁陽の田演、譙国の范清ら二十七人であり、そのほか百余人が参加した。決起集団は、桓脩とその弟桓弘（征虜将軍・青州刺史）を殺害して、京口・広陵の占領に成功するや、劉裕を盟主として、首都建康に晋王朝の復興をかかげる檄文を送付するとともに、首都へ向けて進軍を開始した。孟昶が劉裕の建武将軍府長史として、後方を統括し、檀憑之は司馬として、劉裕とともに進軍した。「百姓」の従軍志願者千余人という。これは、川勝義雄が指摘するように、「北府の中堅将校たちの自発的なクーデタ」[14]にほかならなかった。

進軍の途上で檀憑之は戦死するものの、劉裕らは三月には建康占領に成功する。桓温の神主を宣陽門外で焼き捨て、晋の新主を造って、太廟に立て、敗走した桓玄に対して追討軍を派遣するとともに、尚書王嘏が百官をひきいて、江州に幽閉中の安帝を奉迎することが決まった。このように、首都へ入った劉裕らの義軍がまっさきに実行したのは、晋王朝復興のための具体的措置であった。首都に取り残された形となった、王謐ら桓玄の楚王朝政府の首脳部は、このような事態の急変に際して、とりあえず劉裕に揚州刺史を領職させること、すなわち宰相職に劉裕が就任することを要請して、義軍との妥協をはかる行動に出た。劉裕はこの要請を固辞して、王謐を録尚書事・領揚州刺史として宰相の地位にすえ、自らは鎮軍将軍・徐州刺史となって、中央政府から距離をおく態度をとった（ただし、劉裕は首都に駐屯し続ける）。晋王朝の復興が宣言されたにもかかわらず、新政府の宰相には、打倒されたはずの楚王朝の宰相である王謐が留任し続けるという奇妙な体制が出現したのである。

この劉裕らの建康占領直後の状況を、『宋書』巻一武帝紀上は、次のように伝える。

先是朝廷承晋氏乱政、百司縦弛、桓玄雖欲釐整、而衆莫従之。高祖以身範物、先以威禁内外、百官皆粛然奉職、二三日間、風俗頓改。且桓玄雖以雄豪見推、而一朝便有極位、晋氏四方牧守及在朝大臣、尽心伏事、臣主之分定矣。高祖位微於朝、衆無一旅、奮臂草莱之中、倡大義以復皇祚。由是王謐等諸人時衆民望、莫不愧而憚焉。

是れより先朝廷晋氏の乱政を承け、百司縦弛し、桓玄釐整せんと欲すと雖も、衆之れに従うなし。高祖身を以て物に範たりて、先ず威を以て内外を禁じ、百官は皆粛然として奉職し、二三日の間、風俗頓に改まりたり。且つ桓玄雄豪を以て推さるると雖も、一朝にして便ち極位を有するや、晋氏の四方の牧守及び在朝の大臣、心を尽くして伏事し、臣主の分定まりたり。高祖位朝に微にして、衆一旅も無きに、臂を草莱の中に奮い、大義を倡えて以て皇祚を復せり。是れ由り王謐等諸人、時衆民望(15)、愧じて憚らざるはなし。

この記事によれば、第一に、東晋末期の官界の綱紀粛正について、桓玄は失敗したが、劉裕が短期間のうちに達成してしまったこと、第二に、桓玄は「雄豪」という評価を得ていたとはいっても、倉卒の間に皇帝に即位すると、本来晋王朝に忠節をつくすべき地方長官や大臣は、桓玄に臣従したのに対して、位も低く勢力も弱い劉裕が決起して、晋王朝を復興してしまったこと。これら二つのことから、王謐ら北来名族出身の高官らは、自らの無能力と変節を恥じるとともに、自らの将来に不安をおぼえるに至った、というのである。劉裕の決起に際して、まったく傍観者的態度に終始した北来名族の動揺をよく伝えているといえよう。

首都を放棄した桓玄は、江州に立ち寄ると、州刺史郭昶之の援助を受け、兵員や武器を補充するとともに、幽閉の身の安帝を連れ出して荊州へと向かった。この桓玄に対して、冠軍将軍・青州刺史劉毅、輔国将軍何無忌、振武将軍劉道規（劉裕の弟）の三名が率いる追討軍が差し向けられた。安帝の早期帰還が望めなくなったことにより、安帝の密詔を受けたと称して、宗室の武陵王遵（元帝の孫）を大将軍として、万機を総摂させるという措置が採られた（『晋

書』巻一〇安帝紀元興三年三月丙戌の条、同書巻六四武陵王遵伝）。

首都に残留した北来名族は、いったんはその地位を安堵されたが、やがて桓玄と関係の深い者に対する弾圧が行われた。『宋書』巻一武帝紀上に、

尚書左僕射王愉・愉子荊州刺史綏等、江左冠族。綏少有重名、以高祖起自布衣、甚相凌忽。綏、桓氏甥、亦有自疑之志。高祖悉誅之。

尚書左僕射王愉・愉の子荊州刺史綏等、江左の冠族なり。綏少くして重名有り、高祖布衣より起こるを以て、甚だ相い凌忽す。綏、桓氏の甥、亦た自ら疑うの志有り。高祖悉く之れを誅す。

とあり、王愉・王綏父子が誅殺された。これによって、名門太原の王氏も江南では衰微した。さきに朝廷の首班の地位に据えられた王謐（琅邪の王氏）も激しく動揺した。『宋書』巻一武帝紀上に、

桓玄将簒、謐手解安帝璽紱、為玄佐命功臣。及義旗建、衆並謂謐宜誅、唯高祖保持之。劉毅嘗因朝会、問謐璽紱所在、謐益懼。及王愉父子誅、謐従弟諶謂謐曰、「王駒無罪、而義旗誅之、此是剪除勝己、以絶民望。兄既桓氏党付、名位如此、欲求免得乎。」駒、愉小字也。謐懼、奔于曲阿。高祖牋白大将軍、深相保謐、迎還復位。

桓玄将に簒わんとするや、謐手ずから安帝の璽紱を解き、玄の佐命の功臣と為る。義旗建つに及び、衆並びに謐宜しく誅すべしと謂い、唯だ高祖のみ之れを保持す。劉毅嘗て朝会に因り、謐に璽紱の所在を問い、謐益々懼る。王愉父子誅せらるるに及び、謐の従弟諶謐に謂いて曰く、「王駒罪無くして、義旗之れを誅せり。此れ是れ己に勝るを剪除し、以て民望を絶やさんとするなり。兄既に桓氏の党付、名位此くの如きに、免るるを求めんと欲するも得んや」と。駒は、愉の小字なり。謐懼れて、曲阿に奔る。高祖牋して大将軍に白し、深く謐を相い保し、迎還復位せしむ。

とあり、王謐の場合は、劉裕の強力な保護によって、その地位を保持し続けることができた。『宋書』は、この記事の前に、劉裕と王謐との従来からの特別の関係を印象付ける記事を載せるが、この場合は、劉裕にとって王謐はまだ政局安定のために必要な存在であったことが要因なのではないだろうか。

一方、桓玄は五月に殺害され、安帝の身柄もいったんは江陵において劉裕側が確保するが、桓玄の従子桓振・桓玄の従兄桓謙らが江陵を奪回して、安帝に璽綬を奉還するという挙に出た。桓玄を失った桓氏側も帝位を放棄し、晋の安帝を擁立しつつ勢力挽回を試みるに至ったのである。このため、荊州方面での戦闘はなおも継続し、翌年正月になってようやく劉毅らが江陵を平定し、安帝の身柄も確保し、義熙と改元されることとなった。安帝は、三月に建康帰還を果たす。

ようやく皇帝不在の変則的体制を脱した朝廷は、早くも新人事に着手し、劉裕は車騎将軍・徐青二州刺史に進められるが、固辞、四月に京口に還る。そこで、朝廷は大使を京口に派遣し、説得を続けたが、固辞の姿勢は変わらず、結局、鎮軍将軍・徐兗二州刺史の任命を受けた。これに伴い撫軍将軍・兗州刺史の劉毅は、豫州刺史に転任したが、その際、「本府の文武」を豫州に随府させることを許されている。(16) 鎮軍将軍と撫軍将軍とでは、鎮軍将軍が一級上だがほぼ同格であり（『宋書』巻三九百官志上）、また京口の北府を劉裕が、姑孰の西府を劉毅がおさえ、北府が強力であるものの、「本府の文武」の随府を許すことによって劉毅側に配慮した形となっている。この時期の権力構造は、劉裕と劉毅の勢力がほぼ拮抗しており、両者の均衡の上に王謐を首班とする中央政府が存立するというものであった。(17)

第三節、劉毅との対抗

王謐を中央政府の首班として、劉裕と劉毅が拮抗するという微妙な均衡状態は、義熙三年十二月の司徒・録尚書事・揚州刺史王謐死去によって転機を迎える。すなわち、翌年正月に劉裕が建康に入り、王謐の後任に就任したことで、これまでの均衡はくずれて、劉裕の権力が急激に拡大することとなり、当然にも、劉毅側の激しい反撥を呼び起こしたのである。

義熙四年正月、劉裕は、侍中・車騎将軍・開府儀同三司・揚州刺史・録尚書事に任ぜられるとともに、徐兗二州刺史留任を命ぜられたのであるが、その間の事情は、『宋書』巻四二劉穆之伝に詳しい。

義熙三年、揚州刺史王謐薨、高祖次応入輔、劉毅等不欲高祖入、議以中領軍謝混為揚州。或欲令高祖於丹徒領州、以内事付尚書僕射孟昶。遣尚書右丞皮沈以二議咨高祖。

義熙三年、揚州刺史王謐薨じ、高祖次として応に入輔すべきに、劉毅等高祖の入るを欲せず、議して中領軍謝混を以て揚州と為さんとす。或いは高祖をして丹徒に於いて州を領せしめ、内事を以て尚書僕射孟昶に付さんと欲す。尚書右丞皮沈を遣わして二議を以て高祖に咨らしむ。

王謐死去にともない、宰相候補の順番としては、劉毅より格が上の劉裕であったが、劉毅らは劉裕の宰相就任を願わず、二つの代案を提示する。一つは、中領軍謝混を揚州刺史とする案（当然、録尚書事も謝混が兼任）。もう一つは、劉裕が丹徒（京口）に留まりつつ揚州刺史を領職し、録尚書事には尚書僕射（吏部尚書・丹陽尹）[18]孟昶が就任するという案であった。第一案は、王謐亡き後の北来名族の首領格の謝混[19]が王謐の地位を継承することによって、これまでの体制を維持しようとするものであり、第二案は、劉裕を揚州刺史として名目的には宰相の地位を与えるものの、宰相の実質的職務を表す録尚書事は孟昶に与えて、中央政府における劉裕の権力拡大をおさえ、勢力の均衡状態を維持しようとするものであった。孟昶は、起義に参加した寒門武人の一人であるが、建康占領後は丹陽尹に任ぜられ、その後吏部尚書に進んでおり、中央政府の要職にあり続けた。その政治姿勢は明瞭ではないものの、劉裕とは元来同等の盟友であり、しかも中央とりわけ尚書省の事情に通じていることから、録尚書事に推されたものであろう。このように、劉毅、謝混、孟昶らが劉裕の権力の突出を阻止する行動に出たのであったが、起義直後から劉裕の秘書としての役割を務めてきた劉穆之の忠告にしたがい、二案に対する即答をさけ、劉裕みずから首都へ出向いて論議をつくす意向を使者の尚書右丞皮沈に伝えたところ、劉裕の揚州刺史・録尚書事任命が実現したのであった。

この結果、劉裕の地位は名実ともに中央政界の頂点を極めることとなる。劉裕が徐兗二州刺史のうちの兗州を辞退して、劉毅の従弟藩をその後任としたのも、劉毅に対する一定の譲歩を示すものと考えられよう。が、それにもかかわらず、劉毅側の不満は解消されなかった。そのような状況の下で、劉敬宣の征蜀軍が敗退するという事件が起こった。この征蜀軍は、義熙元年以来、蜀に拠って独立政権を樹立していた譙縦を征討するための軍で、劉裕がかつて参軍として仕えた劉牢之の子敬宣（冠軍将軍・宣城内史・襄城太守）を指揮官として派遣されていたものであった。『宋書』巻四七劉敬宣伝に、

高祖方大相寵任、欲先令立功、義熙三年、表遣敬宣率衆五千伐蜀。……仮敬宣節、監征蜀諸軍事、郡如故。

高祖方に大いに相い寵任せんとし、先ず功を立てしめんと欲し、義熙三年、表して敬宣を遣わし衆五千を率いて蜀を伐たしめんとす。……敬宣に節を仮し、征蜀諸軍事を監せしめ、郡は故の如し。

とあるように、この軍事行動は、劉敬宣に功績を上げさせたいという劉裕の強い意向で開始されたものであったが、

結果は大敗、劉敬宣は免官となった。劉敬宣伝には、

初、敬宣回師於蜀、劉毅欲以重法縄之、高祖既相任待、又何無忌明言於毅、謂不宜以私憾傷至公、若必文致為戮、己当入朝以廷議決之。毅雖止、猶謂高祖曰、「夫生平之旧、豈可孤信。光武悔之於龐萌、曹公失之於孟卓、公宜深慮之。」

初め、敬宣師を蜀より回したるに、劉毅重法を以て之れを縄さんと欲す。高祖既に相い任待し、又た何無忌、毅に明言して、宜しく私憾を以て至公を傷うべからず、若し必ず文致して戮と為さば、己れ当に入朝して廷議を以て之れを決すべしと謂う。毅止むと雖も、猶お高祖に謂いて曰く、「夫れ生平の旧、豈に孤信すべけんや。光武之れを龐萌に悔い、曹公之れを孟卓に失う。公宜しく深く之れを慮るべし」と。

とあり、「私憾」というのは、劉毅が劉敬宣の参軍であった時以来の対立感情をさすが、劉毅の不満の矛先は、単に劉敬宣の処遇にとどまらず、そのような劉敬宣を寵任する劉裕の政策そのものに向けられていたと考えられる。[20]義熙四年九月、劉裕自身が征蜀軍敗退の責任を取って、車騎将軍から中軍将軍へと降格されたのも、劉毅らの反撥に配慮せざるを得なかったことを示している。

このように、中央政界の頂点に立つとはいえ、依然として同等者中の第一人者たるにとどまっていた劉裕が、この状況を打破すべく計画したのが、南燕国（鮮卑）征討であった。『資治通鑑』巻一一五義熙五年三月の条に、

劉裕抗表伐南燕、朝議皆以為不可、惟左僕射孟昶・車騎司馬謝裕・参軍臧熹以為必克、勧裕行。裕以昶監中軍留府事。謝裕、安之兄孫也。

劉裕抗表して南燕を伐たんとするや、朝議皆な以て不可と為せるも、惟だ左僕射孟昶・車騎〔中軍〕司馬謝裕・参軍臧熹以て必ず克つと為し、裕に行くことを勧む。裕、昶を以て中軍留府の事を監せしむ。謝裕、安の兄の孫

なり。

とあるように、朝議では反対論が強かった。『宋書』巻五二謝景仁（謝裕）伝には、より詳細な情況が次のように記されている。

義熙五年、高祖以内難既寧、思弘外略、将伐鮮卑。朝議皆謂不可。劉毅時鎮姑孰、固止高祖、以為「苻堅侵境、謝太傅猶不自行。宰相遠出、傾動根本。」景仁独曰、「公建桓・文之烈、応天人之心、匡復皇祚、芟夷姦逆、雖業高振古、而徳刑未孚、宜推亡固存、広樹威略。鮮卑密邇疆甸、屢犯辺垂、伐罪弔民、於是乎在。平定之後、養鋭息徒、然後観兵洛汭、修復園寝、豈有坐長寇虜、縦敵貽患者哉。」高祖納之。

義熙五年、高祖内難既に寧んじたるを以て、外略を弘めんことを思い、将に鮮卑を伐たんとす。朝議皆な不可と謂う。劉毅時に姑孰に鎮し、固く高祖を止め、以為えらく「苻堅侵境せるに、謝太傅猶お自らは行かず。宰相遠出せば、根本を傾動せん」と。景仁独り曰く、「公桓・文の烈を建て、天人の心に応え、皇祚を匡復し、姦逆を芟夷し、業振古に高しと雖も、徳刑未だ孚わざれば、宜しく推亡固存し、広く威略を樹つべし。鮮卑疆甸に密邇し、屢々辺垂を犯す。伐罪弔民、是こに於いてか在らん。平定の後、鋭を養い徒を息め、然る後兵を洛汭に観、園寝を修復せん。豈に坐して寇虜を長じ、敵を縦し患を貽す者有らん哉」と。高祖之れを納る。

反対論の急先鋒は劉毅であり、その論点は、「宰相遠出」つまり、劉裕みずからが南燕国征討に出向くことが政情不安につながるということにあった。劉裕は劉毅らの反対を押し切って、南燕国征討を決行し、留守役には数少ない賛成派の一人、尚書左僕射・丹陽尹孟昶が起用された。義熙五年四月に建康を出発した征討軍は、翌年二月に南燕の首都広固を陥落させ、大成功であった。が、広固陥落と同月、広州を占拠していた盧循・徐道覆軍が北上を開始、鎮南将軍・江州刺史の何無忌が徐道覆と戦って敗死という一大危機もまた到来した。劉裕は、すでに盧循・徐道覆軍北上の情報を得て、帰還の途上にあり、山陽で何無忌戦死の報に接して、四月には、建康に到着した。撫軍将軍・豫州刺史劉毅は、この時、盧循・徐道覆軍征討を願い出、劉裕の制止をふりきって、「舟師二万」を率いて姑孰より出撃した。南燕国平定という赫々たる功績をあげた劉裕に対抗意識を剥き出しの劉毅の行動であったが、五月、桑落洲で大敗、船を棄てて陸路敗走し、盧循・徐道覆側の捕虜となる者多数であった。劉毅大敗の報が伝わるや、建康は恐慌状態に陥り、孟昶や青州刺史諸葛長民は安帝を擁して江北へ避難することを提案するほどであったが、劉裕は聞き入れなかった。孟昶はなおも避難を主張するが、劉裕に拒否されて、自殺する。その時の上表（『宋書』巻一武帝紀上）に、

臣裕北討、衆並不同、唯臣賛裕行計、致使強賊乗間、社稷危逼、臣之罪也。今謹引分以謝天下。

臣裕北討せるに、衆並びに同ぜず、唯だ臣のみ裕の行計に賛じ、強賊をして間に乗ぜしめ、社稷危逼せるを致すは、臣の罪なり。今謹んで分を引きて以て天下に謝せん。

とあり、劉裕北討に賛同し、またその留守役にあずかった責任を感じての自殺であった。このように、北討で成果を収めながらも、危機に見舞われた劉裕であったが、建康に迫る盧循・徐道覆軍の攻撃を退け、七月には、盧循・徐道覆軍が南方へと撤退を始め、十月、劉裕自ら南伐を実行するに至った。大敗の責任を取って後将軍に降格されていた劉毅が「監太尉留守府」に任ぜられて、後方支援に回った。劉裕は、十二月に左里の戦いで大勝利を収め、盧循・徐道覆軍を大破すると、残軍の掃討は部下に委ねて凱旋した。

翌年二月、徐道覆が始興で、四月には盧循が交州で斬られた。この間、劉裕は太尉・中書監の任命を正式に受諾し、後将軍・豫州刺史劉毅との懸隔はもはや絶大であった。結局、南燕国、盧循・徐道覆軍との戦争において勝利をえただけでなく、その間に、何無忌や孟昶などかつての盟友が死去し、最大のライバルともいうべき劉毅は敗戦による降格で大打撃を受け、劉裕の地位は一層突出したものとなったのである。『宋書』巻五二王誕伝には、

盧循自蔡洲南走、劉毅固求追討、高祖持疑未決、誕密白曰、「公既平広固、復滅盧循、則功蓋終古、勲無与二、如此大威、豈可余人分之。毅与公同起布衣、一時相推耳。今既已喪敗、不宜復使立功。」高祖従其説。

盧循蔡洲より南走するや、劉毅固く追討せんことを求め、高祖持疑して未だ決せず。誕密かに白して曰く、「公既に広固を平らげ、復た盧循を滅ぼせば、則ち功終古を蓋い、勲与にならぶもの無く、此くの如き大威、豈に余人と之れを分つべけんや。毅公と同に布衣より起り、一時に相い推せるのみ。今既に已に喪敗したれば、宜しく復た功を立てしむべからず」と。高祖其の説に従う。

とあり、盧循・徐道覆軍が南方へと撤退を始めた時点で、劉毅から追討を行いたい旨、要望が出されていたことが知られる。結局、劉毅に失点挽回の機会は与えられず、劉裕との懸隔が拡大したのであった。

一方、庾悦は、盧循・徐道覆軍が建康に迫っていた時、督江州豫州之西陽新蔡汝南潁川司州之恒農揚州之松滋六郡諸軍事・建威将軍・江州刺史に任命され、盧循・徐道覆軍の別働隊を破るなどの功績をあげていたが、盧循・徐道覆平定後、劉毅は、庾悦の都督・将軍の官を解き、豫州刺史である自分が江州の都督を兼ねることを申し出て、許されている。『宋書』巻五二庾悦伝は、この時の状況を次のように記している。

於是解悦都督・将軍官、以刺史移鎮豫章。毅以親将趙恢領千兵守尋陽、建威府文武三千入悉入毅府、符摂厳峻、数相挫辱。

是こに於て悦の都督・将軍官を解き、刺史を以て豫章に移鎮せしむ。毅親将趙恢を以て千兵を領して尋陽を守らしめ、建威府文武三千人悉く毅の府に入れ、符摂厳峻、数々相い挫辱す。

このような劉毅の行動について、『宋書』は、庾悦に対する劉毅の個人的怨恨によって説明している。(21) もとより、そのような怨恨も影響したであろうが、それよりもむしろ劉裕との懸隔拡大に対する劉毅の焦燥という観点からこの事件を把捉すべきであろう。

このような状況下、劉裕の弟、征西将軍・荊州刺史道規の病が重くなって、退任後まもなく死去する。その後任に選ばれたのは劉毅であり、義熙八年四月、劉毅は後将軍・豫州刺史から、衛将軍・荊州刺史へと昇進を果たす。(22)『宋書』巻二武帝紀中には、

毅既有雄才大志、厚自矜許、朝士素望者多帰之。与尚書僕射謝混・丹陽尹郗僧施並深相結。及西鎮江陵、豫州旧府、多割以自随、請僧施為南蛮校尉。既知毅不能居下、終為異端、密図之。

毅既に雄才大志有りて、厚く自ら矜許し、朝士の素望ある者多く之れに帰す。尚書僕射謝混・丹陽尹郗僧施と並びに深く相い結ぶ。西のかた江陵に鎮するに及び、豫州の旧府、多く割きて以て自随し、僧施を請いて南蛮校尉と為す。既に毅下に居ること能わず、終に異端を為さんことを知り、密かに之れを図らんとす。

とあり、朝廷にも謝混・郗僧施ら劉毅の党派が形成されており、荊州移鎮に際して、豫州の府僚を多く随行し、郗僧施を南蛮校尉に任命するよう要請するなどの劉毅の行為から、劉裕は劉毅との決別を決意するに至ったという。(23)劉毅は荊州に着任すると、重病と称して、従弟で兗州刺史の劉藩を自分の副官としたいと要請してきた。劉裕はこれを許可しておいて、九月に劉藩が入朝してきた機会をとらえ、劉藩と謝混を逮捕して死を賜るとともに、劉毅征討の軍を起した。同時に、前鎮軍将軍司馬休之を平西将軍・荊州刺史とする人事を発令し、豫州刺史諸葛長民を監太尉留府事とし、太尉司馬・丹陽尹劉穆之に建威将軍を加えて、その指揮下に兵士を配備するなど、後方の備えを整えた。征討軍先鋒の王鎮悪らは、早くも十月には江陵を陥落させ、劉毅とその一党は殺害された。

十一月には、征討軍司令官である劉裕が江陵に到着し、さらに進んで蜀討伐の措置を講じ（翌年七月平定）、翌年二月に、都に帰還、ただちに諸葛長民を殺害した。これにより、劉裕起義以来の盟友は存在しなくなった。そのことは、

対抗勢力の消滅を意味するが、同時に東晋復興のために立ち上がった義軍の盟主としての劉裕の孤立にもつながる。こうした状況の下で、劉裕の地位を安定させるための基盤は、もはやかつての盟友勢力の支持にではなく、東晋の皇室や名族の支持に求めねばならなくなった。『宋書』巻五三謝方明伝には、

丹陽尹劉穆之権重当時、朝野輻輳、不与穆之相識者、唯有混・方明・郗僧施・蔡廓四人而已。穆之甚以為恨。方明・廓後往造之、大悦、白高祖曰、「謝方明可謂名家駒。直置便自是台鼎人、無論復有才用。」

丹陽尹劉穆之権当時に重く、朝野輻輳す。穆之と相い識らざる者、唯だ混・方明・郗僧施・蔡廓四人有るのみ。穆之甚だ以て恨みと為す。方明・廓後往きて之れに造るや、大いに悦び、高祖に白して曰く、「謝方明名家の駒と謂うべし。直だ置くも便ち自ら是れ台鼎の人、無論復た才用有り」と。(24)

とあり、元来、名族出身の謝混・謝方明・郗僧施・蔡廓らは、劉裕の腹心である劉穆之と交際しようとしなかったが、劉毅一派として謝混・郗僧施が粛清された後、謝方明と蔡廓が劉穆之のもとを訪れ、劉穆之が大いに喜んだことを伝えている。この記事の前には、「従兄混重名有るも、唯だ歳節朝宗するのみ」とあって、劉毅が劉裕の対抗勢力として存在していた頃、謝方明は、劉毅の党と目されていた謝混とも、劉裕側の劉穆之ともかかわらないようにしていたことがわかる。権力闘争に際して傍観者的態度を採る姿勢は、蔡廓やその他の名族出身官僚にも共通していたであろう。(25) 要するにこれら名族出身者が積極的に劉裕支持に転じたわけではなく、対抗勢力が消滅したからといって、劉裕の支持基盤そのものがただちに強固なものとなったとはいえない状況であった。(26) 劉毅の後任に、義熙七年に会稽内史を免官となっていた皇族司馬休之をわざわざ起用したのも、劉裕の権力の不安定さを補完しようとする意図によるものとみなさなければならないであろう。

第四節、禅譲革命

劉毅とその党および諸葛長民の粛清により、対抗勢力の一掃には成功したものの、劉裕の権力の正当性は、東晋王朝復興の功績こそを、その最大の根拠とする点には変わりがなかった。劉裕のみが突出し、ほかに有力な将帥を欠く状況の下で、皇族司馬休之に荊州刺史の重任を委ねざるを得なかった事情もこの点にあると考えられるが、やがて司馬休之の存在が劉裕権力の敵対物に転化するであろうことも十分に予測される事態であった。

事実、義熙十一年正月、劉裕は司馬休之征討の軍を起すに至る。雍州刺史魯宗之も司馬休之と結んだが[27]、結局劉裕が勝利し、司馬休之・魯宗之らは、後秦国へ亡命した。こうして一層東晋の臣下として並ぶものなき地位へと昇りつめた劉裕であったが、そのことは劉裕の地位が益々孤立して不安定になることでもあった。この不安定さは、劉裕自身意識した所であって、『宋書』巻七一徐湛之伝に、

父逵之、尚高祖長女会稽公主、為振威将軍・彭城沛二郡太守。高祖諸子並幼、以逵之姻戚、将大任之、欲先令立功。及討司馬休之、使統軍為前鋒、配以精兵利器、事剋、当即授荊州。休之遣魯宗之子軌撃破之、於陣見害。

父逵之、高祖の長女会稽公主に尚し、振威将軍・彭城沛二郡太守と為る。高祖の諸子並びに幼く、逵之姻戚なるを以て、将に大いに之れを任ぜんとし、先に功を立てしめんと欲す。司馬休之を討つに及び、軍を統べて前鋒と為らしめ、配するに精兵利器を以てし、事剋たば、当に即ちに荊州を授くべし。休之、魯宗之の子軌を遣わして之れを撃破せしめ、陣に於て害せらる。

とあり、劉裕の諸子が幼く頼るべき親族の極端に少ない状況のもとで、娘婿の徐逵之に期待をかけたが、不幸にして

戦死したのである。荊州刺史には、劉裕の弟で兗青二州刺史の道憐が任ぜられた。しかし、『宋書』巻五一宗室・長沙王道憐伝に、

江陵平、以為都督荊湘益秦寧梁雍七州諸軍事・驃騎将軍・開府儀同三司・領護南蛮校尉・荊州刺史、持節・常侍如故。北府文武悉配之。道憐素無才能、言音甚楚、挙止施為、多諸鄙拙。高祖雖遣将軍佐輔之、而貪縦過甚、畜聚財貨、常若不足、去鎮之日、府庫為之空虚。

江陵平らぐや、以て都督荊湘益秦寧梁雍七州諸軍事・驃騎将軍・開府儀同三司・領護南蛮校尉・荊州刺史と為し、持節・常侍故の如し。北府の文武悉く之れに配す。道憐素より才能無く、言音甚だ楚、挙止施為、諸鄙拙多し。高祖、将軍を遣わし之れを佐輔せしむと雖も、貪縦過甚、財貨を畜聚し、常に足らざるが若く、鎮を去るの日、府庫之れが為めに空虚たり。

とあるように、劉裕権力の支柱たり得る人物ではなかった。道憐の後任の兗州刺史には、劉裕長子の義符が任ぜられたが、まだ十歳であった。このように有力な親族を持たない劉裕としては、自らの権力の安定を図る道は、一層の軍功を積み上げる以外に選択の余地がなく、義熙十二年の北伐が実行に移される。

この北伐は、後秦の君主姚興死後の混乱に乗じ、安帝の弟、大司馬琅邪王徳文を奉じて行われた(28)。留守役には中軍将軍劉義符が当たることとなったが、実際には尚書左僕射劉穆之が「内外を総摂」する体制が採られた。劉裕率いる北伐軍は、十二年八月に都を出発して、九月に彭城に到着、十月には先遣部隊が洛陽を占領、西晋の五陵を修復するという大成果を挙げた。この偉業によって、劉裕には「九錫の礼(29)」が授与され、宋公に封ぜられることになったが、その間の事情は、『宋書』巻四二王弘伝に、

義熙十一年、徴為太尉長史、転左長史。従北征、前鋒已平洛陽、而未遣九錫、弘銜使還京師、諷旨朝廷。時劉穆

之掌留任、而旨反従北来、穆之愧懼、発病遂卒。

義熙十一年、徴せられて太尉長史と為り、左長史に転ず。北征に従い、前鋒已に洛陽を平らげたるに、未だ九錫を遣わさざれば、弘使を銜みて京師に還り、旨を朝廷に諷す。時に劉穆之留任を掌るに、旨反って北より来たれば、穆之愧懼し、病を発して遂に卒す。

とみえる。「九錫の礼」の授与を願う劉裕の意向を朝廷に伝えたのは、太尉左長史として北伐に従軍していた王弘であり、このことを恥じた劉穆之は発病したという。このようにして晋から宋への禅譲革命の開始を宣言した劉裕は、十三年正月に彭城を出発して、三月に洛陽に入り、九月には前月に陥落した後秦国の首都長安への入城を果たした。しかし、十一月には、劉穆之が死去する。劉裕の権力は、すでに劉穆之の把握可能な範囲を超えて伸張しつつあり、そのことにショックを受けて重病に陥った劉穆之であるにしても、その死は政界に大きな衝撃を与えた。『宋書』巻二武帝紀中には、

十一月、前将軍劉穆之卒、以左司馬徐羡之代掌留任。大事昔所決於穆之者、皆悉北諮。公欲息駕長安、経略趙・魏、会穆之卒、乃帰。

十一月、前将軍劉穆之卒し、左司馬徐羡之を以て代わりて留任を掌らしむ。大事の昔穆之に決する所の者、皆悉く北諮す[30]。公駕を長安に息め、趙・魏を経略せんと欲せるも、会々穆之卒し、乃ち帰る。

とあり、劉穆之の死去により北伐を中止せざるをえなくなった。劉穆之の後任には徐羡之が選ばれたものの、従来なら劉穆之の専決に委ねられていた重要事項のうち、わざわざ遠く劉裕の判断を仰がなければならない事項が増加した。『南史』巻三二張邵伝には、

及穆之暴卒、朝廷恇懼、便発詔以司馬徐羡之代之、邵独曰、「今誠急病、任終在徐、然世子無専行之義、宜須北

諮。」信反、方使世子出命曰、「朝廷及大府事悉諮徐司馬、其余啓還。」

穆之暴かに卒するに及び、朝廷恇懼し、便ち詔を発して司馬徐羨之を以て之れに代えんとす。邵独り曰く、「今誠に急病、任終に徐に在らん。然れども世子専行之義無ければ、宜しく須からく北諮すべし」と。信反り、方めて世子をして命を出さしめて曰く、「朝廷及び大府の事悉く徐司馬に諮し、其の余は啓還せよ」と。

とあり、劉穆之死去にあわてた朝廷が、ただちに徐羨之を後任とする詔を発しようとした際、義符の中軍府諮議参軍であった張邵が、義符が専断すべきでなく、劉裕にはかるべき旨を主張して、結局、劉裕の指令によって、義符が「朝廷と太尉府のことは徐羨之に委ね、そのほかは劉裕の判断をあおぐように」という命令を出した、という。[32] 腹心劉穆之の死によって、政務の全般を安心して委ねておける人物はいなくなった。このような状況の下での北伐続行は危険が大きかった。十二月、劉裕は長安を出発し、翌十四年正月には彭城に帰還、自身はその地に滞在を続け、司馬徳文を建康に帰すと、北伐後の体制構築に着手する。

すでに、新たに占領した長安には劉裕次子の義真（十二歳）を安西将軍・雍州刺史として残してきたが、さらに長子の義符（十三歳）を荊州に布置しようとした。この義符の人事に関しては、張邵が反対して結局、第三子の義隆（十二歳、後の文帝）が西中郎将・荊州刺史に任ぜられた。『南史』巻三二張邵伝によれば、

十四年、世子改授荊州。邵諫曰、「儲弍之重、四海所繫、不宜外出。敢以死請。」世子竟不行。文帝為中郎将・荊州刺史、以邵為司馬、領南郡相、衆事悉決於邵。

十四年、世子改めて荊州を授けられんとす。邵諫めて曰く、「儲弍之重、四海の繫る所なれば、宜しく外出せしむべからず。敢えて死を以て請う」と。世子竟に行かず。文帝、中郎将・荊州刺史と為り、邵を以て司馬と為し、南郡相を領せしめ、衆事悉く邵に決す。

とある。荊州刺史劉道憐は守尚書令・徐兗二州刺史として都へもどった。道憐の子、義慶（十六歳）は、豫州刺史に任ぜられた。劉裕が一族の者、とりわけようやく成長しつつあった諸子に依拠して、勢力を固めようと意図していたことをうかがわせる。しかし、諸子はなお十代前半であって、実質的には、その府佐に依存せざるをえない。劉裕によって構築された新体制とは、こうした府佐に任ぜられた官僚層と劉裕一族との協力体制にほかならなかった。

そのような劉裕―諸子―府佐の協力関係をよく示すと考えられるのが、『宋書』巻六一武三王・廬陵王義真伝の次の記事である。

> 及関中平定、高祖議欲東還、而諸将行役既久、咸有帰願、止留偏将、不足鎮固人心、乃以義真行都督雍涼秦三州司州之河東平陽河北三郡諸軍事・安西将軍・領護西戎校尉・雍州刺史。太尉諮議参軍京兆王脩為長史、委以関中之任。……臨還、自執義真手以授王脩、令脩執其子孝孫手以授高祖。
>
> 関中平定するに及び、高祖議して東還せんと欲するも、諸将行役既に久しければ、咸な帰るの願い有り、止だ偏将を留むるのみなれば、人心を鎮固するに足らず。乃ち義真を以て都督雍涼秦三州司州之河東平陽河北三郡諸軍事・安西将軍・領護西戎校尉・雍州刺史を行せしむ。太尉諮議参軍京兆の王脩もて長史と為し、委ぬるに関中の任を以てす。……還るに臨み、自ら義真の手を執りて以て王脩に授け、脩をして其の子孝孫の手を執りて以て高祖に授けしむ。

諸子の補佐を府佐に託する劉裕の心情は、長安撤退という特殊事情のためばかりではないであろう。義隆の場合は、張邵以外にも、義隆の冠軍将軍府の功曹であった王曇首が随府して長史に昇格しており、劉裕は、義隆に、「王曇首、沈毅にして器度有り、宰相の才なり。汝事毎に之れに咨れ」といったと伝えられている（『宋書』巻六三王曇首伝）。このように、劉裕は諸子をはじめとする親族を方鎮長官として重用する姿勢を強めつつ、それら方鎮長官の下で府佐を務める官僚層との協力体制構築に努力したのである。府佐になった官僚には、王曇首（王弘の弟、琅邪の人）のような僑姓名族、張邵（呉郡の人）のような呉姓名族、王脩のような寒門（晩渡北人）まで多様な出身の人物が含まれて[33]おり、官僚層全体の支持の取り付けに連動する営為であった。

同年六月になって相国・宋公・九錫の命を劉裕が受諾した背景には、右の努力が一定の成果をあげたという判断が働いていたであろう。だが、元来、桓玄に対抗して東晋復興をかかげて登場し、その功績を自らの正当性の第一の根拠としてきた劉裕にとって、禅譲革命の最終段階へと一気に突き進むことは、大きな矛盾であった。義熙八年に劉毅を打倒して以後の劉裕が、ほとんど独裁的権力を構築しつつも、なお皇族の司馬休之を尊重したり、北伐によって功績を立てたりする努力を重ねたのも、あくまでも東晋皇室への忠義という権力の正当性に規定されての行動であった。その行動の結果、禅譲革命の階梯を昇り始めることにはなったが、しかしその最終段階を踏むことには、劉裕自身が大きな矛盾を感じざるを得ないであろうし、何よりも広範な官僚層にとって躊躇すべき事態であったに相違ない。この間の事情について、記録は直接には一切を語らないが、同年十二月に安帝を暗殺しながら、自らは即位せず、大司馬琅邪王徳文（恭帝）を擁立した経緯には、広範な官僚層の意向の反映を読み取ることが可能であるように考えられる。『晋書』巻一〇安帝紀には、

初讖云「昌明之後有二帝。」劉裕将為禅代、故密使王韶之縊帝而立恭帝、以応二帝云。

初め讖に「昌明の後二帝有り」と云う。劉裕将に禅代を為さんとし、故に密かに王韶之をして帝を縊せしめて恭帝を立て、以て二帝に応ぜしむと云う。

とあり、「昌明（東晋の孝武帝の字）の後、二帝有り」という予言に合わせたと説明するが、もとより付会の説であろう。[34]安帝暗殺後に、琅邪王徳文を擁立した理由は、皇位継承者として徳文を推す官僚層の輿論に配慮せざるを得なかっ

たためではなかろうか。『晋書』巻一〇恭帝紀には、

安帝既不恵、帝毎侍左右、消息温涼寝食之節、以恭謹聞、時人称焉。

安帝既に不恵なれば、帝毎に左右に侍し、消息温涼寝食の節、恭謹を以て聞こえ、時人焉れを称す。

とあり、「不恵」の安帝の身辺の世話をして「恭謹」の評判の高かった徳文をさしおいて劉裕が即位することがためらわれた結果であろう。そのようなためらいを劉裕に抱かせたのは、官僚層の意向以外には考えられないであろう。

その翌年、元熙元年七月、劉裕は宋王に昇進、宋国の首都を寿陽に遷し、翌年六月になって、ようやく建康に入って、恭帝の禅譲を受けて皇帝に即位、宋王朝を開くに至る。恭帝を擁立して一年半、この間の官僚層の動向を示す記事は少ない。ただ、『宋書』巻四三傅亮伝の次の記事が、寿陽から建康入りする経緯を伝えていて示唆的である。

高祖有受禅意、而難於発言、乃集朝臣宴飲、従容言曰、「桓玄暴簒、鼎命已移、我首唱大義、復興皇室、南征北伐、平定四海、功成業著、遂荷九錫。今年将衰暮、崇極如此、物戒盛満、非可久安。今欲奉還爵位、帰老京師。」群臣唯盛称功徳、莫暁此意。日晩坐散、亮還外、乃悟旨、而宮門已閉、亮於是叩扉請見、高祖即開門見之。亮入便曰、「臣暫宜還都。」高祖達解此意、無復他言、直云、「須幾人自送。」亮曰、「須数十人便足。」於是即便奉辞。……至都、即徴高祖入輔。

高祖受禅の意有れども、発言に難んじ、乃ち朝臣を集めて宴飲し、従容として言いて曰く、「桓玄暴かに簒い、鼎命已に移りたるに、我れ大義を首唱し、皇室を復興し、南征北伐して、四海を平定し、功成り義著われ、遂に九錫を荷いたり。今年将に衰暮ならんとするに、崇極此くの如し。物盛満を戒むるは、久安すべきに非ざればなり。今爵位を奉還し、京師に帰老せんと欲す」と。群臣唯だ功徳を盛称するのみにして、此の意を暁る莫し。日晩れ坐散じ、亮外に還り、乃ち旨を悟れるも、宮門已に閉じ、亮是こに於て扉を叩き請見し、高祖即ち門を開き

て之れに見う。亮入るや便ちに曰く、「臣暫く宜しく都に還るべし」と。高祖此の意を達解し、復た他言無く、直だ「幾人を須ちて自ら送るや」と云う。亮曰く、「数十人を須たば便ち足らん」と。是こに於て即便ちに奉辞せり。……都に至るや、即ちに高祖を徴して入輔せしむ。

この逸話には、皇帝即位の意向を持ちながらなかなか表明できない劉裕と、そのような劉裕の意向を容易には察知しない群臣が描かれていて興味深い。もとよりこの逸話は、傅亮の聡明さを強調しているのではあるが、案外、劉裕も官僚層も容易には禅譲革命の最終段階へと踏み出せない状況を正確に伝えているのではないだろうか。劉裕が皇帝に即位することが劉裕の権力を支えてきた正当性自体を大きく傷つけることになってしまう。この矛盾こそ、晋宋禅譲革命が容易に決着をみなかった要因ではなかったろうか。

しかしながら、この矛盾に満ちた劉裕の革命も、ようやく最後の一線を突破することができた。劉裕は五十八歳にして宋王朝の初代皇帝に即位、東晋の恭帝は零陵王となるが、翌年、永初二年九月には暗殺される。漢魏革命の際にも、魏晋革命の際にも、帝位を譲った者が殺害されることはなかったが、劉裕の場合には恭帝を生かしておくわけにはいかなかった。この点にも、劉裕の権力の持つ弱点が現れているように考えられるのである。

おわりに

以上、劉裕の革命の過程を、①四〇四～四〇七年、②四〇七～四一二年、③四一二～四二〇年、の三つの時期に区分して見てきた。劉裕起義直後、①の時期の権力構造は、劉裕と劉毅の勢力がほぼ拮抗しており、両者とも建康の中央政府には入らず、それぞれ京口と姑孰にいながら、名門王謐を首班とする中央政府に影響力を行使するというものであった。このような多元的な権力構造は、王謐の死によって変化する。②の時期には、劉裕が中央政府に入って宰相に就任するものの、劉裕の権力の突出を願わない勢力が劉毅を後援する形勢にあり、この両派の対抗関係を軸に政局が展開する。劉裕は南燕征討に成功したのに対し、劉毅は盧循・徐道覆軍との戦闘に敗北して大きく差を付けられ、結局劉裕によって打倒される。この間、劉毅以外の劉裕のかつての盟友も戦死（何無忌）、自殺（孟昶）、暗殺（諸葛長民）によって次々と姿を消し、劉裕は同等者中の第一人者から独裁的権力者へと成長する。③の時期は、一強となった劉裕が皇帝即位へと進む時期であるが、その道は意外にも平坦ではなかった。その間の事情について、史料は明言しないが、元来東晋皇室の復興をかかげて登場した劉裕権力の正当性にかかわって、官僚層の抵抗があったためと考えられる。つまり、東晋皇室を戴く限り、劉裕権力の正当性は確保され、官僚層の支持も得られるが、最後の一線を踏み越える王朝革命までは官僚層の輿論が許容しなかったと考えられるのである。劉裕は、この障害を安帝の暗殺という非常手段を用いて乗り越える以外なかった。

以上三つの時期を通じて、北来名族は謝混のような例外を除けば、権力闘争に際して傍観者的態度に終始し、積極的には関与しなくなっている。この点は、先行研究の指摘の正しさを裏付けるのであるが、しかし一方、劉裕が対抗勢力一掃に成功して以後の③の時期においても、革命の成就までに時間を要したことは、晋宋禅譲革命に対する抵抗の根強さも示している。この抵抗の担い手は、北来名族に限定されない広範な官僚層であったと考えられるが、それにしても、東晋的な政治体制——東晋皇帝のもとで有力姓族が権力を分有して均衡状態を保つ——を持続させようとする力が働いていたことは確かであろう。劉裕の革命が結局成就したことは、一面においては確かに劉裕が官僚層の抵抗に対して勝利したことを意味した。だがしかし、他の一面において、禅譲革命承認の代償としての官僚層の収攬策が伴っていたことは十分に予測されることなのであって、事実、東晋以来の名族の多くは、劉宋以後も高官を輩出し続ける。劉宋皇室は、このような名族に加えて、従来通婚関係にあった寒門とも婚姻関係を結んで王朝権力の補完に努める。(36) その意味においては、劉宋も貴族政権であることに変わりはなかった。(37) ただ、皇室を推戴しつつその下で北来僑姓の複数の名門が軍事権を分有して権力の均衡状態を保つ東晋政治体制は、大きく変貌し、劉宋以後は、軍事権は皇族諸王の間で分有されることとなった。皇帝権力は一見強化されたように見えるが、官僚層も絡んだ皇族間の内訌で皇位は不安定であった。劉裕の革命に長い時間を要したことは、たとえば、東晋皇室を推戴したまま、軍事権を掌握した有力武人が官僚層と協調あるいは競合しつつ政権を運営するといった形の政治形態創出の可能性も予測させるが、結局のところそうした政治形態の創出には向かわず、伝統的皇帝政治体制の枠組みの中での革命に終わらざるを得なかったのである。(38)

注

（1）岡崎文夫「南朝貴族制の一面」（『南北朝に於ける社会経済制度』弘文堂一九三五）。

（2）宮崎市定『九品官人法の研究──科挙前史──』（初出一九五六、『宮崎市定全集6九品官人法』岩波書店、一九九二所収）。

（3）越智重明「劉裕政権と義熙土断」（『重松先生古稀記念九州大学東洋史論叢』一九五七所収）。越智氏は、『魏晋南朝の人と社会』（研文出版、一九八五）第三章「宋の武帝と土断・官僚層対策」でも、劉裕の革命を取り上げており、「貴族」政権という用語は使用していないが、論旨そのものに基本的な変更はみられない。

（4）葭森健介「晋宋革命と江南社会」（『史林』六三─二、一九八〇）。

（5）川勝義雄「劉宋政権の成立と寒門武人──貴族制との関連において──」（初出一九六四、『六朝貴族制社会の研究』岩波書店、一九八二所収）。

（6）石田徳行「劉裕集団の性格について」（『木村正雄先生退官記念東洋史論集』、一九七六所収）。

（7）そのほか、研究書ではないが、谷川道雄『世界帝国の形成』（講談社「現代新書」、一九七七）が、軍事権を喪失した貴族階級がなお権威を保持し、王朝正当化の役割を担い続けたことに注意を喚起して、「南朝国家権力が結局のところ貴族制擁護の機関であった」（一四一〜一四四頁）ことを述べていて、示唆的である。

（8）祝総斌「試論東晋後期高級士族之没落及桓玄代晋之性質」（『北京大学学報（哲学社会科学版）』一九八五―三）、「晋恭帝之死和劉裕的顧命大臣」（『北京大学学報（哲学社会科学版）』一九八六―二）。

（9）周一良『魏晋南北朝史札記』（初出一九八五、『周一良集』第二巻、遼寧教育出版社、一九九八所収）。

（10）陳勇「劉裕与晋宋之際的寒門士族」（『歴史研究』一九八四―六）。

（11）王毅「劉宋統治階級的内部関係与劉宋政権的興亡」（『東南文化』一九八九―二）一頁。

（12）田余慶『東晋門閥政治』（北京大学出版社、第四版、二〇〇五）。本書初版は、一九八九年であるが、第二版以降で修改が加えられているので、第四版より引用する。

（13）金民寿「劉裕の晋宋革命と寒門勢力」（原題のハングル表記の所は日本語に訳した）（『魏晋隋唐史研究』二、一九九六）。

（14）注（5）論文、三一三頁。

（15）「時衆民望」を中華書局は「時失民望」に作るが、越智重明『魏晋南朝の人と社会』（注（3）所掲）の見解（一五六〜一五七頁）に従い、「時衆民望」を採る。

（16）『晋書』巻八五劉毅伝。随府については、石井仁「南朝における随府府佐――梁の簡文帝集団を中心として――」（『集刊東洋学』五三、一九八五）を参照。

（17）『南史』巻三二張邵伝に見える次の記事は、この時期の権力構造をよく表している。

及王謐為揚州、召邵補主簿。劉毅位居亜相、好士愛才、当世莫不輻湊、唯邵不往。

（18）『晋書』巻一〇安帝紀義熙四年四月の条には、

散騎常侍・尚書左僕射孔安国卒。甲午、加吏部尚書孟昶尚書左僕射。

とあり、この時の孟昶の官職は、正確には吏部尚書である。なお、『宋書』巻一武帝紀上義熙五年三月の条には、公抗表北討、以丹陽尹孟昶監中軍留府事。

とあり、丹陽尹の職にもあった。丹陽尹任命は、劉裕軍建康占領直後である（『資治通鑑』巻一一三、元興三年三月の条）から、丹陽尹には長期にわたって在職していたことになる。

(19) 謝混は、謝安の孫、謝琰の子（『晋書』巻七九本伝）。たとえば『宋書』巻四三徐羨之伝に、徐羨之が領軍司馬であった時、「謝混と事を共にし、混甚だ之れを知る」とあり、『宋書』巻六六何尚之伝にも、「陳郡の謝混の知る所となり、之れと遊処す」とあるなど、謝混に認められることが当時の社交界で重視されたことを示す記事が散見しており、謝混が北来名族の首領格であったことが知られる。

(20) 中軍将軍は、劉毅の撫軍将軍との間に鎮軍将軍をはさんで、わずか二級の差であり、車騎将軍に比較して、その懸隔は格段に狭まった。『宋書』巻三九百官志上を参照。

(21)『宋書』巻五二庾悦伝。

初、毅家在京口、貧約過常、嘗与郷曲士大夫往東堂共射。時悦為司徒右長史、暫至京、要府州僚佐共出東堂。毅已先至、遣与悦相聞、曰、「身久躓頓、営一遊集甚難。君如意人、無処不可為適、豈能以此堂見譲。」悦素豪、径前、不答毅語。衆人並避之、唯毅留射如故。悦厨饌甚盛、不以及毅。毅既不去、悦甚不歓、俄頃亦退。毅又相聞曰、「身今年未得子鵝、豈能以残炙見恵。」悦又不答。

(22) 衛将軍は、太尉・司徒・司空に次ぐ三つの将軍号の一つ。後将軍から降格前の撫軍将軍を超えての昇進は、破格であり、劉毅懐柔の意図をうかがわせる。

(23)『南史』巻一七胡藩伝には、

尋除鄱陽太守、従伐劉毅。初、毅当之荊州、表求東道還建鄴辞墓。去都数十里、不過拝闕。帝出倪塘会毅、藩請殺之、乃謂帝曰、「公謂劉衛軍為公下乎。」帝曰、「卿謂何如。」対曰、「夫豁達大度、功高天下、連百万之衆、允天人之望、毅固以此服公。至於渉猟記伝、一詠一談、自許以雄豪、加以誇伐、搢紳白面之士、輻湊而帰、此毅不肯為公下也。」帝曰、「吾与毅倶有剋復功、其過未彰、不可自相図。」至是謂藩曰、「昔従卿倪塘之謀、無今挙也。」

とある。

(24) 釈大典『文語解』によれば、六朝以来「直置」の語があり、「タダニモ」と訳すべきであるという。

(25) たとえば、『南史』巻一九謝澹伝に、

初、澹従弟混与劉毅昵、澹常以為憂、漸疎混、毎謂弟璞・従子瞻曰、「益寿此性、終当破家。」混尋見誅、朝廷以澹先言、故不及禍。

とある。このように権力闘争にかかわりあうことを避ける姿勢は、いわゆる名族に限らず、官僚を出す家に広く見られる。『太平御覧』巻五一二所引『三十国春秋』に、

鎮之、毅季父也。義熙初、謂毅・蕃曰、「汝輩才力勢運、足以得志、当身争耳。我不就汝求位求財、又不受汝罪累。」毎見毅等道従吏卒到門、輒罵詬之、毅甚敬畏、毎未至宅数百歩止、与白衣数人而進、儀衛悉不自随。及至毅敗、天下服其先見、而劉裕甚敬遇之。

とある。

(26) 劉裕起義参加者の中では、檀祇らが、やや警戒すべき存在として残っていた。『南史』巻三二張邵伝に、義熙十二年の北伐の際の次のような事件を伝えている。

青州刺史檀祇鎮広陵、輒率衆至滁中掩討亡命、劉穆之慮其為変、議欲遣軍。邵曰、「檀韶拠中流、道済為軍首、若有相疑之跡、則大府立危。不如逆遣慰労、必無患也。」祇果不動。

結局、檀祇は動かなかったが、当時、檀韶は江州刺史、檀道済は冠軍将軍として北伐前鋒諸軍の指揮に当たっており、檀氏が有力であったことは確かである。

(27) 『宋書』巻七四魯爽伝。

（祖）宗之自以非高祖旧隷、屢建大功、有自疑之心。会司馬休之見討、猜懼、遂与休之北奔。

(28) 『宋書』巻四三徐羨之伝に、

初、高祖議欲北伐、朝士多諫、唯羨之黙然。

とあるのによれば、北伐に際して反対論も多かった。『宋書』巻五三庾登之伝には、

義熙十二年、高祖北伐、登之撃節駆馳、退告劉穆之、以母老求郡。于時士庶咸憚遠役、而登之二三其心、高祖大怒、除吏名。

とあり、表面的には北伐に賛成しつつも、自分は従軍しないで済むように劉穆之に働きかけて、除名の処分を受けた例もある。「遠役を憚」りつつも、北伐の気運には抗しがたいというのが実情に近いと考えるが、反対論を唱えた人物など具体的状況は不明である。

(29)『宋書』巻二武帝紀中、義熙十二年の条によれば、この時、劉裕が顕賞された殊勲は、①紀綱礼度の確立に努めた、②農業生産を振興した、③風俗を改め正した、④王化を宣揚し遠方の蛮族にまで及ぼした、⑤優秀な人材を登用した、⑥正義の戦いに勝利した、⑦刑罰を厳正に適用した、⑧天下を平定した、⑨孝道と忠義を実践した、以上九種類である。この殊勲は、安田二郎『六朝政治史の研究』（京都大学学術出版会、二〇〇三）第八章「梁武帝の革命と南朝門閥貴族体制」で詳細な分析を加えられた梁武帝の殊勲と同様であり、その意義についても安田氏が指摘されたように、「時代の提起した幾多の困難な課題を、九錫文に表明される理念的国家社会実現の方向で解決しうると、広く一般に期待され承認されたこと」（三五八頁）を示すものであった。

(30)『宋書』の原文は「皆悉以諮」だが、『資治通鑑』巻一一八義熙十三年十一月の条に、「並悉北諮」とあるのに従い、「以」を「北」に改める。

(31)『南史』の原文には、「北」の字がないが、『宋書』巻四六張邵伝によって補う。なお、『宋書』巻四六は元来散逸していたものを『南史』その他によって補ったものであるので、『南史』によるべきだが、この箇所については文意から「北」を補うべきであると判断した。

(32)『南史』巻一五徐羨之伝には、

穆之卒、帝欲用王弘代之。謝晦曰、「休元軽易、不若徐羨之。」乃以羨之為丹陽尹、総知留任、甲仗二十人出入、加尚書僕射。

とあり、徐羨之に決定するまでの経緯を伝えている。

(33) そのほか義真の府の司馬となった王鎮悪（北海の人）は寒門（晩渡北人）、同じく中兵参軍となった沈田子（呉興の人）は、呉姓の寒門である。また、義隆の下で南蛮校尉となった到彦之（彭城の人）は寒門、義隆の府の主簿となった王華（琅邪の人）は僑姓名族、同じく中兵参軍となった沈林子（呉興の人）は、呉姓の寒門である。

(34) 『宋書』巻六〇王韶之伝にも、

安帝之崩也、高祖使韶之与帝左右密加酖毒。

とあり、『晋書』の記述と殺害の方法が異なるものの、暗殺の事実を伝えている。

(35) この点に関しては、安田二郎『六朝政治史の研究』（注（29）所掲）第二章「西晋武帝好色攷」における西晋期の政治体制の分析（一二五～一二七頁）が示唆に富む。

(36) 矢野主税「南朝における婚姻関係」（『長崎大学教育学部社会科学論叢』二二、一九七三）。

(37) ただし、越智重明「劉裕政権と義熙土断」（注（3）所掲）が主張するような、北来名族の「貴族」政権ではなく、呉姓名族や寒門も含めた広義の貴族政権と考えるべきであろう。

(38) 劉裕の革命の時期における名族層の傍観者的態度は、日本の保元・平治の乱における公卿の態度と酷似しているし、またその当時の日本が貴族社会における「家格」の形成期であったことも、東晋末期の貴族社会の固定化を連想させる。ただ、日本においては鎌倉幕府のような新たな権力形態を創出する方向に進んだのに対し、六朝期江南においては、伝統的皇帝制度の枠内にとどまった点に大きな相違があるように思われる。保元・平治の乱等については、河内祥輔『保元の乱・平治の乱』（吉川弘文館、二〇〇二）を参照。

【補】東晋末期の貴族社会の固定化について、筆者の見解は、通説的理解とは異なっている。それについては本書の第十章「門地二品について」を参照されたい。鄙見では、整然とした家格の序列が、政府保管の総譜の類に書き込まれて固定化したとは考えていないが、東晋末期には、琅邪の王氏、潁川の庾氏、譙国の桓氏、陳郡の謝氏、太原の王氏など、高位高官を輩出する家系がみられる。それらの家系にしても、高位高官の世襲を制度的に保証されていたわけではなく、父の早逝などによって衰退することもあって不安定性はあったものの、高位高官の子弟に有利な起家官を保証する制度などを利用して、結果的に累世高官を輩出したのである。右にいう「貴族社会の固定化」も、東晋末期当時のこのような傾向をいうのであって、日本の平安貴族における「家格」の固定化とは相違している。

第四章　南朝・宋初の「同伍犯法」の論議

はじめに

南朝・宋初に行われた、所謂「同伍犯法」の論議は、主として貴族制との関連で南朝の士庶区別を考察する際に取り上げられてきた。この方面の最初の研究は、岡崎文夫「南朝に於ける士庶区別に就ての小研究」[1]である。岡崎氏は、士庶区別の具体相を示す事例として、『宋書』巻四二王弘伝の同伍犯法の論議を取り上げ、南朝・宋代において士人が同伍の犯罪に連座しないことが制度化されたことを重視し、「姓族尊長の社会制に対して宋代は特に注意すべき時代となすべし」と述べた。その後、増村宏「宋書王弘伝の同伍犯法の論議」[2]（以下増村論文と略称）は、同伍犯法と盗制（一般の窃盗罪と官有物窃盗罪に対する刑罰）に関する所謂「同伍犯法」の論議全般を取り上げて、論議の文章の構成、論議の行われた年次を考察した上で、全文の書き下しと注釈を行った。増村論文は、「同伍犯法」の論議の基礎的研究として貴重である[3]。

それ以降、この「同伍犯法」の論議については、越智重明『魏晋南朝の政治と社会』[4]が「客戸制」の史料として取り上げ、さらに、同氏『魏晋南朝の貴族制』[5]では、その一節をさいて、この論議の内容から、天子の士人層に対する支配権力の強化を読み取ることができる、と指摘している。また、中村圭爾は、「『士庶区別』小論」[6]や「晋南朝律令と身分制」[7]において、士庶区別を論ずる際に、「同伍犯法」の論議を取り上げ、さらに、「南朝における議」[8]では、本論議も含め、南朝における国家意志決定の場である「議」の検討を行っている。

以上のように、「同伍犯法」の論議については、主として南朝の士庶区別問題に関連して取り上げられてきたが、中村氏の「議」の研究にみられるように、本論議も含めた当時の「議」から南朝の国家意志決定の特質を探る試みもなされるに至っている。しかし、このように重要な史料であるにもかかわらず、本論議は、なお多大の考究の余地を残していると考える。その原因の一端は、増村論文の書き下し・注釈の存在にもかかわらず、なお本論議の内容に不明確な部分があるためではなかろうか。

そこで、本章では、この論議全体の現代語訳を試み、その上で、論議の内容に整理・検討を加えることとしたい。本論議は、同伍犯法の論議と通称されるが、正確には、前にもふれたように同伍犯法に関する論議と盗制に関する論議とを含んでいる。原文では、それぞれの論議が各論者の発言に交互に記載されているが、本章での訳出にあたっては、同伍犯法と盗制とそれぞれのテーマによって区別して行う。まず、同伍犯法の論議の訳出から始める。

第一節、同伍犯法の論議

一、同伍犯法の論議試訳

A　(録尚書事王弘)与八座丞郎疏曰、「同伍犯法、無士人不罪之科。然毎至詰謫、輒有請訴。若垂恩宥、則法廃不可行、依事糾責、則物以為苦怨。更為其制、使得優苦之衷也。……想各言所懐。」

(録尚書事王弘は)文書を尚書省の幹部に配布して言った。「同伍のものが罪をおかした場合、士人を処罰しないという規定はない。しかし、士人を処罰するような事態になると、かならず処罰免除の請願が出される。もし特別の恩情をたれたりすれば、法律はないも同然になるし、規定通り処罰すれば、世間が厳しすぎるという。改めて制度を作り、適正化を図るべきである。…〔盗制に関する部分省略〕…それぞれ所見を述べるがよい」と。

B　左丞江奥議、「……符伍雖比屋隣居、至於士庶之際、実自天隔、舍藏之罪、無以相関。奴客与符伍交接、有所蔵蔽、可以得知、是以罪及奴客。自是客身犯愆、非代郎主受罪也。如其無奴、則不応坐。」

尚書左丞江奥の議論。「…〔盗制の部分省略〕…同伍の犯罪者をかくまうという罪とは、同伍のものは隣に住んではいても、士庶の間は、まことに天と地のように隔たっている。（士人の家の）奴客は、同伍のものとも接触があって、犯罪者がかくれていれば、知ることができるはずだから、奴客は処罰の対象となる。もとより、これは奴客自身の責任であって、主人に代わって処罰を受けるのではない。奴客がいない（士人の家の）場合は、連座させるべきではない」。

C　右丞孔黙之議、「君子小人、既雑為符伍、不得不以相検為義。士庶雖殊、而理有聞察、譬百司居上、所以下不必躬親而後同坐。是故犯違之日、理自相関。今罪其養子・典計者、蓋義存戮僕。如此、則無奴之室、豈得宴安。但既云復士、宜令輸贖。……」

尚書右丞孔黙之の議論。「士人と庶民が、ともに同伍の一員である以上、それぞれ相互監視の義務を負わなければならない。身分は違っていても、犯罪を察知することができるというのが原則だ。たとえば、上役が犯した罪の場合、部下はたとえ関係なくとも連座するというのと同じことだ。だから同伍のものが罪を犯した時には、連座するのが原則だ。さて、（士人の家の）「養子」や「典計」を処罰するというのは、主人に代わって罪を受けるということだが、これでは、こういう奴客をもたない家では安心していられないことになる。ただ士人を力役免除するというのであるから、（懲役刑ではなく）贖罪金を出させるようにした方がよい。…〔盗制の部分省略〕…」。

D　尚書王准之議、「昔為山陰令、士人在伍、謂之押符。同伍有愆、得不及坐、士人有罪、符伍糾之。此非士庶殊制、実使即刑当罪耳。夫束脩之冑、与小人隔絶、防検無方、宜及不逞之士、事接群細、既同符伍、故使糾之。于時行此、非唯一処。左丞議奴客与隣伍相関、可得検察、符中有犯、使及刑坐。即事而求、有乖実理。有奴客者、類多使役、東西分散、住家者少。其有停者、左右駆馳、動止所須、出門甚寡、典計者在家十無其一。奴客坐伍、濫刑必衆、恐非立法当罪本旨。……」

尚書王准之の議論。「以前、山陰令だった時、士人も同伍の中に編成され、これを「押符」といった。同伍のものが罪を犯しても、連座を免れ、士人が罪を犯した時には、同伍が摘発する。これは士人と庶民とで制度が違うのではなく、実情に即して処罰しているだけのことである。そもそも士人は、庶人とは隔絶し、庶民の犯罪を監視しようにも方法がない。不逞の士人ならば、庶民とも接触があって、同伍のものはよく知っているので、そのものの犯罪は摘発させる。当時このようにしていたのは一か所にとどまらない。左丞の議論では、奴客は同伍のものと接触があって、監視できるので、同伍のものの犯罪に連座させるという。しかし、これは事実に反している。奴客を所有している者は、奴客を使役すべき業務がたくさんあって、奴客は東西に分散して、家にとどまっている者は少ない。家にいる奴客も、主人のそばで忙しく働いており、門を出ることは非常に少ない。「典計」などは家にいることは十日に一遍もない。奴客が同伍の犯罪に連座すれば、刑罰を受ける者がやたらと多くなり、立法の主旨からはずれる恐れがある。…〔盗制の部分省略〕…」。

E　殿中郎謝元議謂、「事必先正其本、然後其末可理。……①以不知而押之於伍、則是受検於小人也。然則小人有罪、士人無事、僕隷何罪、而令坐之。若以実相交関、責其聞察、則意有未因。何者、名実殊章、公私異令。奴不押符、是無名也、民之賞財、是私賤也。以私賤無名之人、予公家有実之任、公私混淆、名実非允。由此而言、謂不宜坐。還従其主、於事為宜。無奴之士、不在此例。②若士人本検小人、則小人有過、己応獲罪、而其奴則義帰戮僕、然則無奴之士、未合宴安、使之輸贖、於事非謬。二科所付、惟制之本耳。此自是辯章二本、欲使各従其分。至於求之管見、宜付前科、区別士庶、於義為美。……」

殿中郎謝元の議論「物事は必ずその本を正すようにすべきで、そうしてこそ、その末も筋道を立てることができる。…〔中略〕[9]…①庶民のことを知らない者を同伍に編入するということは、庶民の監視を受けさせることである。そうであれば、庶民に罪があっても、士人には関わりがなく、奴客も連座させるべき罪はないことになる。もし、実際に庶民と関係をもっているということで、監視の義務を負わせるならば、それは筋違いである。なぜなら、名と実、公と私によって法律は異なるものだからである。奴客は同伍に編入されないのだから、「無名」であり、また奴客は民の財産[10]であるから、「私賤」である。「私賤」「無名」の人に、公的で実を伴う任務を負わせるのは、公私混淆、名と実との関係からいっても妥当ではない。この点からいって、奴客は連座させるべきでないと考える。また、その主人（士人）に従うのが適当と判断する。（よって）奴客を持たない士人は、この問題の対象にはならない[11]。②もし、士人が本来庶民を監視するということならば、庶民に犯罪があった場合、士人も連座すべきである。その奴客を処罰するのは、主人に代わって罪を受けさせるのであり、そうなると、奴客を持たない士人が安心していられないので、贖罪金を出させるのは、誤りではない。以上ふたつの筋道の基づく所は、制度の根本である。これは、それぞれの根本を解明して、それぞれの筋道に従わせようとしたのである。管見では、前の筋道――①に従い、士庶を区別するのが良いと考える。…〔盗制の部分省略〕…」。

F　吏部郎何尚之議、「按孔右丞議、士人坐符伍為罪、有奴罪奴、無奴輸贖。既許士庶緬隔、則聞察自難、不宜以難知之事、定以必知之法。夫有奴不賢、無奴不必不賢。今多僮者傲然於王憲、無僕者怵迫於時網、是為恩之所霑、恒在程・卓、法之所設、必加顔・原、求之鄙懐、窃所未惬。謝殿中謂奴不随主、於名分不明、誠是有理。然奴僕実与閭里相関、今都不問、恐有所失。意同左丞議。」

吏部郎何尚之の議論。「孔右丞の議論では、士人は同伍の犯罪に連座し、奴客を所有していれば奴客を処罰し、奴客がなければ贖罪金を納入させるという。士庶の間は、はるかに隔たっているということを認めるならば、相互監視は当然困難であって、知ることが困難なことに対して、必ず知ることができるという前提の法を定めるのはよろしくない。そもそも奴客を所有しているからといって必ず賢者だとは限らず、奴客を所有していないからといって必ず賢者でないとはいえない。それなのに、奴客を多数所有する者が法律を恐れず傲然と構えていることができ、奴客のない者が法律の圧迫を受けるというのは、金持ち優遇、清貧に甘んじる賢者を虐待するものにほかならず、私は不満である。謝殿中が、奴客が主人に従わないのは、名分において明らかでないと言っているのは、まことにもっともだ。しかし、奴客は実際に近所のものと接触するのであるから、これを不問に付すということになると、不都合がおきてこよう。主旨は左丞の議論に同じである」。

G　弘議曰、「尋律令既不分別士庶、又士人坐同伍罹謫者、無処無之、多為時恩所宥、故不尽親謫耳。呉及義興適有許・陸之徒、以同符合給、二千石論啓丹書、已未問。会稽士人云、十数年前、亦有四族坐此被責、以時恩獲停。而王尚書云旧無同伍坐、所未之解。恐莅任之日、偶不値此事故邪。聖明御世、士人誠不憂至苦、然要須臨事論通、上干天聴為紛擾、不如近為定科、使軽重有節也。又尋甲符制、蠲士人不傳符耳、令史復除、亦得如之。共相押領、有違糾列、了無等衰、非許士人閭里之外也。諸議云士庶緬絶、不相参知、則士人犯法、庶民得不知。若庶民不許不知、何許士人不知。小民自非超然簡独、永絶塵秕者、比門接棟、小以為意、終自聞知、不必須日夕来往也。右丞百司之言、粗是其況。如衰陵士人、実与里巷関接、相知情状、乃当於冠帯小民。今謂之士人、便無小人之坐、署為小民、輒受士人之罰。於情於法、不其頗歟。且都令不及士流、士流為軽、則小人令使徵預其罰、便事至相糾、閭伍之防、亦為不同。謂士人可不受同伍之讁耳、罪其奴客、庸何傷邪。無奴客、可令輸贖、又或無奴僮為衆所明者、官長二千石便当親臨列上、依事遣判。……近聞之道路、聊欲共論、不呼乃爾難精。既衆議糾紛、将不如其已。若呼不応停寝、謂宜集議奏聞、決之聖旨。」

王弘の議論。「律令では士庶を区別しておらず、士人で同伍の犯罪に連座して処罰された者も全国各地にいるが、多くの場合、皇帝陛下の特別の恩恵で許されてきたため、全員が実際に処罰を受けたわけではないのである。呉郡・義興郡に許氏・陸氏の者がいて、同伍の犯罪に連座して、郡の太守が調書を作成したが、結局罪に問われなかった(12)。会稽郡の士人は、十数年前にも、会稽四姓の者が同伍の犯罪に連座したけれども、皇帝の恩恵で執行停止になったという。しかるに、王尚書が旧来同伍の犯罪に連座することがなかったというのは、理解できない。おそらくは在任中、たまたまこのような事件がなかったためではなかろうか。聖明の天子の治世である現在、士人はまことに過酷な仕打ちを受ける心配はないが、政治にあたっては、議論を尽くすことが必要だ。陛下のお耳をけがしてまで議論をするのは、近いうちに規則を決定し、適度の罰則にした方が良いからである。また、同伍制では、力役免除の士人が同伍からはずされるだけである(13)。令史（庶民の任官ポスト）就任による力役免除の場合も同伍からはずされる。ともに監視しあい、違法があれば糾弾するのに、身分による差別はなく、士人を集落秩序の外に放任することはない。諸氏の議論のように、士庶ははるかに隔絶していて、士人は庶民のことを関知しないというなら、士人が法を犯した場合、庶民は知らないことがあり得ることになる。庶民には知らないでいることを許さないのに、どうして士人が知らないでいることが許されようか。庶民は、超然として一人はなれて暮らし長く俗世間と縁を切っている者でなければ、狭い場所に軒を連ねて住んでいるので、ちょっとでも気を付けていれば、知ることができるのであって、一日中往来する必要はない。右丞の上役と部下との場合の話とほぼ同様である。落ち目の士人の場合は、実際に集落の者と密接な関係をもち、情状を知っており、官吏になっている庶民の場合と同じである。士人の場合は、庶民の犯罪に連座せず、庶民と認定された場合には、士人の犯罪に連座するというのは、人情からいっても法からいっても、不公平ではないか。かつ都令史も士人の範疇には入らず、士人の範疇でも低い方になると、庶民と認定され、同伍の犯罪に連座させると、事は紛糾してしまい、同伍の連帯責任も同じではなくなる。私の考えでは、士人本人のみが同伍の犯罪に連座しないようにし、その奴客を処罰するのは差し支えない。奴客を持たない場合は贖罪金を出させればよい。また、奴客を持たないことが証人たちによって明らかにされた場合には、地方長官が立ち会いの上、報告するようにし、個々の案件ごとに判定させる。…〔盗制の部分省略〕…近ごろ世間の声を耳にしたので、いささか論議してみようと思ったのである。会議を召集しなければ、こんなに詳しく論議できなかったであろう。議論が紛糾してきたので、もう止めたほうがよいのではないか。だが召集した以上、この問題自体を沙汰止みとすべきではない。論議の次第をまとめて奏上して、皇帝陛下の御聖断をあおごうと思う」。[14]

H　太祖詔、「衛軍議為允。」

文帝の詔。「王弘の議が妥当である」。

二、同伍犯法の論議における士人と庶民

右に訳出した同伍犯法の論議においては、ある同伍（五人組）の構成メンバーの中に、士人と庶民とがともに含まれる場合の連帯責任をどうするかが論議の焦点となっている。各論者とも、士人は庶民とはかけはなれた生活をしていて、同伍の者であっても、庶民の状況をほとんど知りえないという認識では一致している。だが、士人が同伍の庶

民の犯罪に対して連帯責任を負うべきか否かで、意見は大きく分かれる。B江奥、D王准之、E謝元、F何尚之は、いずれも士庶の懸隔を強調して、士人が庶民の犯罪に対して連帯責任を負わないことの正当性を主張する。これに対し、C孔黙之は、同伍における相互監視の原則を曲げるべきではないとの立場から、士人も庶民の犯罪に対して連帯責任を負うべきであると主張する。G王弘はさらに、士庶の懸隔をいうならば、庶民にも士人の犯罪摘発を義務付けることはできなくなると論じて、少数意見である C孔黙之の議に賛意を表明し、結局この王弘の議がH文帝によって採択された。ゆえに、法律の上では、あくまで士庶の間の差別はないという原則が守られることとなった。しかし、C孔黙之もG王弘も、奴客を士人の代わりに処罰し、奴客を持たない士人の場合には、贖罪金を取るという形で、実質的には士人を同伍の犯罪に対する連帯責任から解放しているのである。このように、士庶のほかに、士人の家の奴客がからんでくることによって、議論は複雑なものになっている。

奴客についての各人の議論は次のようである。B江奥は、奴客は同伍の庶民と接触があるという実状に則して処罰すべきであると主張する。江奥の場合、士人にはもともと責任がないという立場であるから、主人である士人に代わって処罰されるという論理は否定される。F何尚之もこの江奥の意見に賛意を表明する。ところが、D王准之は、江奥らと正反対の現状認識を示し、奴客は同伍の庶民とほとんど接触をもたないと述べ、奴客処罰の不当を主張する。さらに、E謝元は、奴客は民の財産であって、同伍には編成されず、責任能力をそもそも持たない存在であるから、連座はしないという認識を示す。結局、前述のように、主人である士人が本来負うべき責任を代わって受けるという論理で、奴客が処罰され、奴客を持たない士人の場合には贖罪金を支払うこと——B孔黙之・G王弘の主張に決着した。

以上の論議から知られる最も重要な点は、士庶区別は法制によって定められたものではなく、あくまでも社会的に存在していたことであろう。この南朝・宋初の論議[15]の結果、その社会的な士庶区別に即して同伍犯法の処罰規定が変更されることにはなったが、あくまで原則は士庶区別を認めていない。

　さらに、士庶区別をめぐる論議の過程では、士と庶との境界の曖昧さが浮かび上ってきた。G王弘の議の「落ち目の士人」（「衰陵士人」）や「官吏になっている庶民」（「冠帯小民」）は、まさしくその境界上の存在といえよう。都令史・令史は官吏であり、力役を免除され、同伍にも編入されないが、士人とは認定されない。反対に、士人でありながら力役を負担する者の存在も、「同伍制では、力役免除の士人が同伍からはずされるだけである。」（王弘の議）という文言から窺える。このように、境界はきわめて曖昧であったが、C孔黙之の議に、「士人を力役免除とするというのであるから」（「既云復士」）とあるように、一般的、常識的には、士人は力役免除であったと考えてよいであろう[16]。この点は、奴客の所有についても同様で、一般的には士人は奴客所有者であったが、所有していない士人も存在した。さらにいえば、力役免除の特権も、奴客も、官職に伴って得られるものであったから、士人の多くは官僚身分をもっていたと考えてよいが、官職の有無が士庶区別の決定条件ではなく、官僚身分をもたない士人—在野の士人も存在した。士庶区別は、官職以外の要因によって行われていたと考えざるを得ないのである。

　それでは、士庶区別の決定要因は何か。この問題について示唆的なのは、『南史』巻二一王弘伝のみにみえる文言[17]、「身を閭閻に修め、群小と実に隔たる者があれば」であろう。この文言は、「身を閭閻に修め」ることが、群小＝庶民と真に隔たる存在であるための条件であることを示すと考えられる。この「身を閭閻に修め」ることの具体的内容は、郷里社会において学問の修得と実践に努めることにほかならない[18]。当時、このような学問の修得と実践は、特定の家柄に代々うけつがれる傾向があったので[19]、その家柄の一員は、たとえ本人が官職に就いていなくとも、士人とみなされたに違いない。G王弘の議にみえる呉郡・義興郡の許氏・陸氏や会稽四姓の者などは[20]、こうした特定の家柄に属する者と考えられよう。要するに、南朝において士庶の区別を決定していたのは、「身を閭閻に修め」るという曖昧な基準なのであり、そこに家柄という要素が大きく関わってきて、「身を閭閻に修め」る家柄であると、社会的に認知されることが、士人であるための必須条件となっていたと考えられるのである。

同伍犯法の論議は、士庶区別を包括した法制を確定する試みであったが、それでもなお、個々の案件ごとの判定に委ねるケースを想定せざるを得なかった――G王弘の議の末尾。その原因は、南朝の士庶区別が官職の有無のような客観的で明確な基準の上に行われたのではなく、まさに社会的な身分として存在していた点にこそ、求められよう。

第二節、盗制の論議

一、盗制の論議試訳

第一節の一で「…〔盗制の部分省略〕…」としておいた所の訳出を試みる。訳出部分が論議全体のどの部分を占めるかは、第一節の一で示してあるので、本節では改めて表示しない。また、F何尚之の議論には、盗制関係の記述がないので、以下の訳文には出てこない。

A　又主守偸五匹、常偸四十匹、並加大辟、議者咸以為重、宜進主守偸十匹・常偸五十匹死、四十匹降以補兵。既得小寛民命、亦足以有懲也。想各言所懐。

〔録尚書事王弘の指示〕また、保管責任者である官吏の窃盗は、その額が絹五匹以上の場合、一般の窃盗は、四十匹以上の場合、ともに死刑に処してきたが、論者はみな「重すぎるので、保管責任者の窃盗は十匹以上、一般の窃盗は五十匹以上を死刑に処すこととし、四十匹未満は、罪を減じて兵役に編入するようにすべし[21]。そうすれば、よほど人命を尊重することができ、なおかつ懲戒にも十分である」という。それぞれ所見を述べるがよい。

B　士人犯盗贓不及棄市者、刑竟、自在贓汙淫盗之目、清議終身、経赦不原。当之者足以塞愆、聞之者足以鑒誡。若復雷同羣小、謫以兵役、愚謂為苦。

（尚書左丞江奥の議論）士人が窃盗の罪を犯して死刑にならなかった場合、刑が終わっても、窃盗を犯したという評価は残り、終身、士人層の輿論である清議の批判を受け、恩赦があっても許されることはない。この適用を受ける者としては罪を十分に償うこととなり、このことを聞く者にとっては十分にいましめとなる。もし庶民と同じく、罰として兵役に就かせたりすれば、過酷ではないか。[22]

C　常盗四十匹、主守五匹、降死補兵。雖大存寛恵、以紓民命、然官及二千石及失節士大夫、時有犯者、罪乃可戮、恐不可以補兵也。謂此制可施小人、士人自還用旧律。

（尚書右丞孔黙之の議論）一般の窃盗で四十匹、保管責任者の窃盗で五匹は、死刑を減じて兵役に編入するという案は、寛大な恩恵を施すことを重視し、人命をより尊重する措置ではあるが、官吏や郡太守や節操のない士大夫が窃盗の罪を犯すようなことがあれば、死刑とすべきで、恐らくは兵役に編入するべきではない。おもうに、この制度は庶民に施すべきもので、士人には当然旧来の律を適用すべきである。

D　左丞議士人犯偸、不及大辟者、宥補兵。雖欲弘士、懼無以懲邪。乗理則君子、違之則小人。制厳於上、猶冒犯之、以其宥科、犯者或衆。使畏法革心、乃所以大宥也。且士庶異制、意所不同。

（尚書王准之の議論）左丞[23]の議は、士人が窃盗を犯して死刑には及ばない場合、兵役に編入するのを免除すべきだという。それは、士人に寛大にしようとするものだが、これでは懲戒のしようがなくなるのではないか。理にかなった行ないをしていればこそ君子（士人）なのであって、理にはずれれば小人（庶民）とみなさざるをえない。制度は上に立つ者に厳しくしても、これに違犯するものがおるのであって、ゆるい規則をもってすれば、違犯者が多くなるのではないか。法を畏れて心を改めるようにさせることこそ、寛大を尊ぶ手立てなのである。それに、士人と庶民とで制度を異にすることには、同意できない。

E　盗制、按左丞議、士人既終不為兵革、幸可同寛宥之恵、不必依旧律、於議咸允。

（殿中郎謝元の議論）盗制については、左丞の議では、士人が兵士とされることがなければ、寛大な恩恵を庶民と共有でき、旧律による必要はないという。それは、まったく正当な議論である。

G　又主守偸五匹、常偸四十匹、謂応見優量者、実以小吏無知、臨財易昧、或由疏慢、事蹈重科、求之於心、常有可愍、故欲小進匹数、寛其性命耳。至於官長以上、荷蒙禄栄、付以局任、当正己明憲、検下防非、而親犯科律、乱法冒利、五匹乃已為弘矣。士人無私相偸四十匹理、就使至此、致以明罰、固其宜耳。並何容復加哀矜。且此輩士人、可殺不可謫、有如諸論、本意自不在此也。

（王弘の議論）また、保管責任者の窃盗五匹、一般の窃盗四十匹という規定がゆるめられるべきだというのは、まことに庶民出身の下級官吏が無知のために、財に臨んで欲に目がくらみやすく、あるいは不注意によって重罪に問われるようなことがあって、同情すべき点があるので、やや規定を緩和して、その命を少しでも救おうということなのである。官長以上ともなると、俸禄や栄誉を享受し、部局の責任を付託されるのであるから、自己規制して法の所在を明らかにし、部下を取り締まって不正行為を防止すべきである。にも拘らず自ら法律に違反し、法を乱し利をむさぼるような場合は、五匹でもゆるすぎるぐらいである。士人は、公務をはなれている時に四十匹を盗むという道理もないので、もしこんなことがおきたら、厳罰に処するのが当然であって、あわれみをかける必要などまったくない。かつ、このような士人は、死刑に処すべきで懲役にすべきでないというのは、諸氏の論議のとおりであって、自分の本意も士人を懲役にするという点にはなかったのである。

二、盗制の論議における士人と庶民

盗制の論議におけるテーマは、①一般の窃盗＝常盗と、②官有物保管責任者＝主守盗とであり、それぞれについて死刑に処すべき窃盗額の下限を引き上げ、刑を緩和すべきか否かということである。が、この論議においても、①②それぞれの場合において士人が犯した場合、庶民が犯した場合のことが問題とされており、ここにも士庶区別が大きく影を落としている。各人の論点を簡単に整理してみよう。

まず、A王弘が提示した論題は、①の場合四十匹以上を死刑としていたのを、五十匹以上とし、それ未満を兵役刑とする。②は、同じく五匹を十匹に引き上げて、①と同様の措置をとる、というもので、そもそもの論題には、士庶区別のことはみえず、単なる減刑の問題であったようにみえる。が、論議の過程で、同伍犯法の論議のテーマであった士庶区別問題がここでも大きく取り上げられることとなったのである。

B江奥は、①五十匹・②十匹未満を兵役に編入することについて、士人はこれを免除し、庶民にのみ適用すべし、と主張する。その理由は、士人の場合には、清議の批判という、刑罰とは別の社会的制裁を受けるので、兵役に編入する必要を認めないという点にある。同伍犯法の論議の主張と同様、士庶の峻別という立場を鮮明にした内容となっている。E謝元も、この江奥の意見に全面的に賛意を表明している。

C孔黙之は、減刑措置は、庶民にのみ施すこととし、士人に対しては旧来と同じ基準で死刑に処すべきだという。士庶区別を法制に反映させるという点では、B江奥と同じだが、その反映させる方向は正反対というべきで、士人に対してはより厳格に処罰すべしという立場である。

D王准之は、士庶区別を法制に反映させることに反対の立場をとる。つまり、A王弘の提示した原案通り、士庶一律に減刑措置を適用すべしという意見である。

以上、三通りの意見を受けて、G王弘が示した見解は、同伍犯法の論議の場合と同様、C孔默之の議に同じであって、このたびの減刑措置は庶民にのみ適用し、士人には旧律を適用するというものであった。G王弘の総括的見解が文帝によって採択されたことも、同伍犯法の論議の場合と同じである。

同伍犯法の論議においては、士人と庶民とが日常生活においてほとんど接触をもたない点が強調され、このことを根拠に、士人は事実上同伍の連帯責任を免除されるという方向で一致をみたのであった。盗制の場合も、D王准之を除けば、士庶の懸隔が問題とされた。ただ、同様に士庶の懸隔を問題とするとはいっても、B江奥・E謝元とC孔默之・G王弘とでは、まったく逆の結論となっている。前者は、士人には法的制裁以外にも清議という社会的制裁のあることを根拠に、兵役は苛酷であるとして、死刑に及ばない士人の兵役編入を免除すべきだという。この主張は、同伍犯法の論議の帰結と軌を一にするものといえよう。後者は、士人たるもののもつ責任を強調する点において、士庶の懸隔をとりあげ、士人に対する刑を庶民のそれより厳格にすべしという。これは、同伍犯法の論議の帰結とは方向を異にするようにみえるが、その実、一方で士人の優位を認めて同伍の連帯責任を免除し、他方では、そのように優位を認められた士人たるものの責任を強調して厳罰を科すという形でバランスをとったとみることができよう。同伍犯法と盗制とは、それぞれ個別の問題として論議されたのではなく、士庶区別という点で密接に関連しあう問題として俎上にのせられたのである。そして、最終的に、士人の優位で一貫したB江奥的な方向は退けられ、士人の優位を同伍犯法の運用面において認めながら、他方の盗制の面では、優位と裏腹の関係にある責任論を持ち出して均衡をとったC孔默之的な方向が採択されたのである。

おわりに

　以上、『宋書』王弘伝のいわゆる同伍犯法の論議を、狭義の同伍犯法の論議と盗制の論議とに分けて、それぞれに考察を加えてきた。この論議の行われた南朝・宋初という時期は、川勝義雄「劉宋政権の成立と寒門武人」の明快な論断によれば、「貴族制の完備する時期」であったが、同時に「制度を完備し、それを強調する必要がおこるのは、完備しなければ体制が変ることを顧慮するからである。貴族制の固定化とは、うらがえせば、貴族自身が生気を失い、防衛的姿勢をとることにほかならない[24]」という。士人すなわち貴族と庶民の区別をどのように法制に反映させるかをめぐって展開された本論議の内容は、まさしく制度の完備に向けての動きのひとつであって、貴族（士人）層の防衛的姿勢を浮かび上らせている。本書の第三章でもみたように、南朝・宋政権成立の主たる担い手は、貴族層の中でも最下層の寒門武人であって、寒門さらには庶民に属する寒人層の官界進出を喚起することとなったし、北来名門が軍事権を分有して権力の均衡状態を保つ東晋政治体制自体も大きく変貌することになった。このような政治的・社会的変動の時期に際会して、貴族層は危機意識をもつ。本論議に登場した論者もすべて貴族出身であり[25]、士人の優位を一方的に強調する硬直した姿勢をとるか、士人の優位とともにその責任・義務の面も強調するか、立場の相違こそあれ、いずれも危機意識をもって、貴族＝士人という存在の意義を改めて問い直しつつ論議を展開したのである。

注

（1）　岡崎文夫「南朝に於ける士庶区別に就ての小研究」（『南北朝に於ける社会経済制度』弘文堂、一九三五所収）。

（2）増村宏「宋書王弘伝の同伍犯法の論議」（鹿児島大学文理学部研究紀要『文科報告』四史学編一、一九五五）。

（3）増村氏には、当時の同伍制（符伍制）の全般的研究である「晋、南朝の符伍制」（『鹿大史学』四、一九五六）もある。

（4）越智重明『魏晋南朝の政治と社会』（吉川弘文館、一九六三）第三篇「南朝の政治と社会」第四章「客戸制」。

（5）越智重明『魏晋南朝の貴族制』（研文出版、一九八二）第六章「宋斉政権と宋斉貴族制」第三節「同伍犯の議論」。同書では、次のように指摘する。

宋の劉氏は北人士人層を、国家の支配組織の末端にある伍制の対象とし、かつ、南北士人層を実質的に同伍犯の対象としたが、それはやや抽象的にいうと、天子の支配権力の前に北人士人層を南人士人層と同質にしたことを意味すると同時に、南北両上級士人層のもつ、天子の支配権力からの「逸脱」という一面を否定することに連なるものである。……ただし、やや具体的にいうと、士人層自身が処罰を受けないことを制度化したという点は、士人層の庶民層と違う特権的地位を確かめたことを意味する。しかし、それは奴客を代りに差し出す、あるいは（奴客のいないとき）輸贖させるという形において、広義には明かに士人層を同伍犯の処罰の対象としている。これはそれなりに重要である。こうした新措置の評価はとりあげる視点によってかなり大きく異なるが、いずれにしても南北士人層がすべて天子の支配権力の末端組織としての伍制に組み入れられ、かつその同伍犯にあっても士人層が決して無縁ではありえなかったという点で、東晋の司馬氏の時代に比べ、天子の支配権力が制度的な面にあって一段と強化されるに至ったということはいえよう。（二八二〜二八三頁）

（6）中村圭爾「『士庶区別』小論」（『六朝貴族制研究』風間書房、一九八七所収）。

（7）中村圭爾「晋南朝律令と身分制」（『六朝政治社会史研究』汲古書院、二〇一三所収）。本論文では、「同伍犯法」の論議が、「士と庶とで律令適用に差をもうける方向」で決着したことを述べたうえで、

このように律令適用において士庶間に差があるという事実は、晋南朝律令がそのなかに法的な身分概念としての士・庶をもたず、したがって、本来士庶の別なく均一に適用さるべきものであったことをしめすものにほかならないであろう。なぜなら、律令規定にあらかじめ士庶の差が存在するのであれば、あえて運用上に律令適用の差をもうける必要はない

はずであり、律令において士庶が均質であるからこそ、社会的実態としての士庶の差が厳重であるところでは運用上の差が必要となると同時に、庶人とはその存在の根拠を異にする士人にたいして、そのありかたに相応する罰則が律令外で必要になったと考えるべきだからである。

と指摘している（三〇〇～三〇一頁）。

(8) 中村圭爾「南朝における議」（注(7)所掲『六朝政治社会史研究』所収）。

(9) この部分は百衲本（三朝本）では、欠字が多い。南監本・殿本は、この欠字を補充し、増村論文も中華書局標点本もこれらに拠って補っているが、文意がつかみにくいので省略する。この部分がなくとも、謝元の議論の骨格は明瞭である。なお、張元済『校史随筆』（商務印書館、一九九〇年版）「宋書」の「闕文不当臆補」にも、殿本のこの部分を「臆補」の例として指摘している。

(10) 原文「民之貲財」は、中華書局標点本（一三一九頁）では、殿本に従い「民乏貲財」に作るが、ここでは百衲本・南監本・増村論文によった。奴客が主人である士人に従属することを強調した論旨からいって「民之貲財」の方がふさわしいと考えるからである。本論議における奴客は、官僚に対して所有が認められた「左右・佃客・典計・衣食客」のごとき従者であって、その所有規定は、『隋書』巻二四食貨志にみえる。彼らは、公務ではなく、もっぱら官僚の私家の諸業務に従事したので、「民の」という表現がとられたのであろう。

(11) この部分、拙稿「南朝の士人と庶民——宋書王弘伝の同伍犯法の論議」（平成元年度・二年度科学研究費補助金総合研究A研究成果報告書『中国社会における士人庶民関係の総合的研究』代表者寺田隆信、一九九一）では、「また、その主人に代わって罪を受けるのは、適当と判断する。奴客を持たない士人には、このことは適用されない」と訳したが、安田二郎氏の御教示によって改めた。もとの訳では、この前の部分の論旨と矛盾するからである。

(12) 原文「已未間」。中華書局標点本（一三二〇頁）は、「己未間」に作り、後文に続けるが、百衲本（三朝本）・南監本・殿本・増村論文すべて「已未間」であり、中華書局標点本には従わない。

(13) 原文「又尋甲符制、蠲士人不伝符耳」だが、増村論文四六頁註ホにいうように、伝は傳の誤りであろう。詳しくは、同氏の「晋、南朝の符伍制」（注（3）所掲）の七～八頁を参照。同伍の者が署名する書類である符に、名前を登載しないという意味であろう。

(14)『南史』巻二一王弘伝は、「また」の前に、「身を閭閻に修め、群小と実に隔たる者があれば」（有修身閭閻、与群小実隔）を挿入しており、増村論文も『南史』に従う。この部分以下は、（f）何尚之の意見を考慮し、清貧な士人のために、特別の規定をした部分と考えられる。『南史』のみにみえる右の文言は王弘の意見を理解するについて有要という増村氏の指摘は正しいと考えるが、この文言を挿入しても文意は明らかでない。増村氏も述べるように「文句の脱落、或いは不当の抄略がある」（四六頁註ヌ）とすると、より大きい範囲にわたる脱落ないし抄略があるはずなので、『宋書』の原文のままにしておく。

(15)増村論文によれば、論議の年代は元嘉三年（四二六）である（三三頁）。

(16)中村圭爾「『士庶区別』小論」（注（6）所掲、一一四～一一五頁）が、梁代の処士沈顗（『梁書』巻五一本伝）から推察されたように、力役は原則的に官僚身分をもたない在野の士にもかけられるはずのものであったが、現実具体の運用面においては、多くの場合、在野の士の力役も免除されていたと考える。中村氏注（6）掲書に対する拙評（『東洋史研究』四六―四、一九八八、一四九頁）を参照。ちなみに、都築晶子「後漢後半期の処士に関する一考察」（『琉球大学法文学部紀要（史学・地理学篇）』二六、一九八三）によると、後漢後半期の処士は、制度上は庶人でありながら、士の地位に相当する者とみなされていた。南朝の処士も、この点は同様である。

(17)注（14）を参照。

(18)都築氏前掲論文（注（16））によると、後漢後半期、郷里社会において、「処士として認識される指標は、儒学の経典の修得、礼にのっとった生活様式、さらに後代では清貧な生き方という諸点にあった」（三九頁）。この指標は、基本的に南朝の士庶区別の指標になっていったといえよう。

(19)谷川道雄『中国中世社会と共同体』（国書刊行会、一九七六）一〇九～一一〇頁を参照。

(20)呉郡・義興郡の許氏・陸氏とは、呉郡の陸氏と義興郡の許氏をいうのであろう。呉郡の陸氏は著名だが、義興郡の許氏は、ほとんど正史に登場せず、大川富士夫「南朝時代の江南豪族について」（『六朝江南の豪族社会』雄山閣、一九八七所収）の付表（八二頁）にも、義興郡の許氏出身者はわずか一名を載せるに過ぎない。この許氏にしても、義興郡においては有力な姓族であったとみられる。

会稽四姓については、『世説新語』賞誉篇に、

会稽孔沈・魏顗・虞球・虞存・謝奉、並是四族之儁。

とあって、孔・魏・虞・謝の四氏をいう。

(21) 兵役編入とは、「犯罪の故に、本人若しくは其の家口・親族を兵役につけること、つまり謫兵の刑」であって「法律上、当人だけで済んで永代に亙つて兵士とされることはなかつたのであるが、……実際には法規を無視して永代の兵役につけて了ふと云ふやうな事が、既に東晋の孝武帝の頃から珍しくない現象となつてゐ」たという。濱口重國「魏晋南朝の兵戸制度の研究」（『秦漢隋唐史の研究』上巻、東京大学出版会、一九六六所収）四〇二頁を参照。

(22) もともと、五匹未満、四十匹未満の場合、どのような刑に処せられていたか、寧漢林『中国刑法通史』第四分冊（遼寧大学出版社、一九八九）九八頁にもいう如く、不明であるので、「刑が終わっても」の刑はいかなるものかわからない。

(23) 中華書局標点本もその他の諸本も、「右丞」となっているが、増村論文が指摘するように、内容からいって明らかに「左丞」でなければならない。

(24) 「劉宋政権の成立と寒門武人――貴族制との関連において――」（初出一九六四年、『六朝貴族制社会の研究』岩波書店、一九八二所収）三二二頁。唐長孺「南朝寒人的興起」（『魏晋南北朝史論叢続編』生活・読書・新知三聯書店、一九五九所収）にも、「士庶区別は晋・宋の間に越えることのできない区分になっていたようであるが、それは士族集団が自らの受ける脅威が日増しに厳しくなっていると感じ、防衛線を固める方法で自己を守ろうとしていたことを示すに過ぎない」（九四頁）という。川勝氏の指摘は、唐氏の見解を踏まえたものであるかもしれない。

(25) 王弘（『宋書』巻四二本伝）と王准之（同書巻六〇本伝）は、琅邪の王氏である。江奥は、済陽の江氏と考えられ、孔默之（同書巻六九范曄伝、巻九三隠逸・孔淳之伝）は、魯郡の孔氏、何尚之（同書巻六六本伝）は、廬江の何氏であって、孔氏以外は、貴族層の中でもおおむね一流名族の部類に属する。魯郡の孔氏は、当時「一流の名族とは言い得ない状況にあった」

（安田二郎「元嘉時代政治史試論」『六朝政治史の研究』京都大学学術出版会、二〇〇三所収、二五一頁）が、本来貴族層に属する家柄であることには、疑問の余地がない。

第五章　元嘉時代後半の文帝親政

はじめに

　四世紀末から五世紀半ば、晋宋革命（四二〇）を間にはさむ東晋末司馬道子専権時代から劉宋孝武帝治世に至る時期、江南社会は転換の渦中にあった。その転換は、魏晋ないし東晋貴族制から南朝貴族制への質的転換であり、皇帝権力の強化と寒門・寒人の擡頭とを主要な特質とすると考えられてきた(1)。

　この時期をかかる転換の過程ととらえた場合、劉裕の時代と孝武帝の時代とにはさまれた文帝の元嘉時代（四二四～四五三）の位置付けが検討さるべき課題としてうかび上がってくる。なぜなら、元嘉時代については、岡崎文夫『魏晋南北朝通史』（一九三二）以来、「貴族政治の全盛」というイメージが定着しており、かかる理解は晋宋の際の転換期の中で元嘉時代だけを異質のものとして遊離させていると考えるからである。もっとも、晋宋の際の転換が強く認識されるようになった近年の研究においては、「貴族政治の全盛」状況の裏面で進行する転換の動きにも言及されるようになってきた(2)。しかし、その詳細についてはいまだ明確にされてはいない。

　本章の課題は、元嘉時代における転換の動き、すなわち皇帝権力の強化と寒門・寒人の擡頭とを検証する点にある。そのためには、まず、この問題に示唆を与える先学の二篇の論文、安田二郎「元嘉時代政治史試論(3)」と葭森健介「晋宋革命と江南社会(4)」に言及しておかねばならない。

安田氏は、宋王朝後半期（とくに明帝の時代）に顕在化する皇族の皇帝にとっての敵対物化の前例として、文帝の行った皇弟劉義康の廃黜――誅殺事件と皇太子劉劭による文帝殺害事件とを分析し、かかる皇族の敵対物化の社会的要因を寒門・寒人層の擡頭の動きに求め、そしてその背景に、地域社会における農民層の階層分化の進行を推測した。氏の研究は、元嘉時代における寒門・寒人層の擡頭の動きを摘出し、その背景にある地域社会の動向に展望を開いたものといえる。しかし、第一に当該時期の皇帝権力＝文帝政権と寒門・寒人層とがいかなるかかわりを持ったのかという点については明らかにされていないし、第二に地域社会において擡頭する寒人層の具体例として呉興郡出身の聞人氏がとりあげられているものの、地域社会の実情にふみこんだ具体的考察は加えられてはいない。氏が指摘した寒門・寒人層の擡頭の動きが皇帝権力といかにかかわっていたのかを、地域社会の実情を視野に入れつつ考察を進めることは残された課題である。

この点、葭森氏の研究は、南朝的政治構造を生み出した原動力として江南の郷村社会（本章でいう地域社会）を重視する視角から晋宋革命を論じており、示唆的である。氏は、劉裕の革命成功の要因として、江南の郷村社会を「望」によってリードする南人士豪の支持を力説する。ただ、氏が言う如く郷村社会と国家権力との乖離状況を克服したところに晋宋革命成功の要因があるとしても、一貫して劉宋政権が江南土着の望族の意向や動向をふまえた公権的機能を十分に果たすものであったのかは検討さるべき課題である。このことは南朝国家の特質にかかわる重要な問題であり、その接近方法として当時の地域社会の具体的状況の中から国家権力と在地豪族との関連を探る必要がある。

本章では、主に上述の安田・葭森両氏の研究成果をふまえながら、元嘉時代後半（元嘉十七年の義康失脚事件以後）に焦点を合わせ、この時期、文帝が門閥貴族層のみならず新興の寒門・寒人層をも含め広く有能な人材を登用して皇帝権力強化の姿勢を見せていることを論じ、さらにその背景をなした地域社会の動向を呉興郡という一地域社会を通して具体的に検討する。

第一節、文帝の親政体制

三十年間に及んだ元嘉時代政治史は、元嘉十七年（四四〇、以下本章では元嘉の年号を省略）の皇弟劉義康失脚事件を境に大きく転換する。本章の目的は前述の如く十七年以降の分析と考察にあるが、とりあえず、それに至る過程にいささかの言及を与えておかねばならない。十七年以前の政治過程を三時期に区分し、それぞれについて述べていくことにする。

〔1〕 劉裕が創業三年にして歿すると（四二二）、義符（少帝）が継ぐ。彼はいわゆる悪童天子で、宋王朝創業の功臣徐羨之（東海・郯の人）・傅亮（北地・霊州の人）らによって廃位される。代わって、荊州に出鎮していた劉裕の第三子義隆が擁立される（四二四）。これが文帝である。かかる即位事情により、皇帝権力は徐・傅らによって大きく掣肘されていた。そのような状態は、三年（四二六）に彼らが粛清されるまで続く。

〔2〕 三年の政変後、王弘（琅邪・臨沂の人）が録尚書事（宰相）となり、王華（琅邪・臨沂の人）・王曇首（王弘の弟）・殷景仁（陳郡・長平の人）・劉湛（南陽・涅陽の人）・謝弘微（陳郡・陽夏の人）らが侍中（門下省長官、宰相格）などに就任して活躍する。徐・傅らが寒門とみなされるのに対し、彼らは一流の僑姓名族であって、この時期に関する限りでは、岡崎氏の「貴族中心の政治」という規定も妥当する。だが、王弘は弟の曇首とともに要任にあることを危惧し、皇弟劉義康の録尚書事就任を要請する。かくて、六年（四二九）、義康の中央政界登場が実現する。王弘もなお顕任にあったが、次第に義康専権の傾向が強まる。さらに王華（四年）・王曇首（七年）・王弘（九年）・謝弘微（十年）と「貴族政

治」をになった有力者の相つぐ死去がこの傾向に一層拍車をかけた。

〔3〕中央政界登場後専権の度を加え「方伯」（州刺史・郡太守）以下の人事権をも掌握した義康は、卓越した行政手腕を発揮するとともに、実務能力本位の人材登用を推進する。その反面、義康は門閥貴族の保持する家柄や貴族文化といったものには冷淡であった。義康のもとにはやがて寒門層を中心に朋党が形成され、文帝と鋭く対立するようになる。この時期、文帝は義康とは対照的に貴族文化を擁護し、王球（琅邪・臨沂の人）・王敬弘（同上）・何尚之（廬江・灊の人）の如き文人的門閥貴族を尊重する態度を鮮明にしていた。両者の対立は、十七年、文帝側のクーデターによる義康追放――文帝の勝利に帰結する。

見てきたように、十七年の義康事件以前には、〔1〕徐羨之・傅亮、〔2〕王弘ら僑姓名族集団、〔3〕義康、がそれぞれ政権を主宰し、とりわけ徐羨之や義康は専権状態にあった。

これに対して十七年以降は、文帝の親政体制が確立してくる。そのことは、第一に録尚書事をはじめとする尚書省長官の権限抑制という点に現れてくる。(5) 義康追放後、録尚書事に任命された江夏王義恭も、『宋書』巻六一本伝に、

義恭既小心恭慎、且戒義康之失、雖為総録、奉行文書而已。故太祖安之。

義恭既に小心恭慎、且つ義康の失に戒め、総録たりと雖も、文書を奉行するのみ。故に太祖之れに安んず。

とある如く、文帝の意向のままに、限定された職務を執行していたにすぎない。また、義恭のもとで令・僕射・左右僕射となった王球・孟顗（平昌・安丘の人）・何尚之・徐湛之（東海・郯の人）らもかつての徐羨之や義康のように専権をふるうことはなかった。(6)(7) 王球は「文案」に関与することを好まず、その上病気がちであったので、ほとんど実務に従事しなかった（『宋書』巻五八本伝）。孟顗については、『宋書』巻六六何尚之伝に略歴を記すが、見るべき事績はない。何尚之の場合はたびたび重要な建言を行ってはいるものの、同時に「権柄を畏遠」して政治の表面に突出するこ

とをさけていた（『宋書』本伝）。徐湛之は後述する如く能吏的人物だが、文帝の側近的存在を超えるものではなかった。かくして、尚書省長官を抑えて文帝自身が政治運営にリーダーシップを発揮するようになったのである。

かかる政治体制のもと、「機密に参ずる」という形で文帝の親政を助けて実質的政権運営にたずさわったのは、左衛将軍范曄（順陽の人）・右衛将軍沈演之（呉興・武康の人）・尚書吏部郎庾炳之（潁川・鄢陵の人）らであった。ここで第一に注目したいことは、僑姓名族出身の范曄・庾炳之に加えて、呉姓の寒門出身の沈演之を含むことである。その点で、彼らは十七年以前の〔2〕の時期の僑姓名族集団と性格を異にする。第二に、彼らは録尚書事・侍中等に比べて官資も低く、側近のブレーン的性格が濃厚であり、(8)文帝の親任を背景に三省長官など政府首脳部をさしおいて政治の枢機にあずかった。(9)この点にも特徴を見出し得る。

この集団の性格をより明確にするために彼らの経歴を洗ってみると、いずれも過去において義康とつながりの深かった人物である。范曄・沈演之は義康の府佐を歴任してその厚遇を得（『宋書』巻六九・六三本伝）、庾炳之も義康派のリーダー劉湛と親交があった（『宋書』巻五三本伝）。義康は「凡そ朝士の才用有る者は皆引きて己のが府に入」れた（『宋書』巻六八本伝）というから、その府佐として厚遇を得た范曄・沈演之が才用ある能吏であったことは容易に推測される。(10)とくに沈演之の場合、嘉興令や銭唐令など地方長官としても治績をあげ、十二年の三呉地方の大水の時にも被災者救済に活躍するなど、実際政治の場でその才能を発揮している。庾炳之も、銭唐令の時「治民に績有り」と本伝に見え、能吏であったことがわかる。なお、付言すれば、彼らの後に登場して元嘉末に権要の地位を占めた江湛（済陽・考城の人）・徐湛之についても同様のことがいえる。江湛は義康の府佐を歴任し、義康に気に入られている（『宋書』巻七一本伝）。徐湛之の場合は、叔父義康に愛され「劉湛らとすこぶる相い付協した」ため、義康失脚の際、危うく連坐しそうにさえなった。また、彼は南兗州刺史としても「為政に善く威恵並びに行なわ」れた（『宋書』巻七一本伝）。

以上のように、十七年以降政治の枢機に参与した人物はすべて義康と接触のあった能吏的人物である。彼らは呉姓の寒門沈演之や「国戚」徐湛之を除き門閥貴族層に属するが、その登用に際して「才用」が重視されたことは疑いない。彼らはやがて侍中・吏部尚書・尚書僕射等に昇任するが、あくまでも側近のブレーン的存在にとどまり、その枠をこえて文帝親政を阻碍する存在とはならなかったし、またそれが許されるような状況ではなかったのである。

ところで、能吏的人物をブレーンとして抜擢するという文帝の姿勢は、十七年以前には少なくとも表面上目立たなかった。だがしかし、十七年の義康追放後は、確かに一面では門閥貴族尊重の姿勢を持続しながらも、その実、以前義康とつながりのあった能吏的人物を登用して親政に参画させるようになったのである。

第二節、文帝の北伐政策

前節では、十七年以降の文帝親政体制について検討した。文帝は宰相の権限を抑えて親政を行い、名族のみならず寒門の中からも能吏的人物を登用する。しかもその集団は、側近のブレーンともいうべき性格をもつことが注目された。そのような親政体制のもとで文帝がとりくんだ最大の事業が北伐政策である。劉裕が恢復した河南の地を再度北魏から奪回し、さらに天下統一を達成することは、即位当初以来の宿願であった。それだけに、北伐政策の展開過程において、文帝の専制的皇帝権力確立への志向が明瞭に現れてくる。本節では、北伐の中に文帝親政の具体相を摘出し、さらにその推進基盤を考察する。

元嘉時代、北伐は①七～八年、②二十七年、③二十九年と三次にわたって決行されたが、②が最も重要である。まず、その展開過程を概観しよう。

十六年（四三九）の北魏の華北統一および十九～二十年の氏族居住地仇池（甘粛省）をめぐる対北魏紛争における敗北は――とくに後者は華北統一の余勢をかる北魏の力量を見せつけた――文帝の危機意識を激発し、北伐の決意を改めて固めさせた。文帝は、北伐拠点の襄陽（雍州）・寿陽（豫州）・彭城（徐州）それぞれに皇子を出鎮させるとともに、それら州鎮の基盤強化策を大規模に展開する。そして遂に二十七年、大挙北伐を敢行する。だが、その結果はかえって北魏の大反撃＝南侵をよびおこし、宋側の完敗に終った。江北六州は惨害を被り、「邑里蕭条」たる荒残に帰して、繁栄をほこった「元嘉の政」も衰運に向かう。

以上の如く結局失敗に帰したとはいえ、北伐は文帝の宿願であっただけに、そのための準備も大規模にして且つ周到をきわめた。注目すべきは、この二十七年の北伐で文帝が北伐軍の行動に逐一中央より指令を発して大将に委任しなかったという点である。(11) かかる軍事行動の中央指令は、文帝親政体制のあり方に深くかかわる。以下この点に考察を加えたい。

東晋代には、北伐自体が有力軍閥の野望達成の手段とされる傾向にさえあって、(12) もとよりかかる事例は見出し得ない。文帝の第一次北伐においても到彦之や檀道済の如き有力武将は北伐軍の指揮について全権を委任されており、文帝が一々指令を下した形跡は認められない。(13)

ところが、二十七年の北伐の場合には、『宋書』巻五文帝紀「史臣曰」の条に、

授将遣帥、乖分閫之命、才謝光武、而遙制兵略、至於攻日戦時、莫不仰聴成旨。

授将遣帥、分閫之命に乖り、才光武に謝するも、遙かに兵略を制し、攻日戦時に至るまで、仰ぎて成旨を聴かざるは莫し。

とある如く、北伐軍は攻戦の日時に至るまで中央から指令を受け、徹底した中央統制下に置かれたのである。『宋書』

巻九四恩倖・徐爰伝には、

遷員外散騎侍郎。太祖毎出軍行師、常懸授兵略。二十九年、重遣王玄謨等北伐、配爰五百人、随軍向碻磝、銜中旨、臨時宣示。

員外散騎侍郎に遷る。太祖軍を出し師を行う毎に、常に懸かに兵略を授く。二十九年、重ねて王玄謨等を遣わし北伐せしめ、爰に五百人を配し、軍に随い碻磝に向かい、中旨を銜み、時に臨みて宣示す。

とあり、同書巻五九張暢伝にも、

元嘉二十七年……時太祖遣員外散騎侍郎徐爰乗駅至彭城取米穀定最。

元嘉二十七年……時に太祖員外散騎侍郎徐爰を遣わし駅に乗り、彭城に至り米穀の定最を取らしむ。

とあって、文帝に親任された側近寒人徐爰が文帝の指令を伝えたり兵糧の帳簿を送りとどけたりするために前線諸軍と都との間を往来していたのである。

文帝が徐爰の如き寒人を派遣して軍事行動に逐一指令を下したその方式は、やがて孝武帝が展開する中央集権強化策を彷彿とさせる。周知の如く孝武帝は郡県長官の賦税徴収を督促するために台使を、州鎮長官の監督のために典籤をそれぞれ重用したが(14)、その任に当たったのは寒人であった。文帝が寒人を用いて指令を伝達させ北伐諸軍の中央統制を強化していったところに、孝武帝の中央集権政治の萌芽、別言すれば、孝武帝と同様の専制権力志向の存したことを認め得る。

以上、北伐の展開過程と軍事行動の中央指令を検討して、北伐が文帝自身の強い念願に発したものであり、その実行過程で文帝の専制志向が現われてくることを明らかにしてきた。では、そのような北伐の推進は、いかなる条件のもとで可能であったのか。次にこの点を考察しなければならない。

二十七年の北伐の際には朝論は二分し、皇太子劉劭や蕭思話・劉康祖・沈慶之ら武将の間に反対の声が強かった。にもかかわらず、文帝そして江湛・徐湛之らは反対論を退けて北伐を強行した。推進派が主導権を握りえた背景には、帝権の強化に加えて、北伐気運のもりあがりが想定される。事実、『資治通鑑』宋紀七元嘉二十六年の条には、

帝欲経略中原、群臣争献策以迎合取寵。

帝中原を経略せんと欲し、群臣争いて策を献じ迎合を以て寵を取らんとす。

とあり、そのことが示唆されている。と同時に、「迎合を以て寵を取らんとす」る「群臣」のあり方も示されている。録尚書事をはじめ臣下の権限を抑えるその一方で、能吏的人物を側近のブレーンにとりたてて専制を志向する文帝については前節で述べたが、そのような文帝の姿勢に対応して臣下の側でも主君の意向に迎合する傾向の強まってきたことをうかがわせる(15)。とはいえ、北伐推進論のすべてが文帝の意向に迎合しようとしたものとかたづけることはできない。北伐推進論者の急先鋒たる王玄謨の場合はその端的な例である。

王玄謨は、七～八年の北伐失敗の後、たび重ねて北伐を献策しており、二十五年の皇子劉駿の徐州（彭城）出鎮も彼の上表にもとづく（『南史』巻一六本伝）。王玄謨の一族はもともと太原出身だが、東晋極末、徐州に移住して当地の有力豪族となっていた(16)。彼はいわゆる晩渡北人であって、官界から疎外され不遇をかこつ存在であった。それだけに、北伐で戦功を立てて不遇を打開せんとする意図をもっていたであろう。その限りでは、彼の北伐推進論も「迎合」の域を超えるものではない。しかし、彼が徐州刺史在任時（大明五～八年）のこととして、『南史』本伝に、

時北土災饉、乃散私穀十万斛・牛千頭以賑之。

時に北土災饉、乃ち私穀十万斛・牛千頭を散じ以て之れを賑わす。

とある如く、彼には私財を投じてまでして郷里社会の安定をはかる積極的姿勢が見られる。彼の北伐推進も、単に一

身の栄達のためのみではなく、北魏との国境に位置する地域社会に対する配慮でもあったに相違ない。

王玄謨のような積極的姿勢は、江湛・徐湛之ら「白面書生」の推進論者には見られない。そのことは、北伐推進の背景に、王玄謨の如き寒門武人による強力なつきあげの存在を推測させる。寒門・寒人層が北伐において果たした役割は、文帝政権が北伐に要する莫大な費用と兵力とを補給するべく発した次のような施策からもうかがわれる。『宋書』巻九五索虜伝によれば、①王公妃主・朝士牧守以下富室小民に及ぶまでの献金、②父祖・伯叔・兄弟がほぼ九品官以上の職についている者を除く南兗州の三五民丁の徴発、(17) ③天下の弩手及び馬歩・衆芸・武力の士の召募、④揚・南徐・南兗・江四州の富民からの強制借り上げ——以上四施策が打出された。ここには、富裕の寒門・寒人層に財政（①④）や兵力（③）の面で大きく依存すると同時に、徴発免除（②）などの形でそれらに強く規制されていたことが示されている。(18) これらの施策は寒門・寒人層の北伐に対する積極的関与を直接に示すものではないけれども、三五民丁徴発の対象地域が南兗州とされることに注目するならば、単に資金や兵力の負担にとどまらず、自発的積極的参加の側面も考慮されるべきであろう。『資治通鑑』宋紀七元嘉二十七年の条では、この「南兗州」を「青・冀・徐・豫・二兗六州」に作るが、いずれにせよ北魏との国境に近い江北地域であることに変わりがない。右の六州、とりわけ南兗州は北来の僑民が集中した地域の一つなのであり、これらの地域の住民は、東晋時代に北府軍団に積極的に参加して、北方戦線で活躍したことで知られる。(19) このような経緯も考慮に入れるならば、南兗州等の寒門・寒人層のなかに、王玄謨のように、北伐に積極的に参加していった者が少なくなかったことは十分に想定できるのである。

要するに、北伐推進を可能にした条件としては、（1）文帝の専制志向に対応して生じた群臣の迎合的あり方、（2）寒門・寒人層の擡頭が考えられる。とくに後者は、北伐に要する費用・兵力等の相当な部分を提供したと思われる点で、より実質的な推進基盤と見ることができるのではなかろうか。

第三節、寒門・寒人層の官界進出

前節では、北伐の展開過程で文帝の専制志向が明瞭に現われてくること、さらに、その北伐推進を可能にした条件として寒門・寒人層の擡頭を重視すべきことを述べた。次に問題とすべきはかかる寒門・寒人層の動向であるが、本節では、それを官界進出という上部権力機構との関連の面で把捉したい。

安田氏も「元嘉時代政治史試論」（前掲）で論ぜられた如く、寒門・寒人層は「才用」中心の官吏登用を行う義康のもとへと参集して十七年の義康事件をひきおこす。それ以後も、二十二年の范曄の謀反、二十四年の胡誕世の反乱と、寒門・寒人層による義康推戴の動きがくすぶり続ける。

一方、第一節で論じた如く、十七年以降親政を開始した文帝も「才用」中心の官吏登用の姿勢を強めてくる。『宋書』巻六九范曄伝所載の次の逸話には、そのような文帝の姿勢が端的に示されている。

范曄謀反の事実上の首謀者孔熙先（魯郡の人）は、すぐれた才能を持ちながら長く員外散騎侍郎のポストに放置され、その不満から謀反を企てる。謀反が発覚して捕えられた孔熙先に対し、文帝は、「卿の才を以て、しかも集書省に滞れば、理としてまさに異志あるべし。これすなわち我れ卿にそむけるなり」と慰労のことばをかけさせる一方、前吏部尚書の何尚之を「孔熙先をして年まさに三十ならんとするに散騎郎となす。なんぞ賊をなさざらんや」と詰責している。

文帝自身の人材登用の意図にも拘らず、当時の選挙制度は、むしろその意図の十分な貫徹を妨げる方向に作用していたことが読み取れよう。かかる状況のもとで、寒門・寒人層もはげしい猟官運動を展開する。その実態を最も具体的に浮かび上がらせてくれる史料が『宋書』巻五三庾炳之伝、吏部尚書庾炳之収賄免官事件（二十五年）の記事である。

庾炳之は、先述の如く、十七年、文帝の親任を得て登場、二十四年には吏部尚書となって「内外帰付し、勢朝野を傾く」といわれるほどの権勢をふるうが、賄選を行ったため、悪評を被ることにもなった。そこに、炳之が尚書省の規則に違反して令史二人を自宅に泊めるという事件がおこる。有司は奏弾したが、文帝は不問に付そうとして尚書右僕射何尚之に諮る。しかし、逆にこの機会をとらえた何尚之は、五回にわたって悪評高い炳之の免官を力説する。そのうち三回目と五回目の上奏文には、寒門・寒人層の猟官運動の具体相がきわめて赤裸々に物語られている。煩をさけて、その大意を各人ごとに箇条書きして左に示す。

ⓐ　虞秀之（会稽・余姚の人）は門生として炳之に仕え、会稽特産の珍味等々たくさん贈与している。炳之は彼を黄門郎にしようとしたが、太尉・録尚書事劉義恭が許可しなかったので、果たせなかった。

ⓑ　炳之一門の者はよってたかって張幼緒（本貫不詳）を誅求し、彼はその申し付けにたえられなくなってきている。劉伯寵が人から聞いたところによれば、幼緒は炳之の計らいで県令となったものの、三十万銭の負債をかかえることになり、炳之の甥の庾沖遠が任地へ赴く彼を監視して建康西南の新林までついてきた。

ⓒ　炳之は劉徳願（彭城の人）と仲が悪かったが、徳願が精巧で美しい琵琶を贈って仲直りした。義恭は炳之に徳願の子を州の西曹（人事部長）に任ずるよう命じたが、炳之は主簿（総務部長）[20]にするよう義恭に頼みこみ、それをすぐ徳願にもらした。そこで、徳願は義恭の所へ礼をしに行った。

ⓓ　市令盛馥（本貫不詳）は炳之の宅舎造営用に数百本の材木を贈ったが、人に知られるのを恐れてにせの売却証文を作り、炳之が買ったということにした。

ⓔ劉道錫（彭城・呂の人）は炳之に贈賄して広州刺史としての収入の半ばを傾けた。劉道錫の言によれば、炳之は数百万銭相当の嫁入り道具や祭器を要求した。さらに、選令史章竜の証言によると、嫁入り道具の中には、四人がかりでやっと持ち上がるほどの銅火鉢（銅は当時貴重品）や細葛・斗帳など数えきれぬほどあった。

ⓕ劉雍（東莞・莒の人、『宋書』巻四二本伝は「劉邕」に作る）は炳之の力ぞえを得ようと思い、炳之を父とあおいで、さとうきびやたきぎを封国の南康から送らせた。

ⓖ炳之は人が何か物を持っているとなるとたいていせびりにかかる。劉遵考（彭城の人、宗室）の所に材木があると聞くとそれをせびり、りっぱな燭盤を見るとそれがほしいと言う。

ⓗ荀万秋の証言によれば、炳之は夏侯某（譙郡の人であろう）にろばの贈与を求めた。

この中で注目される事実について見てみよう。

〔1〕ⓐ虞秀之は炳之の門生となり多額の賄賂を使って黄門郎になろうとしたが、遂に果たせなかった。周知の如く黄門郎は五品の清官であり、それに就任してはじめて吏部郎など一流貴族の官歴を歩むことが可能となる。貴族的官制上、いわば関門としての意味を持つ重要ポストである。[21] 故に、秀之の黄門郎就任がスムーズに運ばなかったことは、彼の寒門的境遇を物語る。会稽・余姚の虞氏といえば代表的呉姓名族だが、一般的に虞氏の人々は大土地経営を行って地方に勢威を張る傾向が強く、[22] 中央政界での活躍は目立たない。その中にあって、秀之一家はやや例外に属する。秀之の曾祖父潭が東晋の元勲となって中央政界に地歩を築き、父嘯父も侍中や左民尚書（いずれも三品）を歴任した。しかし、嘯父が桓玄――劉裕に打倒された――に協力していたことなどにより、劉宋代、秀之一家は寒門的境遇を余儀なくされるようになったと思われる。『南斉書』巻三七虞悰伝によれば、秀之はその後黄門郎になったものの、それが極官であった。後のことだが、秀之の子悰は蕭賾（後の南斉の武帝）にいち早く結事し、当時貧困の賾に経

済的援助を惜しまなかった。この投資は見事に実を結び、悰は武帝の治世、侍中や尚書に任ぜられて官界における虞氏のかつての地位を回復できた。なお、嘯父の場合にも、東晋の孝武帝に海産物を献上しようとした話が『晋書』巻七六本伝や『世説新語』紕漏篇に見え、経済的実力によって官界進出を図るかに見えるこの傾向は、嘯父―秀之―悰三代に一貫していた。

〔2〕劉宋朝の宗室・準宗室ないし元勲の子孫が炳之に接近している。ⓒ劉徳願は孝武帝の大明初、游撃将軍となっているが、それ以前の官歴は不詳であり（『宋書』巻四五本伝）、不遇状況をうかがわせる。ⓔ劉道錫は二十一年に諮議参軍から広州刺史に抜擢され（『宋書』巻五文帝紀）、二十七年「貪縦過度」などの罪で下獄、病死した（『宋書』巻六五本伝）。広州在任中、いかに営利蓄財に努めたかが知られる。以上二人は劉宋朝の準宗室、彭城の劉氏出身である。ⓕ劉雍は劉宋朝創業最大の元勲劉穆之の孫で南康郡公を継いだが、彼の官歴は全く不明である（『宋書』巻四二本伝）。ⓖ宗室劉遵考の場合、才能も無く、官職上の優待を受けるにとどまり（『宋書』巻五一本伝）、実権は無かった。彼らは王朝権力に密着した存在ではあるものの、官界における自己の地位に満足していたわけではなく、不遇状況にあると感じていたのである。

〔3〕ⓓ市令盛馥が炳之に贈賄している。市令は市税徴収をその役目としていたが、『南斉書』巻四〇竟陵王子良伝所載の蕭子良の上啓に、

又司市之要、自昔所難。頃来此役、不由才挙、並条其重貲、許以賈衒。前人増估求侠、後人加税請代、如此輪回、終何紀極。

又た司市の要、昔より難き所。頃来此の役才挙に由らず、並びに其の重貲を条して、許すに賈衒を以てす。前人估を増して侠を求め、後人税を加えて代わらんことを請い、此くの如く輪回すれば、終に何ぞ紀極あらんや。

とあり、市税徴収が富裕な商人の請負制であったことがうかがわれる。(23) 盛馥も富裕な商人の出身であったとすれば、これは寒人層の官界進出の動きを示す事例である。

このほか、ⓑ張幼緒やⓗ夏侯某の如き寒門ないし寒人と見られる人物が官界の一角に食い込まんとして吏部尚書庾炳之に接近していったことが知られる。

以上、何尚之の上奏を通して寒門・寒人層の猟官運動の実態に分析を加えてきた。ところで、収賄側の庾炳之は、前述の如く文帝親政下親任されており、文帝の意を体して人材登用に積極的であったと思われる。それだけに、寒門・寒人の贈賄攻勢の標的にされやすかったのであろう。これに加え、炳之自身の金銭面でのきわめて貪欲な性格が収賄免官という結末をまねいたのである。

一方、贈賄側は、八名中四名が宗室・準宗室ないし元勲の子孫であり、また、虞秀之一家にしても前述の如くこの時期に擡頭をはじめたわけではない。出身が明確なのはこの五名であり、残り三名は不詳である。そのため、叙上の庾炳之免官事件を通して寒門・寒人層の官界進出の一端を垣間見ることはできようが、しかしその擡頭をよびおこした要因までは明らかにできない。この問題については、節を改めて検討しよう。

第四節、在地豪族層と皇帝権力

前節では、庾炳之の収賄免官事件を通して寒門・寒人の猟官運動の実態を見たが、この事件はあくまでも氷山の一角にすぎないであろう。それでは、これら寒門・寒人層の政界進出の動きは、いかなる社会的背景をもち、またそれは、文帝の専制志向とどのようにかかわるのであろうか。この問題を解決する手がかりとして想起されるのは、皇太子劉劭の文帝殺害事件より孝武帝即位に至る激動の中での呉興郡出身の寒門・寒人の活躍である。[24] このことは、元嘉時代における呉興郡の寒門・寒人の擡頭の動きの到達点を示すものであり、当地域の国政に及ぼす影響力の飛躍的増大を意味すると思われる。[25] 本節では、この呉興郡地域の寒門・寒人、その中でも特に沈氏をはじめとする在地豪族層について、その政界進出の社会的背景や文帝の専制志向との関連を考察する。何故なら、呉興郡地域には、寒門・寒人の擡頭という当時の一般的趨勢とそれに伴う諸矛盾とが集約的に反映されていると考えるからである。

呉興郡の在地豪族層の元嘉時代における急速な擡頭は、同地域の開発の急進展を示唆する。呉興郡は太湖南岸の水害多発地帯という立地条件の悪さのため、三呉地方の中では呉郡や会稽郡に比べて開発の余地を多く残していた。[26] それだけに、元嘉時代、呉興郡の開発は急激に進められ、[27] それに伴う諸矛盾も深刻なものがあったのである。そこで、その諸矛盾のうち、〔イ〕排水路建設問題、〔ロ〕救荒策、〔ハ〕貨幣政策の三点について順次検討する。

〔イ〕呉興郡は前述の如く水害多発地帯であった。その原因は、周辺の河川がすべて太湖に注いでいるにもかかわらず、太湖から海への出口が少ないという所にあった。そのため、排水路建設が当地の懸案となる。

二十二年の揚州刺史劉濬の上言（『宋書』巻九九本伝）によれば、[28] 姚嶠（呉興・武康の人であろう）が二十年にもおよぶ歳月を費やして独自に調査を進め、武康県の紵渓から沼沢地帯を切り開いて海口に直出する一百余里の排水路建設を企画して劉濬に提案した。姚嶠は、これに先立って、十一年の大水の時にも当時の刺史劉義康に働きかけたが、この時には調査の段階でさたやみとなった。劉濬の場合は姚嶠の提案により積極的姿勢を示し、ただちに議曹従事史虞長孫（会稽・余姚の人であろう）と呉興太守孔山士（会稽・山陰の人）とを派遣して実地調査に同行させた。その結果、実現可能ということになり、試験的に小漕を開いて流勢を見ようという所まで話が進んでいる。結局完成には至らなかったが、ここには、開発の進展が矛盾を結果し、開発の主体たる在地豪族層をして公権力への働きかけを強めさせる――このような事情が認められる。

〔ロ〕水害の後の救荒策も呉興郡のかかえる重大問題であった。

十二年、建康から呉・呉興郡に及ぶ地域が未曾有の大水害にみまわれた。この時、揚州主簿の沈亮（呉興・武康の人）が刺史劉義康に次のような提案を行なった。①米を蓄え米価をつり上げている富民層に一年分の備蓄だけを許してそれ以外は売り出させ、米価の適正化を図る、②「估賦」（売買税）の収入をさいて豊作の淮水流域から穀物を買い上げ三呉の飢民に貸与する、③穀物の浪費を抑えるため禁酒を実施する――提案はこの三点からなる（『宋書』巻一〇〇自序・沈亮伝）。このうち②③については、『宋書』巻五文帝紀十二年六月の条に、徐・豫・南兗三州（淮水流域）と会稽・宣城二郡の米数百万斛を被災者に賜い禁酒を実施したことが見え、実施状況が判明する。だが、①の常平的政策については、不明である。この後、十九～二十一年に連年水旱災が続いた時、尚書右丞沈曇慶（呉興・武康の人）が沈亮の臨時的常平策から一歩進んだ形で常平倉の設置を提案している。この提案は文帝に受け入れられはしたが、実行されてはいない（『宋書』巻五四本伝）。このように救荒策の面でも排水路建設問題と同様、政府に在地の要望に応えていくだけの実力はなかった。しかし、それだけに一層、在地豪族層はより強力な公権力の存在を望むようになっていったと考えられる。[29]

〔ハ〕呉興郡の特質としては、水害多発地帯という点に加えて、貨幣経済の影響を強く受けている点が指摘できる。一体に呉興郡を含む三呉地方は東晋南朝における経済的最先進地域で貨幣経済が最も活況を呈していたのだが、とりわけ呉興郡は貨幣経済との結びつきが深かった。『晋書』巻二六食貨志に東晋初期の貨幣について、

晋自中原喪乱、元帝過江、用孫氏旧銭、軽重雑行、大者謂之比輪、中者謂之四文。呉興沈充又鋳小銭、謂之沈郎

銭。

晋中原喪乱し、元帝江を過ぎてより、孫氏の旧銭を用い、軽重雑行し、大なる者は之れを比輪と謂い、中なる者は之れを四文と謂う。呉興の沈充また小銭を鋳、之れを沈郎銭と謂う。

とあり、呉興の豪族沈充が小銭を鋳造し、それが「沈郎銭」と呼ばれたことが見える。東晋政権は孫呉時代の旧銭を用いて鋳銭を行わず、劉宋の元嘉七年（四三〇）、ようやく政府によって四銖銭が鋳造されたのである。東晋初期の沈充による鋳銭の事実は、貨幣に対して呉興の沈氏がいかに深い関心をよせていたかをよく物語っている。

沈氏の貨幣に対する深い関心は、元嘉時代でも変わりがない。二十四年、民間の盗鋳防止のため「大銭」（良質の銅銭）一枚に二枚分の価値を持たせて流通させようという「一大銭当両」政策をめぐって論争が行われた。この論争で、前述の沈充の五世孫である沈演之は、貨幣需要の増大にもかかわらず供給が過度に不足している所に盗鋳盛行の原因があるとした上で、「若し大銭を以て両に当つれば、則ち国は朽ち難きの宝を伝え、家々は一倍の利をあまし、憲を加うるをまたずして、巧源自ずから絶えん」と主張して、「一大銭当両」政策に賛成の論陣を張った(30)（『宋書』巻六六何尚之伝）。沈演之のこの積極論は、単に沈氏の利害のみならず、呉興郡地域の経済的環境をもふまえたものであった。

『宋書』巻八一顧琛伝に、

（大明）三年……琛仍為呉興太守。明年、坐郡民多翦銭及盗鋳、免官。

（大明）三年……琛仍りて呉興太守と為る。明年、郡民多く翦銭し及び盗鋳するに坐して、免官せらる。

とあり、同書巻四五劉懐慎伝附亮伝にも、

世祖大明中、為武康令。時境内多盗鋳銭、亮掩討無不禽、所殺以千数。

世祖の大明中、武康令と為る。時に境内銭を盗鋳すること多く、亮掩討して禽えざる無く、殺す所千を以て数う。

とあって、大明年間（四五七～四六四）の呉興郡（その中でも特に武康県）における大がかりな盗鋳事件の発生を伝えている。[31] さらに、この事件のやや前の孝建三年（四五六）には、沈慶之（呉興・武康の人）が民間の鋳銭を許すよう提案を行っている（『宋書』巻七五顔竣伝）。これらの事実から、盗鋳の盛行という呉興郡の地域的特質が大きくうかび上がってくる。沈演之の積極論は呉興郡のかかる特殊事情をふまえたものであったにちがいない。文帝は沈演之の議に従い、「一大銭当両」政策を実施した。この政策は一年たらずで破綻するが、呉興郡の在地豪族層が国政への働きかけを強めてきた一例と見ることができる。

以上三点にわたって、元嘉時代、特にその後半に、呉興郡の在地豪族層がそれぞれの矛盾の解決を求めて公権力への働きかけを強めてくることを指摘した。その働きかけの対象となった公権力とは、〔イ〕の場合は揚州、〔ロ〕は揚州及び国家、〔ハ〕は国家であって、郡県をとびこえ、州へさらに国家へと働きかけがなされていることは注目に値する。しかも、首都周辺を所轄とする揚州は「神州」とよばれ、その刺史は事実上中央官であったから、この場合州への働きかけは国家へのそれと見なしてもよい。一体に揚州とりわけ三呉地方は中央政府の直接の経済基盤をなし、公権力への要望は国家権力への要望に直結しやすいのである。

かかる在地豪族層の要望は、もちろん彼らの階級的利害を反映するものであったが、〔ロ〕の救荒策に端的に示される如く地域の民衆への配慮も含まれ、そうした民衆の利害をも間接的に反映していた。それ故、在地豪族層による働きかけは、公権的機能を果たす国家権力を希求する動きであり、その線に沿った皇帝権力の強化をも促すものであったと評価し得る。この時期、文帝が専制志向を強めてくるのも、一面ではこうした在地の動きをふまえてのことであったにちがいない。

ところで、呉興郡の在地豪族層は、右のような公権力への働きかけを強める一方で、中央政界進出の動きも強めてくる。十七年の政変後、沈演之が文帝のブレーンとなったことは先述した。彼は侍中、領軍将軍、吏部尚書などの要職を歴任したが、「性として才を挙げ屈滞せるものを申済するを好」み（『宋書』巻六三本伝）、多数の門生義故をかかえていた。これら門生義故の多くは呉興郡出身であったと思われ、[32]呉喜（呉興・臨安の人）はその一人である。呉喜は沈演之の領軍将軍府の白衣吏となってその能力を認められ、沈演之の門生で主書となっていた朱重民の推薦で主書書吏となり、さらに主図令史へと昇進した（『宋書』巻八三本伝）。

このように、元嘉時代、沈氏をはじめ呉興郡の在地豪族層が次第に中央政界進出の動きを強めてくる。沈演之はその筆頭格であり、彼のように要官に就任している人物の推薦を得て多数の人材が官界に送りこまれた。それらの大多数は下級吏員か武人にとどまったけれども、孝武帝や明帝の時代にはこれらの人々の中から恩倖寒人として勢威を張る者が出てくる。呉興郡出身者では、先述の呉喜や王道隆（呉興・烏程の人、『宋書』巻九四恩倖・本伝）らがそのような恩倖寒人となっている。また、武人の場合、宿衛兵など中央軍に編入されるほか、各地の州鎮軍府へも多数が流れこんでいった。その中には、沈慶之や沈攸之（呉興・武康の人）の如く大軍閥へと成長をとげた者がある（『宋書』巻七七、七四各本伝）。

彼らの政界進出は、一面では確かに先述のような公権力への働きかけに便宜を与え、皇帝権力強化を支えもした。しかしながら恩倖寒人の専横は国家の公権的機能を阻碍し、武人の州鎮流入は州鎮の割拠的・反国家的性格を強めさせたという一面も否定できない。元嘉時代には、恩倖寒人の専横という事態にはいまだ至らず、州鎮の割拠傾向も顕在化してはいないが、そのような事態・傾向はすでに胚胎されていたと言えるだろう。

要するに、呉興郡を例にとって見てきたような在地豪族層の擡頭の動き——それは公権力への働きかけや政界進出の形をとって現われてくる——は、公権としての国家権力をふまえた形での皇帝権力強化を促すものであり、文帝の専制志向の背景をなしていた。だが、それは同時に、孝武帝時代以降顕著となる国家権力ないし皇帝権力の私権化への方向をも内在させていたのである。

おわりに

元嘉時代後半、文帝の親政体制が確立する。そこにおいて注目されたことは、第一に文帝の専制志向、第二に寒門・寒人層の擡頭である。

文帝の専制志向は、①録尚書事などの権限を抑えて能吏型の人物を側近のブレーンに登用するという政治のやり方、②二十七年の北伐における軍事行動の中央指令などの点に現われてくる。その結果、朝臣の間には、文帝の意向に迎合するという否定的傾向も生じた。

寒門・寒人層の政界進出は、いわゆる門閥貴族体制[33]の下で一般的には困難な状況にあったので、彼らの一部は激しい猟官運動を展開せざるを得なかった。だが、沈演之の登場、北伐の際の徐爰・王玄謨らの活躍、兵力・財政面での寒門・寒人層依存等に見られる如く、文帝政権下、寒門・寒人層の役割は着実に増大する。

本章では、さらに、文帝の専制志向と寒門・寒人層の擡頭との関連を呉興郡地域の実情を通して把握しようと試みた。そこでは、在地豪族（寒門・寒人）層の擡頭の動き（公権力への働きかけや政界進出）は、公権的国家権力をふまえた形での皇帝権力強化を促す一面のあったことを指摘した。文帝の専制志向はそのような動きをふまえていたと考えられるが、そこには、公権力強化の方向と同時に、それと相反する私権化の方向も胚胎されていたのである。

文帝の元嘉時代に続く孝武帝の時代には、恩倖政治や州鎮割拠の如き否定的側面が増幅され、私権への傾斜を強める。しかしそこにおいてもなお、会稽郡山陰県の豪族孔霊符の要望に応えて同郡の湖田開発を実行し成功させている（『宋書』巻五四本伝）ように、在地豪族層の要望にそう公権への方向は存続する。かかる公権化・私権化という二つの相反する方向がどのようにからみ合うのか――それを論ずるだけの用意は現在の筆者にはない。今は、そのような二方向の内在する構造を指摘するにとどめて本章を終えたいと思う。

注

（1）第三章「劉裕の革命と南朝貴族制」を参照。

（2）川勝義雄「劉宋政権の成立と寒門武人――貴族制との関連において――」（初出一九六四、『六朝貴族制社会の研究』岩波書店、一九八二所収）は、元嘉時代を「貴族政治に最後の栄光を与えた時期」としつつも、「そこにおいても軍権は、もはや貴族の手にもどることはできなかった」（三二一～三二二頁）と述べる。また、越智重明「漢六朝史の理解をめぐって」（初出一九七七、『中国古代の政治と社会』中国書店、二〇〇〇所収）には、「元嘉の治の実態」の検討の必要性が示唆されているが、その追求は行われていない（一一五頁）。

（3）安田二郎「元嘉時代政治史試論」（初出一九七三、原題「元嘉時代史への一つの試み――劉義康と劉劭の事件を手がかりに――」、『六朝政治史の研究』京都大学学術出版会、二〇〇三所収）。

（4）葭森健介「晋宋革命と江南社会」（『史林』六三―二、一九八〇）。

（5）陳啓雲「劉宋時代尚書省権勢之演変」（初出一九五八、『漢晋六朝文化・社会・制度――中華中古前期史研究――』新文豊出版公司、一九九六所収）。

（6）『宋書』巻五三張永伝には、

先是、尚書中条制繁雑、元嘉十八年、欲加治撰、徙永為删定郎、掌其任。

とあり、義康事件後、尚書省の制度に対しても何らかの改変が加えられたようである。

（7）侍中就任者は多数にのぼるので具体的検討は省略するが、結論的に同様のことがいえる。また、中書監・令は、陳啓雲「両晋三省制度之淵源・特色及演変」（注（5）所掲書）が指摘する如く、東晋以後、尚書省長官による兼領が多く、「虚位」となっていた。

（8）もっとも、庾炳之はまもなく侍中になったし、沈演之も二十年には侍中領右衛将軍となっている。しかし、十七年の義康追放直後の時点ではまだ官資も低く文帝の抜擢によって登場してきた点に留意すべきであろう。彼らは侍中就任後も側近的性格は保持していたと思われる。なお、范曄は二十一年に太子詹事となっている。

（9）（2）の時期においても、謝弘微は、黄門侍郎から尚書吏部郎にうつって機密に参与し、右衛将軍に転じて諸々の故吏臣佐の選擬を委ねられた（『宋書』巻五八本伝）という如く、側近的存在であった。また、この時期、中書舎人秋当・周赳ら側近寒人が活躍したことも知られている（『南斉書』巻五六倖臣伝序など）。しかし、彼らは三省長官を上回るほどの力量を発揮したわけではない。

（10）范曄の場合、元嘉七年の対北魏戦争の際、「水道由り器仗部伍を統載せし」められた（『宋書』本伝）ことに能吏的性格をうかがうことができるが、同時に『後漢書』撰述に示されるような「文義」の才能を重んじられた側面も濃厚である。が、同じように「文義」を以て重んじられたといっても、王球・何尚之らとちがって、彼の場合は政権担当に積極的姿勢を示す。彼が文帝政権の中で次第に疎外感を深め、二十二年の謀反伏誅に至るのも、このような特殊な立場に由来するのであろう。范曄の謀反については、吉川忠夫「史家范曄の謀反」（『歴史と人物』昭和四十六年十一月号）を参照。

（11）岡崎文夫『魏晋南北朝通史』二四八頁。

（12）越智重明「東晋朝中原恢復の一考察」（『東洋学報』三八―一、一九五五）

（13）七年七月、到彦之の北伐軍は河南平定に成功するが、やがて北魏の反撃と到彦之の病気によって敗走を余儀なくされる。翌八年、檀道済軍はしばしば北魏軍を撃破するが、軍糧不足のため二月には撤退する。到彦之軍が混乱のうちに敗走したのに比べ、檀道済は軍を全くして整然と引き上げたため、彼の雄名は大いにふるい、朝廷に「疑畏」をいだかしめるほどであった。

（14）越智重明「典籤考」（『東洋史研究』十三―六、一九五五）、「宋の孝武帝とその時代」（『魏晋南朝の人と社会』研文出版、一九八五所収）。

（15）そのことは、義康追放の非を諫言した扶令育に対して文帝が死を賜ったことについての裴子野の論（『資治通鑑』宋紀五元嘉十八年の条）に、

以太祖之含弘、尚掩耳於彭城之戮。自斯以後、誰易由言。有宋累葉、罕聞直諒、豈骨鯁之気、俗愧前古。抑時王刑政使之然乎。

と指摘されていることからもうかがわれる。

（16）安田二郎「南斉高帝の革命軍団と淮北四州の豪族」（注（3）所掲『六朝政治史の研究』）三一八〜三一九頁。また、同氏「いわゆる王玄謨の大明土断について」（同書）四三八〜四三九頁。

（17）宮崎市定『九品官人法の研究――科挙前史――』（『宮崎市定全集6九品官人法』岩波書店、一九九二所収）二一一〜二一二頁。

（18）注（3）所掲安田論文二六四〜二六五頁。安田氏が指摘する如く、「貧窮農民を主な源泉とするところの半失業的無頼漢や浮遊的軍人」への依拠も無視できない。

（19）田余慶「北府兵始末」（『秦漢魏晋史探微（重訂本）』中華書局、二〇〇四所収）によれば、東晋の謝玄が召募した北府の「勁勇」は、江淮地域の流民の首領で、彼らは部下の流民を率いて応募した。

（20）州の西曹・主簿については、厳耕望『魏晋南北朝地方行政制度』（中央研究院歴史語言研究所、一九六三）、一六四〜一七〇頁を参照。主簿の方が西曹よりもはるかに要職だったのである。

（21）宮崎市定『九品官人法の研究』（注（17）所掲）一八一頁、中村圭爾「九品官制における官歴」（『六朝貴族制研究』風間書房、一九八七所収）二六四〜二六六頁。

（22）『晋書』巻四三山遐伝、『梁書』巻五三良吏・沈瑀伝。

（23）川勝義雄「貨幣経済の進展と侯景の乱」（注（2）所掲『六朝貴族制社会の研究』）三八三頁。

(24)　吉川忠夫「沈約の伝記と生活」（『六朝精神史研究』同朋舎、一九八四所収）は、呉興の沈氏が劉劭の弑逆事件に深くかかわりあっていたことを指摘しているし（二〇五～二〇七頁）、注（3）所掲安田論文も劉劭の「諸同逆」の一人聞人文子を呉興の人と推定する。そのほか、女巫厳道育、文帝への忠義を貫いて戦死した宿衛隊長卜天与、去就にまよう呉興太守周嶠を殺して劉誕の義軍に応じた丘珍孫らが呉興出身である。

(25)　呉興郡の寒門・寒人層の台頭が南朝に入って特にきわだってくることについては、大川富士夫「南朝時代の江南豪族について」・「南朝時代の呉興武康の沈氏について」（ともに『六朝江南の豪族社会』雄山閣、一九八七所収）を参照。

(26)　大川富士夫「六朝前期の呉興郡の豪族――とくに武康の沈氏をめぐって――」（前掲書所収）一四九頁。

(27)　呉興・呉・会稽三郡それぞれの戸数を『晋書』地理志所載（二八〇年）と『宋書』州郡志所載（四六四年）とによって比較すると左表のようになり、呉興の増加率が著しく高い。西晋平呉時点と劉宋孝武帝時点との人民把捉力の異同等の問題を当然考慮すべきであるが、この間における呉興地域の急激な発展を推測することもあながち不当ではないであろう。

郡名	二八〇年の戸数	四六四年の戸数
呉興	二四、〇〇〇	※六三、一〇五
呉	二五、〇〇〇	五〇、四八八
会稽	三〇、〇〇〇	五二、二二八

※三〇四年、呉興郡陽羨県・同郡長城県北郷・丹陽郡永世県を以て義興郡が立てられたが、永世県はまもなく丹陽郡にもどった。故に宋の呉興の戸数四九、六〇九に義興郡の戸数一三、四九六を加算した。

(28)　佐久間吉也『魏晋南北朝水利史研究』（開明書院、一九八〇）四九〇～四九二頁、中村圭爾「六朝時代三呉地方における開発と水利についての若干の考察」（『六朝江南地域史研究』汲古書院、二〇〇六所収）。

(29)　晋陵・延陵の民徐耕は、二十一年、私米千斛を以て官を助けて飢民に賑貸を行ない、他の富豪層もこれにならうよう呼びかけた（『宋書』巻九一孝義・本伝）。ここから、在地豪族層の中に政府の救済の不備を積極的に補完しようとする動きのあったことを知る。

（30）　岡崎文夫「南朝の銭貨問題」（『南北朝に於ける社会経済制度』弘文堂、一九三五）、注（23）所掲川勝論文を参照。なお川勝氏は「劉宋時代に通貨の改革ないし増発を主張した積極論者は沈演之・徐爰・沈慶之などであるが、そのうち徐爰はいわゆる恩倖であり、沈氏もむしろ寒門出身者であることは注意しておくべきことかもしれない。……宋の通貨政策を推進した事情の裏には、このような恩倖ないし利益追及に熱心な寒門の利害がからんでいるかもしれない」（四〇二〜四〇三頁注四四）と述べ、恩倖ないし寒門という階層の利害関係において貨幣政策をとらえる方向を示唆した。もちろんそうした階層の利害がからんでいると思われるが、貨幣不足の問題は、『南斉書』巻四〇竟陵王子良伝所載の蕭子良の上啓にも、

又泉鋳歳遠、類多翦鑿、江東大銭、十不一在。

とある如く、江東＝三呉地方において特に深刻であった。劉宋代の積極論者三人中二人が呉興の沈氏であること、さらに、東晋末孔琳之（会稽・山陰の人）の桓玄の廃銭論に対する反論（『宋書』巻五六本伝）や南斉の孔覬（『南史』巻十九謝朓伝の「会稽孔覬」と同一人物であろう）の鋳銭論（『南斉書』巻三七劉悛伝）などから見ても、三呉（特に呉興・会稽）の在地豪族層の利害と深くかかわるという視角を設定できるのではなかろうか。

（31）　『宋書』巻五七蔡興宗伝にも、彼が廷尉卿であった時（大明三、四年頃）のこととして、

又司徒前劾送武康令謝沈及郡県尉還職司十一人、坐仲良鋳銭不禽、久已判結。又送郡主簿丘元敬等九人、或下疾仮、或去職已久。加執啓、事悉見従。

とあり。呉興郡以外での当時の盗鋳事件に関する記載は見られない。なお『嘉泰呉興志』（『宋元地方志叢書』所収）巻四「武康山」の条注所引『輿地志旧編』に、

山下有銅官湖、漢呉王濞鋳銭処。

とあり、前漢代呉王濞の鋳銭遺跡の存在を伝え、呉興郡武康県一帯が伝統的鋳銭地であったことをうかがわせる。因みに、『史記』巻一〇六呉王濞列伝には、

呉有豫章郡銅山、濞則招致天下亡命者盗鋳銭。

とあって、「豫章郡銅山」とは注家の説によれば故鄣（劉宋代呉興郡の属県）にあった。

（32）『宋書』巻七一徐湛之伝には、

　門生千余人、皆三呉富人之子。

とあり、徐湛之の門生にも呉興郡出身者がかなり含まれていた。

（33）本書第三章の【補】を参照。

第六章　『宋書』と劉宋政治史

はじめに

劉宋王朝（四二〇～四七九年）政治史の特質は、皇帝権力の強化と寒門・寒人の擡頭との関連でとらえられるのが一般的である。すなわち、東晋以来の門閥貴族勢力に対抗して、皇帝権力側が寒門・寒人出身者を中書舎人等に登用しつつ専制政治を志向する、という図式が描かれてきた。このような図式は、『宋書』の編纂者である沈約の観点に沿ったものではあるが、当時の実情の客観的な反映であるとは、必ずしもいいがたいのではなかろうか。

右のような視点から、本稿では、まず沈約『宋書』の叙述する政治史における全般的特徴を明らかにした上で、それとの関連において、劉宋政治史に関する主要な研究とその問題点について述べる。さらに、その問題点の解決の手がかりを探るために、第五代皇帝、前廃帝（在位四六四～四六五年）期の政治史を考察する。特にこの時期を取り上げるのは、一つには『宋書』の中でも沈約の観点がとりわけ強く反映された部分に属する[1]ためであり、さらには孝武帝（在位四五三～四六四年）に至るまでの劉宋政治史の諸矛盾が凝集された形で表面化した時期と考えるからでもある。前廃帝期政治史の分析から、劉宋政権全般にみられる構造的特質を把捉する観点を提示することにしたい。

第一節、沈約『宋書』における劉宋政治史

四〇四年に桓玄の楚王朝打倒――東晋王朝復興のクーデターに決起した「義衆」の「盟主」であった劉裕は、四二〇年、禅譲革命によって劉宋王朝を創設、初代皇帝（武帝）となる（在位四二〇～四二二）。沈約は、『宋書』武帝紀「史臣曰」の条において、劉裕による晋宋革命を、漢魏、魏晋、晋楚の場合と比較する。その比較の論点を整理すると、左記のようになろう。

漢魏革命―輿論は漢を支持、曹操の軍事力によって革命。
魏晋革命―魏は輿論の支持を失う、司馬氏は代々宰相として養った基盤により革命。
晋楚革命―東晋は輿論の支持を失う、桓玄は父桓温の勢力基盤を継承して革命。
晋宋革命―東晋は輿論の支持を失う、劉裕は自分自身の功績によって革命。

右のように比較した上で、政治的にも軍事的にも基盤というべき勢力を持たない劉裕が、全く自分自身の実力で、赫々たる軍事的功績をあげた点が晋宋革命の優越点として強調されている。以上の如く、武帝紀「史臣曰」の条では、もっぱら劉裕の武功の偉大さが取り上げられており、沈約は劉裕の革命を全面的に賛美するかのようである。(2)

しかし、『宋書』巻四五王鎮悪等伝「史臣曰」の条をみると、

帝王受命、自非以功静乱、以徳済民、則其道莫由也。……高祖崛起布衣、非藉民誉、義無曹公英傑之響、又闕晋氏輔魏之基、一旦駆烏合、不崇朝而制国命、功雖有余、而徳未足也。是故王謐以内懼流奔、王綏以外侮成釁、若非樹奇功於難立、震大威於四海、則不能承配天之業、一異同之心。

帝王の受命は、功を以て乱を静め、徳を以て民を済うに非ざる自りは、則ち其の道由る莫きなり。……高祖布衣より崛起し、民誉に藉るに非ず、義、曹公の英傑の響き無く、又た晋氏魏を輔くるの基を闕き、一旦烏合を駆り、朝を崇えずして国命を制し、功余り有ると雖も、徳未だ足らざるなり。是の故、王謐内懼を以て流奔し、王綏外侮を以て釁を成し、若し奇功を立て難きに樹て、大威を四海に震うに非ざれば、則ち配天の業を承け、異同の心を一にすること能わず。

とあり、魏や晋の場合と比較して、劉裕の場合には、わずかな兵士を率い桓玄を打倒して東晋王朝を復興したという「功」は絶大であるものの、経世済民の営為に基づく「徳」において決定的に不足していた点が指摘されている。このような欠陥のゆえに、王謐（琅邪の王氏）は動揺し、王綏（太原の王氏）らは誅殺されるなど[3]、官僚層の確固とした支持を得られず、そのような状況のもとで禅譲を受けて即位するためには、「奇功」——前人未到の功績が必要だったというのである。さらに『宋書』巻四八朱齢石等伝「史臣曰」の条にも、

高祖無周世累仁之基、欲力征以君四海、実須外積武功、以収天下人望。

高祖周世累仁の基無く、力征して以て四海に君たらんと欲し、実に外に武功を積みて、以て天下の人望を収むるを須む。

と同趣旨を述べている。実際に、劉裕は、自らの皇帝即位実現にむけて天下の人心を収攬するべく、南燕国や後秦国に対する外征に邁進したのであった。

以上のように、沈約の劉裕（武帝）に対する評価は、むしろ否定的であり、外征による武功によって辛うじて皇位の正当性を確保しえたに過ぎないというものであった。

その劉裕は、永初三年（四二二）に死去して、皇太子の劉義符が即位し（少帝）、司空録尚書事徐羨之・中書監尚書

令傅亮・領軍将軍謝晦・鎮北将軍檀道済が顧命を受けて、輔政の任に当たることとなった。少帝は即位後、徐羨之・傅亮・謝晦らと対立する。景平二年（四二四）七月、徐羨之らは少帝を廃して、武帝第三子の荊州刺史劉義隆を迎える。八月、劉義隆が即位し、景平二年を改めて元嘉元年とした。これが第三代皇帝、文帝である（在位四二四～四五三年）。司徒録尚書事徐羨之・中書監尚書令傅亮が輔政し、謝晦は衛将軍・荊州刺史となった。この文帝も即位後、徐羨之、傅亮、謝晦らと対立し、元嘉三年正月、徐羨之・傅亮を誅殺する。謝晦も翌月には誅殺される。このような複雑な政情の下で即位した文帝であったが、その治世は三十年に及んだ。『宋書』巻五文帝紀「史臣曰」の条には、

及正位南面、歴年長久、綱維備挙、条禁明密、罰有恒科、爵無濫品。故能内清外晏、四海謐如也。昔漢氏東京常称建武・永平故事、自茲厥後、亦毎以元嘉為言、斯固盛矣。

正位南面するに及んで、歴年長久、綱維備さに挙り、条禁明密、罰に恒科有り、爵に濫品無し。故に能く内清く外晏らかにして、四海謐如なり。昔漢氏東京常に建武・永平の故事を称せるも、茲れより厥の後、亦た毎に元嘉を以て言と為し、斯れ固より盛なり。

と、元嘉年間の政治的安定に賛辞を惜しまない。『宋書』巻九二良吏伝序も同趣旨であり、

自此区宇宴安、方内無事、三十年間、氓庶蕃息、奉上供徭、止於歳賦、晨出莫帰、自事而已。守宰之職、以六朞為断、雖没世不徙、未及曩時、而民有所係、吏無苟得。家給人足、即事雖難、転死溝渠、於時可免。凡百戸之郷、有市之邑、謌謡舞踏、触処成群、蓋宋世之極盛也。

此れより区宇宴安、方内事無きこと三十年間、氓庶蕃息し、奉上供徭、歳賦に止まり、晨に出でて莫に帰り、自ら事とするのみ。守宰の職、六朞を以て断と為し、世を没するまで徙らざること、未だ曩時に及ばざると雖も、民係る所有りて、吏苟得する無し。家ごとに給り人ごとに足ること、即事には難しと雖も、溝渠に転死するは、

時に於て免るべし。凡そ百戸の郷、市有るの邑、謌謡舞踏し、触処群を成し、蓋し宋世の極盛なり。

と、元嘉年間における地方政治の安定を指摘し、「宋世の極盛」と評価する。しかし同時に右に続けて元嘉二十七年（四五〇）、対北魏戦争大敗によって、「元嘉の治」が暗転したことも、指摘される。

暨元嘉二十七年、北狄南侵、戎役大起、傾資掃蓄、猶有未供、於是深賦厚斂、天下騒動。

元嘉二十七年に暨び、北狄南侵し、戎役大いに起こり、資を傾け蓄を掃するも、猶お未だ供せざること有り。是に於て深賦厚斂し、天下騒動す。

この敗戦の責任は、沈約によれば文帝自身にあった。文帝紀「史臣曰」の条には、先に引用した部分に続けて、

授将遣帥、乖分閫之命、才謝光武、而遙制兵略、至於攻日戦時、莫不仰聴成旨。雖覆師喪旅、将非韓・白、而延寇慼境、抑此之由。

授将遣帥、分閫の命に乖り、才光武に謝せるに、遙かに兵略を制せんとし、攻日戦時に至るまで、仰ぎて成旨に聴かざるなし。覆師喪旅せしは、将韓・白に非ざればなりと雖も、寇を延き境を慼えしむるは、抑々此の由。

とある。この沈約の批判は、専ら戦争遂行の過程における文帝の独断専行を指摘するものであるが、『宋書』巻七一江湛伝に、

上大挙北伐、挙朝為不可、唯湛賛成之。

上大挙北伐せんとするや、朝を挙げて不可と為し、唯だ湛のみ之れに賛成す。

とあり、『宋書』巻九九　二凶伝にも、

二十七年、上将北伐、劭与蕭思話固諫、不従。索虜至瓜歩、京邑震駭、劭出鎮石頭、総統水軍、善於撫御。上登石頭城、有憂色、劭曰、「不斬江湛・徐湛之、無以謝天下。」上曰、「北伐自我意、不関二人也。」

二十七年、上将に北伐せんとするや、劭と蕭思話と固く諫むれども、従わず。索虜瓜歩に至るや、京邑震駭し、劭石頭に出鎮し、水軍を総統し、撫御に善し。上石頭城に登り、憂色有り。劭曰く、「江湛・徐湛之を斬らざれば、以て天下に謝する無し」と。上曰く、「北伐我が意自りす。二人に関わらざるなり」と。

とあって、北魏との戦争は、皇太子劉劭をはじめ朝臣らの根強い反対を押し切って実行されたのであって、この意味においても文帝の独断専行であった。この元嘉二十七年の戦役が大敗に終わったにもかかわらず、二十九年に再度の北伐を試みて、また敗北したことは、北伐にかける文帝の執念をうかがわせるに十分である。対北魏戦争惨敗の責任問題をめぐって、文帝と皇太子劉劭との対立が表面化し、この対立の結果、元嘉三十年（四五三）二月、文帝は劉劭派に殺害される。文帝第三子で江州刺史の劉駿が義軍を起こし、劉劭のもとから逃亡してきた劉義恭の推戴を受けて、建康郊外の新亭で即位する。これが第四代孝武帝（在位四五三～四六四年）であり、やがて建康を占領して、劉劭と文帝第二子劉濬を誅殺する（五月）。

孝武帝は、録尚書事を廃止して宰相の権力を削弱し、揚州や荊州などの強力な州鎮を分割するなど、皇帝権力強化のための施策を実行に移す。孝建三年（四五六）には、毎月一日と十五日に帝自身による西堂での奏事受け付けを開始し、大明二年（四五八）には吏部尚書を二人に増員してその権限を分割、五年には馳道を建設、六年には僧侶に対して皇帝への敬礼を強制、など同様の趣旨の施策がその後も行われ続ける（『宋書』巻六孝武帝紀）。この孝武帝と第六代皇帝明帝（在位四六五～四七二）の時代の政治は、沈約によれば皇帝による独断専行であった。『宋書』巻九四恩倖伝序には、

孝建・泰始、主威独運、官置百司、権不外假、而刑政糾雑、理難偏通、耳目所寄、事帰近習。賞罰之要、是謂国権、出内王命、由其掌握、於是方塗結軌、輻湊同奔。人主謂其身卑位薄、以為権不得重。曽不知鼠憑社貴、狐藉

虎威、外無逼主之嫌、内有専用之功、勢傾天下、未之或悟。

孝建・泰始、主威独り運り、官百司を置けども、権外に仮さず。而れども刑政糾雑にして、理として遍く通じ難ければ、耳目の寄する所、事近習に帰す。賞罰の要、是れ国権と謂い、王命を出内するは、其の掌握に由り、是こに於て塗に方び軌を結び、輻湊同奔す。人主其の身卑しと謂い、以て権重かるを得ずと為す。曽て鼠社に憑りて貴く、狐虎の威を藉り、外に逼主の嫌無きも、内に専用の功有るを知らず、勢天下を傾くるも、未だ之れ或いは悟らず。

とあり、沈約は、孝武帝（孝建）・明帝（泰始）の独裁的傾向を、恩倖寒人（近習）専権の重要な背景と考えている。沈約は恩倖寒人の専権を批判し、君主と官僚との協議に基づく政治運営を主張する。孝武帝以降に生じた皇帝の独裁的政治の特徴の第一は、このような恩倖寒人の重用であったが、『宋書』巻九二良吏伝序には、いまひとつの重要な特徴が指摘されている。

及世祖承統、制度奢広、犬馬余菽粟、土木衣綈繡、追陋前規、更造正光・玉燭・紫極諸殿、雕欒綺節、珠窓網戸、嬖女幸臣、賜傾府蔵、竭四海不供其欲、単民命未快其心。太宗継阼、彌篤浮侈、恩不卹下、以至横流。

世祖統を承くるに及び、制度奢広、犬馬も菽粟を余し、土木も綈繡を衣、前規を追陋して、正光・玉燭・紫極諸殿を更造し、雕欒綺節、珠窓網戸たり。嬖女幸臣、賜府蔵を傾け、四海を竭くすも其の欲に供せず、民命を単くすも未だ其の心に快わず。太宗阼を継ぎ、彌々浮侈を篤くし、恩下を卹まず、以て横流に至る。

と、孝武帝（世祖）・明帝（太宗）の奢侈を批判する。このように、孝武帝と明帝の時代は、ともに恩倖寒人の専権と奢侈とを伴う独裁的政治の時代として叙述される。この時期に劉宋王朝は衰亡に向かうが、とりわけ衰亡を決定的なものとしたのは、明帝による皇族殺害であった。晩年に重病にかかった明帝は、自分の死後の幼帝（後廃帝）の行く末を心配して、競争者となる恐れのある皇族を次々と殺害していった。その結果、藩屏を失った幼帝は孤立し、劉宋王朝の滅亡に帰着せざるを得なかった（『宋書』巻八明帝紀「史臣曰」の条）という。

以上、政治史叙述の観点をうかがうのに必要な限りで、『宋書』の記述を概観してきた。ここでは、『宋書』に特徴的な観点として、以下の二点を指摘しておく。

第一に、『宋書』には、君主の独裁と恩倖寒人の専権がもたらす弊害を厳しく批判する観点が見られた。これは、君主と官僚の協議に基づく政治運営を主張する立場からなされた批判である。当時の官僚組織の正常な運営を主張したにすぎないが、この正常な運営を破壊する要因が、専ら君主の資質と恩倖寒人の作用に帰せられているところに、『宋書』が執筆された南斉・永明年間という時代状況や沈約をとりまく人々（士大夫）の思潮、さらには沈約個人の思考が反映されていると考える。

第二に、劉宋王朝権力の正当性について、『宋書』は、王鎮悪等伝「史臣曰」の条（前掲）において、劉裕の絶大な軍功については認めながらも、経世済民の営為に基づく「徳」の不足を指摘する。にもかかわらず、少なくとも『宋書』の記述に拠るかぎり、劉宋の諸帝はこの点の不足を補おうとはしていない。劉裕の場合はもっぱら軍功の獲得に努力を傾注したし、文帝「元嘉の治」においてさえ、皇帝の独断専行によって対北魏戦が推進された。劉宋後半の孝武帝や明帝の場合に至っては、奢侈によって民衆に多大の負担を強制している[4]。『宋書』においては「功」よりもむしろ「徳」の方を王朝の正当性の根拠として重視しているように考えられるのであり、劉宋諸帝の政治姿勢には総じて批判的である。

『宋書』における沈約の観点の特徴について、本節の考察からは右の二点を指摘することが可能であろう。『宋書』では、このような観点に基づいて皇帝の独断専行や恩倖寒人の専権が強調される。それは全く実態とかけ離れた空理空論ではなく、実態をある程度ふまえた上での歴史叙述ではあるが、実態の客観的な記述ではない。皇帝の独断専行を批判するなかで、皇帝権力や恩倖寒人の政治的作用が過大視される傾向があることに注意しなければならないであろう。

第二節、劉宋政治史研究の現状と課題

前節では、沈約『宋書』における劉宋政治史を検討し、その特徴的観点について指摘した。本節では、その沈約『宋書』を根本史料として進められてきた劉宋政治史研究の現状を概観し、その課題を明確にしたい。

岡崎文夫『魏晋南北朝通史』は、劉宋政治史を君主権と名族との関係を中心に叙述した。劉裕は「東晋末期以来すでに成立して居た江南名族の位置をよく保障して社会の統制を樹立する」とともに、「他面またその境内に君主の威権をあまねく行わしむる方針を取った」が、「この権力を中央に集むる政策は、名族の位置を保障する政策とたがいに協調して推行せらるることは、おそらく容易であるまい。文帝は名族を中心とする政治によって一代の善治を得た。孝武は権を中央に遷さんとしてついに宋室を傾けしむる機縁を作ったわけである」という。このように、君主権強化と、名族との協調という二つの路線の間を揺れ動いたのが劉宋王朝なのである。とくに孝武帝については、『宋書』巻九二良吏伝序に述べる「孝武の奢侈」を引用しつつ、「中央集権の傾向がこの奢侈心の発動と相結ぶによって宋政を糜爛に導く。けだし当時の大臣は多く名家の子弟であって、孝武の政治の軌道を離るる場合にはこれを諫止するを常とし、孝武すこぶるこれを嫌い、大臣に任ぜずしてもっぱら寒族卑賤の士に委任した。宋書恩倖伝に列せらるる戴法興、巣尚之、徐爰の徒これによって顕わるることとなった」といい、沈約の観点に拠りつつ、君主権強化の路線に

大きく傾いた時期として、孝武帝の時代を把捉した。また「南朝の勢族は、孝武の独断によってまったくその安定を失ったかたちであり、宋室の危機はこの点に存するわけである」と、名族との協調路線を切り捨てた結果、王朝権力自体が危機に陥る結果となったことも指摘しており、この点も沈約の観点を採用している。さらに明帝期については、「孝武以来の苛政はかえって制御を加えらるることなく乱暴に発顕し」、「さしも東晋以来貴族の勢力も、政治上には次第に衰え」、「これに反して寒微の出身者ならびに武将の権勢が著しく目立つ」といい、さらに「朝列にありて事を取る者、みな市井傭販の子、当時の士流はすべて宋室を見限るに至って宋の滅亡もはや救う可からざるの状にあること明らかである」と、孝武以来の路線の結果、名族の支持を失った劉宋王朝は滅亡する、と結論している。(5) しかし、以上の岡崎氏の説明においては、東晋以来の名族勢力が衰えたにもかかわらず、なぜその支持を失った王朝権力が滅亡するのか、という点が課題として残されたように思われる。

この課題は劉宋政権の性格規定と不可分であり、以下この点に関する主要な学説を見ていくことにしたい。戦後の六朝史研究の新たな展開を劃した宮崎市定『九品官人法の研究』は、君主権と貴族との関係から分析するという岡崎氏の視点を継承しつつ、劉宋政治史について、「軍閥帝王と貴族との合体政治が成立するのであるが、この事は帝室と一流貴族との間の婚姻関係を発生せしめた。これは名族の感情から言えば甚だ好ましからぬことであったが、帝王の権力は絶大であり、貴族の地位が朝廷の官爵と切り離せないものである関係上、貴族は寧ろこれを逆用して、朝廷と接近することによって自己の地位を一層強化するように方針を改めたものであろう」と述べ、帝室と貴族との婚姻関係を指摘しつつ、両者の合体政治という性格規定を与えた。さらに宮崎氏は、「軍閥帝王と貴族社会という、原来相容れざる性質をもった二者の習合は、併しながら婚姻政策などで完全に融合すべきものではなかった」と指摘し、恩倖寒人を側近に登用して独裁を志向する一方で、官界における貴族の既得権（清官の独占）を擁護して貴族に対して譲歩する劉宋君主権の特異な在り方に着目したのであった[6]。宮崎氏の研究は、婚姻関係や官制を大きく取り上げて、君主権と貴族との間の複雑微妙で不安定な関係を描き出すことには成功したと考えるが、「帝王の権力は絶大であり」、「帝王なる者は常に中央集権的であり、出来るならば独裁を欲する」という前提にもかかわらず、なぜ貴族に対して譲歩する必要があるのかという点に、依然として考究の余地を残したといわざるを得ない。

宮崎氏の研究を受け継いで、南朝政治史の研究を推進したのが、越智重明と川勝義雄であった。まず、越智重明「劉裕政権と義熙土断」[7]が、『貴族』政権という性格規定を試みた。同論文では、劉裕皇帝在位中の将相大臣就任者に考察を加え、その構成から「劉裕即位後の宋（中央）政権は『貴族』政権的性格が極めて強かったといえるであろう。ここにいう『貴族』政権とは、『貴族』がその首領――皇帝から最も重倚された階層として、その中枢にあった政権という意味である。このことは、同時に宋政権が『貴族』の利益を代表した政権であるということも意味する」（六三頁）と述べ、「劉裕政権は元来純然たる『武人』政権から出発したものであるが、それが宋政権となったときは『貴族』政権に変質していた」（四二頁）という結論を導いた。この論文における『貴族』とは、「北人貴族中最高のものとして」の「寄生的な一部特定の官僚貴族」（五三頁）であり、北来の僑姓名族をいう。このように、劉裕政権に『貴族』政権という性格規定を与えていた越智氏であったが、その後は劉宋の皇帝が貴族に対して絶対的支配者として臨むようになったことを強調するに至り[8]、『貴族』政権説は十分に展開されることはなかった。

越智氏以後、わが国では貴族政権説を明確に打ち出した見解は見られないが、中国では陳長琦『両晋南朝政治史稿』[9]に、貴族（世族）政権説が明示されている。

一部の寒門出身の軍人が、武力で皇帝権力を奪取し、国家の最高権力を掌握し、世族と旧皇帝権力との間の権力分配関係を打破し、改めて皇帝権力と世族との間の権力分配の方式を確立した。このような寒人出身の皇帝が建てた新たな皇帝権力には二つの特徴がある。第一に、この皇帝権力は寒人の利益を代表しない。寒人出身の軍人は、一旦皇帝になって、国家政権を掌握すると、それ自身が貴族化してしまう。寒人はもともと統一的階層意識や階層の力をもたず、皇帝になった寒人も、寒人の利益を代表しようという願望や理想がない。ゆえに、皇帝の政策の出発点や帰結も、もとより寒人の利益を考慮していない。第二に、この皇帝権力は世族階層の既得利益を承認し、世族階層の既得利益を擁護する。政治や社会生活において、皇帝権力は世族の利益を擁護する一連の制度や法律条項を制定した。同時に、権力分配においては、皇帝権力を強化し、国家権力を集中しようとして、世族の国家権力分配における比重を削弱し、世族の政治作用や影響を削弱し、世族との間に権力分配問題の矛盾をめぐる闘争や衝突があった。これらの特徴が、南朝政権の性質を決定しており、それは依然として世族政権であって、寒人政権ではない。（二三三頁）

と述べる。寒門武人出身の皇帝であっても寒門武人層の利益を代表しないこと、寒門武人（寒人）階層が統一的階層意識を持たないこと、などは重要な指摘であると考えるが、それでは貴族（世族）の方は統一的階層意識を持って政治に関与していたかという点が問題であろう。南朝の貴族が寒門武人の擡頭や皇帝の専権に対抗して統一的政治行動に出た事例はみられず、「世族の利益を擁護する一連の制度や法律条項」という場合の「世族の利益」なるものについて明確な論証がなされない限り、貴族政権という規定には無理があると考えられよう。

一方、劉宋政権の成立を寒門武人による軍事権掌握、貴族の軍事権喪失ととらえた川勝義雄は、劉宋政権を軍事政権と規定する。そして、中央政府の要職は、依然として貴族に掌握されていたことから、劉宋の皇帝権力は貴族と寒門武人との微妙な均衡の上に成り立ち、両者の間をゆれ動いていたと見る。川勝氏によれば、「宋・斉軍事政権において、有力な軍団を握るものはほとんど皇族であった。皇帝は他の皇族より比較的大きい武力を握っているにすぎなかった」のであって、皇帝権力の不安定要因を説明している点で示唆的である。また、皇帝による恩倖寒人の信任が顕著な現象となった孝武帝以降、「中央の政界は、うしろだてをもつ低い身分の恩倖と、貴族たちとの闘争場と化してゆく」と指摘し、このような恩倖の擡頭の背景に商業活動の盛行を見出した。(10) 寒門・寒人の擡頭と貴族の軍事的・経済的没落とが鮮やかな対照をなして叙述され、論旨明快ではあるが、貴族と政権との関係に不明瞭な部分を残している。劉宋政権が軍事政権であるにもかかわらず、中央政府の要職が貴族に掌握されていたとすれば、その理由が明確にされねばならないであろう。

以上のように、貴族政権説も、軍事政権説も、劉宋政権の性格を十分に説明し得たとはいいがたい。貴族政権説を採らなくなって以後の越智氏が、劉宋政権における皇帝、貴族、非貴族官僚層（恩倖寒人等）それぞれの関係について様々な示唆的観点を提示しつつも、(11) 明確な性格規定を打ち出すには至らなかったことも、この課題の困難さを示していよう。ここでは、劉宋政権の性格について、前節での検討から得られた『宋書』の観点に関する知見をもふまえて、具体的な論点を提示しておくことにしたい。

『宋書』では、劉裕が禅譲革命の正当性確保のため、北伐に邁進する必要のあったことを強調する。劉裕は、元来寒門武人の領袖の一人に過ぎず、また、東晋王朝のもとで政権を運営してきた北来名族層の勢力も依然として無視し得なかった。そのため、皇帝となるべき正当性を北伐によって示す必要があったことは事実であろう。劉裕北伐の功績によって成立した宋王朝は、東晋最後の皇帝、恭帝を零陵王に封じたが、永初二年（四二一）には、これを殺害している。このようなことは、漢魏、魏晋禅譲の際には見られなかったことであり、王朝創建以後も劉裕の権力が不安定であったことを示している。劉裕死後の権力闘争の激発も、その不安定さの証左であろう。「元嘉の治」と称される文帝の治世においてさえ、政権が安定したとはいえなかった。文帝治世の初期には、異姓の権臣が存在していたし、皇族が宰相や地方軍府の長官などの要職を独占する体制ができると、今度はその皇族を皇帝に擁立せんとする「朋党」が結成されて文帝の地位を脅かすことになった。[12] 川勝氏が指摘したように、劉宋の皇帝は、他の皇族に対して同輩中の第一人者に過ぎなかった。文帝が採った解決策は、北伐戦争に勝利することによって、自らの皇位の正当性を確保することであったが、結果は大敗であった。[13] この大敗に加えて、文帝殺害事件後の内戦の末に政権を獲得した孝武帝は、従来型の北伐政策を放棄せざるを得なかったであろう。

前節でみたように、孝武帝は皇帝権力強化のための諸施策を実行したが、それは武帝や文帝の時代における北伐のような王朝権力の正当性確保の試みとは質的に相違する、いわば内向きの営為であった。[14] すなわち、宰相、吏部尚書、州鎮長官など臣下の権力を削弱するか、もしくは皇帝の権威を装飾するための制度や施設の整備であった。『宋書』は、このような孝武帝の政治を独断専行、奢侈として厳しく非難する。そして、その非難の矛先は、とりわけ皇帝に重用された恩倖寒人に向けられる。『宋書』が孝武帝期に政治の転換を見出している点は正当であるが、その政治の負の側面を皇帝の姿勢や恩倖寒人にのみ帰する点は、沈約の政治的主張であって、そのまま受容することはできない。さらにいえば、そのような主張を裏付けるために、皇帝の独断専行や恩倖寒人の専権が過度に強調されていることに留意すべきである。にもかかわらず、先行研究は、孝武帝以後を叙述するに際して、沈約の見解にほとんどそのまま拠っているといわざるを得ないのである。

この「恩倖寒人専権」の問題を考える手がかりとして注目したいのは、孝武帝から前廃帝に皇位が継承された際の顧命の大臣の構成である。次節で詳しく見るように、顧命の大臣には恩倖寒人が含まれていない。この点に着目して、越智重明「宋の孝武帝とその時代」[15] は、孝武帝が「その側近の寒人に大きい力を振わせていたけれども、……国政の基本がそれらによっては動かないこと、つまり、それらはあくまで自己の手足として動かせるだけであるという限界を知って」おり、「やはり士人を重視せざるをえないことをよくわきまえていたのを察せしめる」（一七六頁）と指摘しており、示唆的ではあるが、それ以上の追究は行われていない。孝武帝同様、恩倖寒人に依拠したといわれる明帝の場合も、後廃帝への帝位継承に際して、袁粲（僑姓名族）・褚淵（僑姓名族）・劉勔（準皇族）・蔡興宗（僑姓名族）・沈攸之（呉姓寒門武人）を顧命の大臣としており、やはり恩倖寒人は選ばれていない。この事実は、『宋書』が強調する「恩倖寒人専権」が必ずしも実態ではなかった可能性を十分に示唆するものであり、[16]前廃帝や後廃帝の即位当初の時期の政治史の検討が必要とされよう。次節では、とくに『宋書』の記述が豊富な前廃帝期の政治史を取り上げて、劉宋政権の構造的特質に迫ることにしたい。

第三節、前廃帝期政治史

本節では、前廃帝期政治史を、先代孝武帝の顧命の臣らによる輔政体制期と、帝自らのクーデターによって始まった親政期との二期に分けて考察する。

一、輔政体制期

大明八年（四六四）閏五月、孝武帝が死去し、前廃帝（当時十六歳）の時代となるとともに、孝武帝の遺詔に基づき、皇族の長老（孝武帝の叔父）たる劉義恭を中心とした輔政体制が発足する。その遺詔の内容は、『宋書』巻六一武三王・江夏王義恭伝によれば、次のような内容であった。

義恭解尚書令、加中書監、柳元景領尚書令、入住城内。事無巨細、悉関二公。大事与沈慶之参決、若有軍旅、可為総統。尚書中事委顔師伯。外監所統委王玄謨。

義恭尚書令を解き、中書監を加え、柳元景尚書令を領し、城内に入住せよ。事は巨細と無く、悉く二公に関せよ。大事は沈慶之と参決し、若し軍旅有れば、総統と為すべし。尚書中の事は顔師伯に委ねよ。外監の統ぶる所は王玄謨に委ねよ。

この遺詔によって、義恭は中書監、柳元景（寒門武人）は尚書令として政務を総攬し、沈慶之（呉姓寒門武人）は政務の最高顧問的役割を担うとともに有事の際には軍事を統轄する重任を負い、尚書省の政務つまり通常の政務は顔師伯（僑姓名族）が、外監の統轄する禁軍の指揮は王玄謨（寒門武人）に委ねられることとなった。しかし、早くもその四日後には、孝武帝の時に廃止されていた録尚書事の制度を復活して、[17] 義恭をその地位に任命している。この録尚書事復活は、孝武帝政治への訣別を意味する重大な変更というべきであった。

録尚書事義恭を頂点とする輔政体制のもとで、六月には、御府諸署の併省を指示する詔が発せられている。御府とは宮廷御用の奢侈品の製造を掌り、孝武帝の時に再編されて発足した官署であったから、この措置も孝武帝政治への訣別を表示していた。[18] このような政治路線は、翌月には一層明瞭な形をとって宣布されることになる。『宋書』巻七前廃帝紀大明八年七月乙卯の条に、

罷南北二馳道。孝建以来所改制度、還依元嘉。

南北二馳道を罷む。孝建以来改むる所の制度、還た元嘉に依らしむ。

とあり、南北二馳道をはじめ孝武帝の創始した諸制度を廃止して、文帝の元嘉年間に復帰すべきことが、明確に宣言されたのである。このことについては、『宋書』巻五七蔡興宗伝にも、

先是大明世、奢侈無度、多所造立、賦調煩厳、徴役過苦。至是発詔、悉皆削除、由此紫極殿・南北馳道之属、皆

被毀壊、自孝建以来至大明末、凡諸制度、無或存者。興宗於都坐慨然謂顔師伯曰、「先帝雖非盛徳主、要以道始終。三年無改、古典所貴。今殯宮始徹、山陵未遠、而凡諸制度興造、不論是非、一皆刊削。雖復禅代、亦不至爾。天下有識、当以此窺人。」師伯不能用。

是れより先、大明の世、奢侈度無く、造立する所多く、賦調煩厳、徴役過苦。是こに至り詔を発して、悉く皆な削除せしめ、此れ由り紫極殿・南北馳道の属、皆な毀壊せられ、孝建より以来大明末に至るまで、凡そ諸々の制度、存する者或る無し。興宗都坐に於いて慨然として顔師伯に謂いて曰く、「先帝盛徳の主にはあらざりしと雖も、要するに道を以て始終せり。三年改むる無きは、古典の貴ぶ所。今ま殯宮始めて徹し、山陵未だ遠からざるに、凡そ諸々の制度興造、是非を論ぜず、一に皆な刊削せらる。復た禅代と雖も、亦た爾るには至らず。天下の有識、当に此れを以て人を窺うべし」と。師伯用いること能わざりき。

とあり、孝武帝の政治路線——とくに皇帝の威信高揚のための建設事業が徹底的に否定されたことを示している。ところで、この蔡興宗伝の記事には、顔師伯に対して蔡興宗が孝武帝政治否定の行き過ぎを諫めたのに対し、その諫言を用いることができなかったとあり、通常の政務の一切を委ねられていたはずの顔師伯が、この前廃帝期初期の政策の積極的推進者ではなかったことが示唆されている。この記事では、真の政策推進者については言及されていないが、『宋書』巻九四恩倖・戴法興伝には、

世祖崩、前廃帝即位、法興遷越騎校尉。時太宰江夏王義恭録尚書事、任同総己、而法興・尚之執権日久、威行内外、義恭積相畏服、至是懾憚尤甚。廃帝未親万機、凡詔勅施為、悉決法興之手、尚書中事無大小、専断之、顔師伯・義恭守空名而已。

世祖崩じ、前廃帝即位するや、法興越騎校尉に遷る。時に太宰江夏王義恭録尚書事たりて、任総己に同じきも、

法興・（巣）尚之権を執ること日久しく、威内外に行われ、義恭積みて相い畏服し、是こに至り懾憚すること尤も甚だし。廃帝未だ万機に親しまず、凡そ詔勅施為、悉く法興の手に決し、尚書中の事大小と無く、之を専断し、顔師伯・義恭空名を守るのみ。

とあり、また前掲蔡興宗伝の記事の前にも、

時義恭録尚書事、受遺輔政、阿衡幼主、而引身避事、政帰近習。越騎校尉戴法興・中書舎人巣尚之専制朝権、威行近遠。興宗職管九流、銓衡所寄、毎至上朝、輒与令録以下、陳欲登賢進士之意、又箴規得失、博論朝政。義恭素性恇橈、阿順法興、常慮失旨、聞興宗言、輒戦無計。

時に義恭録尚書事たりて、遺を受けて輔政し、幼主に阿衡たるも、身を引き事を避け、政近習に帰す。越騎校尉戴法興・中書舎人巣尚之朝権を専制し、威近遠に行わる。興宗職九流を管し、銓衡の寄する所なれば、上朝に至る毎に、輒ち令録以下と、登賢進士せんと欲するの意を陳べ、又た得失を箴規し、朝政を博論す。義恭素より性恇橈、法興に阿り順い、常に旨を失するを慮れば、興宗の言を聞き、輒ち戦懼して計無し。

とあって、戴法興・巣尚之ら先代孝武帝の側近として活躍した恩倖寒人による専権を指摘し、宰相の任にあった劉義恭・顔師伯らは名目的存在に過ぎなかったと述べる。

このような『宋書』の記述に対して異論を提出したのが、呂思勉『両晋南北朝史』であり、前掲戴法興伝の続きの次のような記事に着目する。

所愛幸閹人華願児有盛寵、賜与金帛無算、法興常加裁減、願児甚恨之。帝常使願児出入市里、察聴風謡、而道路之言、謂法興為真天子、帝為贋天子。願児因此告帝曰、「外間云宮中有両天子、官是一人、戴法興是一人。官在深宮中、人物不相接、法興与太宰・顔・柳一体、吸習往来、門客恒有数百、内外士庶、莫不畏服之。法興是孝武

左右、復久在宮闈、今将他人作一家、深恐此坐席非復官許。」

（帝の）愛幸する所の閹人華願児盛寵有り、金帛を賜与すること算無ければ、法興常に裁減を加え、願児甚だ之を恨む。帝常に願児をして市里に出入し、風謡を察聴せしめたるに、道路の言、法興を謂いて真天子と為し、帝を贋天子と為す。願児此れに因りて帝に告げて曰く、「外間云えらく宮中に両天子有り、官これ一人、戴法興これ一人、と。官深宮中に在りて、人物相接せず、法興太宰・顔・柳と一体、吸習往来し、門客恒に数百有り、内外士庶、之に畏服せざるはなし。法興これ孝武の左右、復た久しく宮闈に在り、今他人を将って一家と作さば、深く此の坐席復た官の許に非ざらんことを恐る」と。

呂氏は、右の記事、宦官華願児の発言に、戴法興と劉義恭・顔師伯・柳元景らが「一体」の関係にあると述べていることと、後に戴法興が死を賜るとすぐに帝による義恭らの殺害も実行に移されたことを根拠に、義恭らと戴法興らとが密接な関係にあったことを指摘する。[19] 後述の蔡興宗伝記事からも、義恭らと戴法興らとが密接な関係にあったということ自体は、動かない。ただ、右の記事前半では前廃帝の寵愛する宦官である華願児も戴法興の専権を強調しており、また、義恭らに先立って戴法興が死を賜っていることから、彼等が「一体」の関係にあることは事実と認めた上で、戴法興が主導権を握っていたと読むことも可能なのであり、「一体」ということの具体的内容を追究する必要がある。その手がかりを与えてくれるのが、前掲蔡興宗伝の記述に続く左の記事である。

時薛安都散騎常侍・征虜将軍・太子左率、殷恒為中庶子。興宗先選安都為左衛将軍、常侍如故、殷恒為黄門、領校。太宰嫌安都為多、欲単為左衛、興宗曰、「率衛相去、唯阿之間。且已失征虜、非乃超越、復奪常侍、頓為降貶。若謂安都晩達微人、本宜裁抑、令名器不軽、宜有貫序。謹依選体、非私安都。」義恭曰、「若宮官宜加超授者、殷恒便応侍中、那得為黄門而已。」興宗又曰、「中庶・侍中、相去実遠。且安都作率十年、殷恒中庶百日、今又領校、不為少也。」使選令史顔褘之・薛慶先等往復論執、義恭然後署案。既中旨以安都為右衛、加給事中、由是大忤義恭及法興等。

時に薛安都、散騎常侍・征虜将軍・太子左率たりて、殷恒、中庶子たり。興宗先ず安都を選びて左衛将軍と為し、常侍たること故の如くし、殷恒もて黄門と為し、校を領せしむ。太宰、安都の多たるを嫌い、単に左衛と為さんと欲す。興宗曰く、「率と衛と相去ること、唯阿の間。且つ已に征虜を失いたれば、乃ち超越には非ざるに、復た常侍を奪わば、頓に降貶たらん。若し安都を晩達の微人なりと謂わば、本より宜しく裁抑すべく、名器をして軽からざらしむれば、宜しく貫序有るべし。謹んで選体に依るにして、安都に私するには非ず」と。義恭曰く、「若し宮官宜しく超授を加うべきなれば、殷恒便ち応に侍中たるべきに、那ぞ黄門と為すのみなるを得んや」と。興宗また曰く、「中庶・侍中、相去ること実に遠し。且つ安都率と作ること十年、殷恒中庶たること百日、今又た校を領すれば、少とは為さざるなり」と。選令史顔褘之・薛慶先等をして往復論執せしめ、義恭然る後に案に署す。既にして中旨もて安都を以て右衛と為し、給事中を加え、是れ由り大いに義恭及び法興等に忤えり。

とあって、散騎常侍・征虜将軍・太子左衛率であった薛安都（寒門武人）の昇格人事をめぐって吏部尚書蔡興宗と録尚書事劉義恭が激しく対立したことを伝えている。[20] 右の記事の前に置かれる記述（先引）では、蔡興宗と戴法興との対立が主であり、劉義恭らは戴法興に反対できなかったにすぎないように描かれ、右の記事の末尾にも「大いに義恭及び法興等に忤えり」とあって、義恭らは単に戴法興の意向に従っていたに過ぎない、というのが『宋書』の叙述の示唆する所ではあろう。が、第一に、右の記事の劉義恭は主体的かつ積極的に蔡興宗と論争しているように見える。そして第二に、その論争が「宮官」すなわち前廃帝の皇太子時代における東宮官の処遇をめぐってのものであったことは、義恭ら先帝の旧臣勢力と蔡興宗ら新進勢力との対立の存在をうかがわせよう。蔡興宗が前廃帝派に積極的にくみしたとみるのは無理であろうが、新任の吏部尚書として蔡興宗が手をつけた人事が東宮官にかかわるものであったことが、義恭ら旧臣勢力をことさらに刺激して、彼らの過剰反応を招いた可能性は十分に考えられる。この第二の点からも、義恭は単に戴法興の意向に従っていたわけではなく、主体的にこの人事問題にかかわっていたとみるべきであろう。(21)事実、蔡興宗伝には、さらにその後、蔡興宗を地方に転出させようとする義恭らに、蔡興宗が執拗に抵抗したことを記述しているが、そこでの義恭の態度は「大いに怒り」、最も強硬である。この蔡興宗転出問題は、蔡興宗の新昌太守（交州所属）左遷にまで発展しかけた。蔡興宗伝は、その際の状況を次のように記す。

朝廷莫不嗟駭。先是、興宗納何后寺尼智妃為妾、姿貌甚美、有名京師、迎車已去、而師伯遣人誘之、潜往載取、興宗迎人不覚。及興宗被徙、論者並云由師伯、師伯甚病之。法興等既不欲以徙大臣為名、師伯又欲止息物議、由此停行。

朝廷嗟駭せざる莫し。是れより先、興宗何后寺の尼智妃を納れて妾と為さんとす。姿貌甚だ美なれば、京師に名有り。迎車已に去けるに、師伯密かに人を遣わして之れを誘せしめ、潜かに往きて載取し、興宗の迎人覚らず。興宗徙されんとするに及び、論者並びに師伯に由ると云い、師伯甚だ之れを病む。法興等既に大臣を徙すを以て名と為すを欲せず、師伯又た物議を止息せんと欲し、此れ由り行くを停む。

とあり、戴法興らの専権というよりは、顔師伯と戴法興らが、それぞれ主体性をもって「一体」の関係を結んでいたというのが実情であることを窺わせよう。もとより、その「一体」の中で、戴法興がある程度の主導的役割を果たしていた可能性までは否定できないが、第一節でみたように、沈約『宋書』は、恩倖寒人の専権を鋭く批判する観点から叙述されているのであり、その観点から戴法興の役割が過度に強調されていることにはほとんど疑問の余地がないのである。

以上のように、輔政体制の下で戴法興らがある程度突出した影響力を行使していた可能性までは否定しきれないにしても、義恭ら輔政の大臣が戴法興ら恩倖寒人と一体となって、前廃帝期前半の政治を推進していたこと自体は動かないのである。ただ、その輔政集団が全くの一枚岩ではなかったことも事実であり、そのことに注意しておく必要があろう。『南史』巻一六王玄謨伝には、

時朝政多門、玄謨以厳直不容、徙青・冀二州刺史、加都督。

時に朝政多門、玄謨厳直なるを以て容れられず、青・冀二州刺史に徙され、都督を加えらる。

とあり、王玄謨がこの輔政体制の構成員から脱落したことを伝えている。『宋書』前廃帝紀によれば、大明八年八月のことである。このように王玄謨が排除される一方で、同年十二月には、尚書右僕射顔師伯が尚書僕射に昇格し、首都の行政を担う丹陽尹をも領職して、その権勢を一層強化した。

見てきたように、前廃帝即位当初の大明八年の段階では、義恭・柳元景・顔師伯――戴法興ら、孝武帝時代に政権の中枢を形成した勢力によって、孝武帝色を薄める方向で政治刷新が模索されていた。孝武帝政治の担い手であった彼らが、その政治路線を固守することなく、かえって刷新の方向へと動いたのは、官僚層の輿論が政治刷新を強く求めていたことに配慮した結果であろう[22]。が、この政治刷新にもかかわらず、政権の基盤は依然として不安定であった。『宋書』巻七前廃帝紀大明八年の条の末には、

去歳及是歳、東諸郡大旱、甚者米一升数百、京邑亦至百余、餓死者十有六七。孝建以来、又立銭署鋳銭、百姓因此盗鋳、銭転偽小、商貨不行。

去歳及び是の歳、東諸郡大いに旱し、甚だしき者は米一升数百、京邑も亦た百余に至り、餓死する者十に六七有り。孝建以来、又た銭署を立てて鋳銭したるに、百姓此れに因りて盗鋳し、銭うたた偽小、商貨行われず。

とあり朝廷の経済基盤たる三呉地方の旱害による大飢饉と、鋳銭政策の失敗による流通の混乱を特筆している。

このように、義恭らによる政権運営が、政治の安定を確保するには至っていない状況のもとで、前廃帝と輔政の大臣らとの間に対立が発生する。その対立が最初に表面化したのが、永光元年（四六五）八月の戴法興失脚（賜死）であった。先引の戴法興伝には、戴法興らと前廃帝の寵愛する宦官華願児との対立が原因であるかのように記されているが、同伝の後文に戴法興死後に帝が巣尚之に与えた勅を載せ、

吾纂承洪基、君臨万国、推心勲旧、著於遐邇。不謂戴法興恃遇負恩、専作威福、冒憲黷貨、号令自由、積釁累愆、遂至於此。卿等忠勤在事、吾乃具悉、但道路之言、異同紛糾、非唯人情駭愕、亦玄象違度、委付之旨、良失本懐。吾今自親覧万機、留心庶事、卿等宜竭誠尽力、以副所期。

吾れ洪基を纂承してより、万国に君臨し、勲旧に推心すること、遐邇に著れたり。おもわざりき、戴法興遇を恃み恩を負み、専ら威福を作し、憲を冒し貨を黷し、号令自由、釁を積み愆を累ね、遂に此こに至らんとは。卿ら忠勤して事に在ること、吾れ乃ち具悉せるも、但だ道路の言、異同紛糾し、唯だ人情駭愕するのみに非ず、亦た玄象度に違い、委付の旨、良に本懐を失せり。吾れ今ま自ら万機を親覧し、庶事に留心せんとす。卿ら宜しく誠を竭くし力を尽くし、以て期する所に副うべし。

とあり、ここには、前廃帝自身の親政への欲求が表明されている。事実、前廃帝による攻撃の矛先は、まもなく輔政の大臣に向けられてゆく。『宋書』巻七七顔師伯伝には、

廃帝欲親朝政、発詔転師伯為左僕射、加散騎常侍、以吏部尚書王景文為右僕射。奪其京尹、又分臺任、師伯至是始懼。

廃帝朝政に親しまんと欲し、詔を発して師伯を転じて左僕射と為し、散騎常侍を加え、吏部尚書王景文を以て右

僕射と為す。其の京尹を奪い、又た臺任を分かち、師伯ここに至り始めて懼る。

とある。顔師伯は尚書僕射として行政の中枢たる尚書省にかかわる政務一切を委ねられ、加えて首都の行政長官たる丹陽尹をも領職してきたが、左僕射昇格によって、尚書省の政務については新任の右僕射王景文と分担となり、そのうえ丹陽尹も解任されて大きく実権を削がれることとなった。『宋書』前廃帝紀永光元年八月の条によれば、戴法興賜死が辛酉（一日）、顔師伯の左僕射昇格が庚午（十日）であり、そして癸酉（十三日）には、前廃帝自身によるクーデターが敢行された。前廃帝紀には、

帝自率宿衛兵、誅太宰江夏王義恭・尚書令驃騎大将軍柳元景・尚書左僕射顔師伯・廷尉劉徳願、改元為景和。

帝自ら宿衛兵を率い、太宰江夏王義恭・尚書令驃騎大将軍柳元景・尚書左僕射顔師伯・廷尉劉徳願を誅し、改元して景和と為す。

とあり、帝自ら宿衛兵を率い、義恭・柳元景・顔師伯ら輔政の大臣を殺害した。廷尉劉徳願は、柳元景と親しかったために殺害されたのだという(23)。このクーデターについて、『宋書』巻七七柳元景伝には、

前廃帝少有凶徳、内不能平、殺戴法興後、悖情転露、義恭・元景等憂懼無計、乃与師伯等謀廃帝立義恭、日夜聚謀、而持疑不能速決。永光〔元〕年夏、元景遷使持節・督南豫之宣城諸軍事・即本号開府儀同三司・南豫州刺史、侍中・令如故。未拜、発覚、帝親率宿衛兵自出討之。

前廃帝少くして凶徳有れば、内に平なること能わず、戴法興を殺せし後、悖情うたた露われ、義恭・元景等憂懼すれども計無く、乃ち師伯等と帝を廃して義恭を立てんことを謀り、日夜聚まり謀れども、持疑して速決すること能わず。永光〔元〕年夏、元景使持節・督南豫之宣城諸軍事・即本号開府儀同三司・南豫州刺史に遷り、侍中・令は故の如し。未だ拜せざるに、発覚し、帝親しく宿衛兵を率いて自ら出てこれを討つ。

とあり、輔政の大臣側にも義恭擁立の計画のあったことを伝えるが[24]、もとより真偽のほどは詳らかではない。

二、親政体制期

この政変の後、帝の弟である劉子尚（孝武帝の第二子）が尚書令を領職したほか、引退の身であった沈慶之が太尉に、青冀二州刺史に転出していた王玄謨が領軍将軍に任命されている。『宋書』巻七七沈慶之伝には、

廃帝狂悖無道、衆並勧慶之廃立、及柳元景等連謀、以告慶之。慶之与江夏王義恭素不厚、発其事、帝誅義恭・元景等、以慶之為侍中・太尉。

廃帝狂悖無道、衆並びに慶之に廃立を勧め、柳元景等謀を連ぬるに及び、以て慶之に告ぐ。慶之、江夏王義恭と素より厚からざれば、其の事を発し、帝、義恭・元景等を誅し、慶之を以て侍中・太尉と為す。

とあり、義恭らの計画を密告したという点の真偽は不明であるとしても、元老であり、しかも義恭らと距離を置いた人物として登用されたことを窺わせよう。この義恭らと一線を劃するという点は、王玄謨の場合には一層明確である。このように元老のうち、沈慶之・王玄謨が登用されたわけだが、政変後に擡頭してきたのは、袁顗（僑姓名族）と徐爰（恩倖寒人）の二人であった。『宋書』巻八四袁顗伝に、

大明末、新安王子鸞以母嬖有盛寵、太子在東宮多過失、上微有廃太子、立子鸞之意、従容頗言之。顗盛称太子好学、有日新之美。世祖又以沈慶之才用不多、言論頗相蚩毀、顗又陳慶之忠勤有幹略、堪当重任。由是前廃帝深感顗、慶之亦懐其徳。景和元年、誅群公、欲引進顗、任以朝政、遷為吏部尚書。

大明末、新安王子鸞、母の嬖せらるるを以て盛寵有り、太子東宮に在りて過失多く、上ひそかに太子を廃し、子鸞を立てんとするの意有り、従容として頗る之を言う。顗、太子の学を好み、日新の美有るを盛称す。世祖又た

沈慶之才用多からざるを以て、言論頗る相い嗤毀す。顗又た慶之の忠勤にして幹略有り、重任に当たるに堪うるを陳ぶ。是れ由り前廃帝深く顗に感じ、慶之もまた其の徳に懐く。景和元年、群公を誅し、顗を引進し、任ずるに朝政を以てせんと欲し、遷して吏部尚書と為す。

と、前廃帝—袁顗—沈慶之の結びつきを述べ、政変後、袁顗が吏部尚書に任命されたことを伝える。この記事に続けて、袁顗と徐爰に封爵を授与する詔を載せ、

宗社多故、釁因冢司、景命未淪、神祚再乂、自非忠謀密契、豈伊剋殄。侍中祭酒・領前軍将軍・新除吏部尚書顗、游撃将軍・領著作郎・兼尚書左丞徐爰、誠心内款、参聞嘉策、匡賛之効、実監朕懐。宜甄茅社、以奨義概。顗可封新淦県子、爰可封呉平県子、食邑各五百戸。

宗社故多く、釁冢司に因り、景命未だ淪ちず、神祚再び乂きは、忠謀密契に非ざる自りは、豈にこれ剋殄せんや。侍中祭酒・領前軍将軍・新除吏部尚書顗、游撃将軍・領著作郎・兼尚書左丞徐爰、誠心内款し、嘉策に参聞し、匡賛の効、実に朕が懐いに監みたり。宜しく茅社を甄し、以て義概を奨むべし。顗は新淦県子に封ずべし。爰は呉平県子に封ずべし。食邑各々五百戸とせよ。

とある。『宋書』巻九四恩倖・徐爰伝には、

前廃帝凶暴無道、殿省旧人、多見罪黜、唯爰巧於将迎、始終無迕。誅群公後、以爰為黄門侍郎・領射声校尉、著作如故。封呉平県子、食邑五百戸。寵待隆密、群臣無二。帝毎出行、常与沈慶之・山陰公主同輦、爰亦預焉。

前廃帝凶暴無道、殿省の旧人、多く罪黜せらるるも、唯だ爰のみ将迎に巧みなれば、始終迕うこと無し。群公を誅せる後、爰を以て黄門侍郎・領射声校尉と為し、著作は故の如し。呉平県子に封ぜられ、食邑五百戸。寵待隆密、群臣二なし。帝出行する毎に、常に沈慶之・山陰公主と輦を同じうし、爰も亦た焉れに預る。

とある。ただし、袁顗と徐爰の二人のうち、袁顗については、本伝に、

俄而意趣乖異、寵待頓衰。始令顗与沈慶之・徐爰参知選事、尋復反以為罪、使有司糾奏、坐白衣領職。従幸湖熟、往反数日、不被喚召。

俄にして意趣乖異し、寵待頓に衰えたり。始め顗をして沈慶之・徐爰と選事に参知せしめたるも、尋いで復た反って以て罪と為し、有司をして糾奏せしめ、坐して白衣領職す。湖熟に幸するに従うも、往反数日、喚召せられず。

とあり、まもなく帝の信頼を失ったといわれる(25)。

袁顗と徐爰以外では、先に触れた薛安都も重要である。薛安都は、永光元年になってから、前将軍・兗州刺史となっていたが、政変後の九月に、平北将軍・徐州刺史に任ぜられた。これは、平北将軍・徐州刺史であった帝の叔父劉昶を帝自らが兵を率いて征討するに際しての人事であり、帝の信頼を得られる人物としての起用であろう。

政変後の前廃帝親政体制の性格を端的に表わす出来事は、八月己丑（二十九日）における南北二馳道の復活であった。このことは孝武帝の政治路線への回帰、すなわち皇帝の威信を高めるための諸施策の実行を意味した。南北二馳道の復活に先行して、石頭城を長楽宮に、東府城を未央宮に、北邸を建章宮に、南第を長楊宮に、それぞれ改称したのも、その一環と解釈されよう。九月の湖熟や爪歩への行幸も同様であろう。

このような孝武帝の政治路線への回帰が官僚の間で広範な支持を獲得しがたいことは、先に義恭らによって孝武帝型政治の否定が進められるに至った経緯から推して明白である。事実、政変後の体制は全く安定を欠き、十一月には沈慶之にさえも死を賜るほどに、恐怖政治の様相を強めてゆく。叔父である劉彧（後の明帝）ら諸王も宮中に拘禁される。ここに至って、劉彧の側近と前廃帝の恩倖寒人との間で、クーデターが計画される。『宋書』前廃帝紀に、

太宗与左右阮佃夫・王道隆・李道児密結帝左右寿寂之・姜産之等十一人、謀共廃帝。

太宗（劉彧）と左右阮佃夫・王道隆・李道児と密に帝の左右寿寂之・姜産之等十一人と結び、共に帝を廃さんことを謀る。

とあり、詳細は『宋書』巻九四恩倖・阮佃夫伝に記録される。それによれば、クーデターは、まず劉彧の左右阮佃夫・王道隆・李道児と前廃帝の左右淳于文祖の間で計画された。これとは別に、直閤将軍柳光世（柳元景の従祖弟）と前廃帝の左右繆法盛・周登之との間でも密謀があったが、成功後に誰を帝として奉じるかは未定であった。周登之は劉彧と知り合いであり、周登之を介して両グループが結びついた。前廃帝は、十一月に皇后を立てた際、諸王の宦官を臨時に招集した。劉彧の宦官銭藍生もその中にあり、立后の事が終了した後も帝の左右に留め置かれたため、銭藍生が帝の動静を探って、淳于文祖経由で阮佃夫に情報がもたらされた。十一月二十九日、帝は華林園に出幸し、叔父劉休仁・劉休祐と山陰公主が随行した。阮佃夫は外監典事朱幼・主衣寿寂之・細鎧主姜産之に、姜産之は部下の細鎧将王敬則に、朱幼は中書舎人戴明宝にそれぞれ連絡すると、みな応じた。銭藍生は劉休仁らにひそかに計画を知らせた。その時、帝は弟劉子勛の征討を計画していて、帝の腹心である直閤将軍宗越らは軍装を整えるため外出中であった。隊主樊僧整が華林閤の防衛に当たっていたが、この者は柳光世の郷人であったので、柳光世がさそうと、ただちに呼応した。姜産之は、さらに隊副聶慶とその部下の壮士富霊符・兪道龍・宋逵之・田嗣に声をかけ、全員が聶慶の宿直する建物に集合した。計画はその夜実行に移され、前廃帝は殺害された。以上が阮佃夫伝の伝えるクーデターに至るまでの状況であるが、帝の側近と劉彧の側近の中のごく少数の者で計画され実行されたものであった。

ところが、『宋書』巻五七蔡興宗伝には、これら側近の寒人らとはまったく別に、蔡興宗によるクーデター計画が存在したことを伝えている。それによると、輔政体制の下で失脚させられた蔡興宗は、前廃帝親政の下、吏部尚書に復帰したが、かえって太尉沈慶之、領軍将軍王玄謨、右衛将軍劉道隆ら三人に前廃帝殺害を働きかける行動に出た。

三者いずれも蔡興宗の意見の正当性を認めつつも、行動は起こさなかった。阮佃夫らによるクーデターの際の蔡興宗の動静について、蔡興宗伝は一切語らない。阮佃夫らによるクーデターが宮廷内で秘密裏に実行されたものであるだけに、蔡興宗の行動とクーデターとの間に直接的関係を求めることは困難である。(26) ただ、蔡興宗伝の記述は、前廃帝の親政が有力官僚の支持を失っていたことを示していることは確実であろう。祝総斌「従『宋書』蔡興宗伝看封建王朝的〝廃昏立明〟(27)」も指摘しているように、皇帝権力といえども、その支持基盤から孤立しては存立し得ないことを読み取るべきであろう。

結局、前廃帝は孤立して殺害され、宮廷政変の結果、劉彧が擁立された（明帝）。だが、明帝の即位も政局の安定には結びつかなかった。明帝政権は、前廃帝の弟（孝武帝の第三子）劉子勛を擁立する勢力との間で一年にわたる激しい内戦を経て、ようやく一応の安定を確保することになるのである。

以上、前廃帝期政治史を見てきた。その前半は、義恭を頂点とする輔政体制により孝武帝型政治からの脱却が進められた。それは官僚の輿論に配慮したものではあったが、広範な官僚層の支持を獲得したとはいえなかった――蔡興宗による批判や王玄謨の脱落。加えて飢饉や鋳銭政策の失敗による経済混乱が政権安定の障害となっていた。そのような情況の下で、親政を志向する前廃帝による政変が成功したわけであるが、前廃帝親政体制も、袁顗の離脱に見られるように、輔政体制に反発を示した官僚層を十分に結集できず、帝は孤立し、その不安と焦燥が帝を恐怖政治に走らせ、宮廷政変へとつながってゆく。

この政情不安を引き起こした要因は、第一に皇位の不安定であった。前節でも確認したように、元来、劉宋の皇帝は皇族の中での第一人者にすぎないのである。前廃帝が後半、恐怖政治に突き進んだのも、この皇位の不安定と表裏の関係にある。そして第二に、官僚間の党争である。それは恩倖寒人の専権をめぐる対立ではなかった。恩倖寒人対貴族という図式は見られず、対立する党派の双方に貴族・寒門・寒人の各階層出身者が含まれていた。また、前半の輔政体制と後半の親政体制を比較すると、孝武帝型の皇帝の威信を高める政策に対する姿勢の相違が見出されるものの、孝武帝型政治に対する賛否をめぐって官僚層が分裂したというわけでもない。それでは、この党争の要因は何か。官僚間の党争自体はいつの世にも見られることだが、東晋時代と比較した場合、劉宋時代には、寒門・寒人層の擡頭が顕著になってきたことが影響しているであろう。寒門・寒人層はひとつのまとまった政治勢力に結集したわけではないが、皇族の叛乱等において、常に積極的役割を果たしており[28]、官界における寒門・寒人層の影響力増大が党争を促進する作用を果たしたことは確かであろう。一方、『宋書』においては、名族出身官僚の政治的活動は、蔡興宗のような例外[29]を除けば、ほとんど現れてこない。それは、劉宋後半の政情不安の責任は、主として皇帝と恩倖寒人に帰せられるというのが『宋書』の基本的観点であることからして、当然の帰結なのであり、名族出身の官僚が党争の局外にあったことを意味するわけではなかろう。いずれにせよ、名族出身者を含む官僚間の党争の全体像が見えにくくなっていることは疑いないのであり、このような官僚間の党争が皇位の不安定と相互に促進作用を果たしつつ政情不安を醸成していた、という劉宋政治史の構図を描くことが可能なのである。

おわりに

劉宋の皇帝は皇族の中での第一人者にすぎず、従来の研究で強調されてきた皇帝権力強化とは、正確には皇帝権力確立に向けての努力であった。その努力の在り方も、劉宋の前半には、北伐——中原回復という大目標の達成に向けて、官僚の支持を結集する方向で進められたのに対し、孝武帝以降は、もはや大目標を設定できず、官僚の勢力を削弱しつつ、皇帝と官僚との間に絶対的格差を設定するための礼制整備[30]という方向に局限されてゆく。このように不安定な皇帝権力と、たえず党争を繰り返す官僚層の動向によって劉宋王朝の政情不安は規定されていた。『宋書』には、皇帝・恩倖寒人対貴族という図式で、その政情不安の原因を説明しようという意図がみられる。本章では、そのような意図のもとに『宋書』が書かれていることに留意しつつ、『宋書』に取り組んだ結果、上記の図式は実情をとらえたものとは言い難いという結論に達した。皇帝権力と官僚層（貴族・寒門・寒人出身者を含む）は大局的にはむしろ一体であり、皇帝の地位の不安定さが官僚の党争を促進し、同時に官僚の党争が皇位の不安定に影響するという相互作用で説明する方が、劉宋政権の構造的特質を把捉する方法として有効なのではなかろうか[31]。

注

（1）その理由は一つには、孝武帝期以前に関する記述は、徐爰『宋書』により、前廃帝期以後を新たに書き起こした（『宋書』巻一〇〇自序）という事情も関係しているであろう。また、宋末に近い第七代後廃帝以降は、次期南斉王朝の歴史に記されるべき部分が多くなって、記述が薄くなる。

（2）拙稿「沈約『宋書』の史論（一）」（弘前大学人文学部『文経論叢』二七―三、一九九二）二四七～二五〇頁。

（3）『宋書』巻一武帝紀上元興三年の条。

尚書左僕射王愉・愉子荊州刺史綏等、江左冠族。綏少有重名、以高祖起自布衣、甚相凌忽。綏、桓氏甥、亦有自疑之志。高祖悉誅之。……及王愉父子誅、謐従弟諶謂謐曰、「王駒無罪、而義旗誅之、此是剪除勝己、以絶民望。兄既桓氏党附、名位如此、欲求免得乎。」駒、愉小字也。謐懼、奔于曲阿。高祖牋白大将軍、深相保謐、迎還復位。

（4）安田二郎「南朝貴族制社会の変革と道徳・倫理」（『六朝政治史の研究』京都大学学術出版会、二〇〇三所収）の、「畢竟するに沈約は、排他的権力機構たる王朝国家を社会秩序樹立（経世済民）のための具体的機構と捉える機能主義的国家観に立脚し」ていた（六四九頁）という指摘を参照。

（5）『魏晋南北朝通史』（弘文堂書房、一九三二）。引用は、『魏晋南北朝通史　内編』（平凡社「東洋文庫」版、一九八九）二四一～二五〇頁。

（6）『九品官人法の研究――科挙前史――』（東洋史研究会、一九五六）。引用は『宮崎市定全集6九品官人法』（岩波書店、一九九二）三五～三七頁。

（7）「劉裕政権と義熙土断」（『重松先生古稀記念九州大学東洋史論叢』一九五七）。

（8）『魏晋南朝の政治と社会』（吉川弘文館、一九六三）では、「劉氏は内面的心情的にも、士人層に絶対者としての距離感をもって対することになった。そうした意味において、宋の皇帝権力は晋のそれとは質的に異なるものとされよう。この大勢は南朝を通じて変りなかった」（三七七頁）と述べている。

（9）『両晋南朝政治史稿』（河南大学出版社、一九九二）。

（10）「劉宋政権の成立と寒門武人」（『六朝貴族制社会の研究』岩波書店、一九八二所収）。ただし、「軍事政権」という用語は同論文では使用されておらず、「『世説新語』の編纂」（同書所収）三四四頁に見られ、さらに同氏著『中国の歴史3魏晋南北朝』（講談社、一九七四）に詳しい説明が見え、「武力は皇族と、根っからたたきあげた武人にゆだねられ、貴族はついに武力を直接支配することができなくなった。これは四世紀までと異なる一つの様相である。五世紀の宋・斉両政権は、この意味で軍事政権ということができるだろう」（二一三頁）とある。なお、本文における引用は、同書二二二、二二四頁。

（11）例えば、「漢六朝史の理解をめぐって」（『中国古代の政治と社会』中国書店、二〇〇〇所収）に、南朝貴族制の特色として、「各王朝創業の天子の出自が専ら軍事力によっているだけに、司馬氏の場合と違い天子が自らを主権者として貴族よりも高い次元におくことをうち出し、いわば政治的支配者としての一体感をぬぐい去った上で、天子、貴族、非貴族官僚三者のそれなりの調和を図ったことである」と述べている（一〇二頁）ことは注目される。とくに後半の「天子、貴族、非貴族官僚三者のそれなりの調和を図った」という指摘は示唆的であるものの、これ以上の説明が見られないため、劉宋政権の性格規定は曖昧といわざるを得ないのである。

（12）安田二郎「元嘉時代政治史試論」（注（4）所掲『六朝政治史の研究』）を参照。

（13）北伐政策については、本書第五章を参照。

（14）越智重明『魏晋南朝の政治と社会』（注（8）所掲）の「元嘉時代は二十七年を境にして大きく変化する。宋王朝は同年の北魏の南下を防ぐため国力を消耗しつくし、それ以後国勢は急速に衰えて行く。以後当然のこととしてその対策が考えられたが、その際皇帝の絶対者としての尊厳性の昂揚が、その対策の一環をなした」（三九二頁）という指摘が示唆的である。同氏「劉宋の官界における皇親」（『史淵』七四、一九五七）にも、

皇帝権力は一応、個人としての皇帝権力と一の組織・機構としての皇帝権力とに分けられる。武帝、（元嘉二十六年までの）文帝のもつ皇帝権力の強大さは、当然この両者相まっての強大さであった。その衰退も当然両者相まつべきが予想される。ところが、当時急速に衰退したのは一の組織・機構としての皇帝権力であり、孝武帝は依然として個人としての皇帝権力を中央官界において相当に強力に有していたのである。……かくて、孝武帝の親政は、皇帝個人による専制政治ともいうべき性格を濃厚に帯びるようになった。（三〇～三一頁）

という指摘がある。

（15）「宋の孝武帝とその時代」（『魏晋南朝の人と社会』研文出版、一九八五所収）。

（16）王鏗「論南朝宋斉時期的〝寒人典掌機要〟」（『北京大学学報（哲学社会科学版）』）一九九五―一）は、南朝における寒人専権は、せいぜい前廃帝や後廃帝の即位当初に見られる特殊な現象にすぎないことを論証して、旧来の理解を大幅に修正する論点を提示している。だがしかし、『宋書』記述の偏向という観点をより一層徹底させて考えるならば、王鏗氏が特殊例外的には実在したとされる事例さえも、疑問の余地があると考える。

（17）『宋書』巻七前廃帝紀によれば、孝武帝の死は閏五月庚申、その四日後の甲子の日に、録尚書事制度を復活させている。

（18）『宋書』巻七前廃帝紀大明八年六月辛未の条の詔に、

御府諸署、事不須広、雕文篆刻、無施於今。悉宜并省、以酬氓願。

とある。御府が孝武帝期に発足したことについては、『宋書』巻六孝武帝紀大明四年十一月戊辰の条に、

改細作署令為左右御府令。

とある。

(19)『両晋南北朝史』（開明書店、一九四八）、四一〇頁。同書は、『宋書』の記述が前廃帝の異常な性格を強調していることに注意を喚起している。宋・斉時代に頻出する非行少年型天子に関する記述をそのまま事実とは受け取れないこと、呂思勉氏の指摘の通りであろう。

(20)太子左衛率は東宮府において左衛将軍に相当し、太子中庶子は同じく侍中に相当。義恭の発言は、この点をふまえている。一方、太子左衛率も太子中庶子も五品だが、左衛将軍は四品、侍中は三品であって、太子左衛率と左衛将軍との間の格差は小さいが、太子中庶子と侍中とでは格差が大きすぎるという蔡興宗の発言は、このことに基づく。宋斉時代の実情をふまえて作られたといわれる梁十八班制でみても、十一班五番目の太子左衛率から十二班三番目の左衛将軍への距離は、十一班の十一番目太子中庶子と十二班筆頭侍中との距離よりはるかに小さい。だが一方、黄門侍郎は五品であるので、四品の校尉を領職させようというのが蔡興宗の考えであり、義恭は、黄門侍郎の低さにこだわった。十八班制でいうと、十一班の太子中庶子に対して、黄門侍郎は十班と降格になってしまうようにみえるが、黄門侍郎は十班の筆頭であり、七班の筆頭の校尉を領職させれば、悪い条件でもなかろう。薛安都は最終的に左衛将軍から右衛将軍に格下げされ、加官の散騎常侍（三品、十二班）を給事中（五品、四班）に引き下げられている。特に加官の降下が大きく、義恭らの不快感を反映したものといえよう。なお、この官職の組み合わせについては、岡部毅史「晋南朝の免官について」（『東方学』一〇一、二〇〇一）を参照（八四頁）。

(21)なお、恩倖寒人による吏部人事への不当な介入という『宋書』の記述に対しては、窪添慶文「国家と政治」（『魏晋南北朝官僚制研究』汲古書院、二〇〇三所収）の注（23）に、「中村圭爾氏はこの問題について、宋・斉時代においては、侍中よりも寒人が給事中や散騎の職によって上奏を修正したと述べられた。つまり、寒人が制度の枠外で活動したのではなく、かれらは政策決定の場に制度的に参加し得たのではないかということになる」（三八五頁）とあり、本稿とは別の角度から『宋書』

の記述の偏向を指摘している。この観点によった場合でも、『宋書』は恩倖寒人の活動の不当性を過度に強調していることになり、本稿の趣旨と一致する。

(22) 岡崎文夫『魏晋南北朝通史　内編』（前掲）に、「孝武の独断的方針は、世族を中心とする官僚全体にとって一般に反感をもたれたこと勿論であるが、ことに帝は忌憚なく朝臣を愚弄する癖があって、これがもっとも名流の悪感を買ったらしい」（二四四頁）という。

(23) 『宋書』巻四五劉懐慎伝附子徳願伝。

永光中、為廷尉、与柳元景厚善。元景敗、下獄誅。

(24) 『宋書』巻六一武三王・江夏王義恭伝にも、

前廃帝狂悖無道、義恭・元景等謀欲廃立。永光元年八月、廃帝率羽林兵於第害之、幷及其四子。

とある。

(25) 呂思勉『両晋南北朝史』（前掲）は、この政変は袁顗と徐爰の二人が密謀に参与したという見解を示す（四一三頁）。また、同書には、袁顗がまもなく帝の信頼を失ったという『宋書』の記述に対しても疑問が提示されている（四一四頁）が、この点については確実な論拠が得られないので、しばらく『宋書』に従う。

(26) 呂思勉『両晋南北朝史』（前掲）は、「蔡興宗は沈慶之・王玄謨・劉道隆に歴説して、兵力に頼ろうとしたが、三人がみな同調しなかったので、やむをえずして寿寂之らを用いたのは、切羽詰っての計略であり、成功したのは幸運であった」と述べている（四二〇頁）が、その論拠はない。

(27) 「従『宋書』蔡興宗伝看封建王朝的〝廃昏立明〞」『北京大学学報』（哲学社会科学版）一九八七年第二期。

(28) 安田二郎「晋安王劉子勛の反乱と豪族・土豪層」、「元嘉時代政治史試論」（いずれも注（4）所掲『六朝政治史の研究』所収）。

(29) 蔡興宗は、『宋書』において士大夫の理想像として描かれているが、そこには蔡興宗が沈約の恩人であることも影響していると考えられよう。沈約と蔡興宗の関係については、吉川忠夫「沈約の伝記と生活」（『六朝精神史研究』同朋舎、一九八四所収）を参照。なお、稀代麻也子「蔡興宗像の構築――袁粲像との比較を通して――」（『『宋書』のなかの沈約――生きるということ――』汲古書院、二〇〇四所収）は、本稿とは関心を異にするが、沈約が「自らの憧れである悠々たる生き方をした具体的姿として蔡興宗を描き出そうとした」（一四九頁）ことを論じており、有益である。

（30）孝武帝期における虎賁班剣の入殿禁止はその一例。石井仁「虎賁班剣考――漢六朝の恩賜・殊礼と故事――」（『東洋史研究』五九―四、二〇〇一）を参照。

（31）この劉宋政権の構造は、甘懐真「中国中古士族与国家之関係」（『新史学』二―三、一九九一）が分析した六朝隋唐期の皇帝と士族との関係の基本的なあり方と一致する。甘懐真氏は、「皇帝権力は転化して士族の集団性の象徴になることができさえすれば、士族が政治権力を行使する法源となり、士族の集団性を維持する仲裁者として、士族の支持を得ることができる。皇帝についていえば、皇帝は官僚組織を完全に統制する手段をもたないので、個人の権力は相対的に削弱され、士族による制約を受ける。しかし、士族が権力を行使する時には、依然として皇帝権力の名義を用いる。さらにいえば、依然として皇帝の意志に訴える。士族政治の時期を通じて、そのほかの法源や政体を創造はしなかった。国家官僚組織を代表する皇帝権力は、中古時期に、発展し続けることができた」（一一三頁）と指摘している。ここでいう「士族」を本稿でいう官僚に置き換えて理解するならば、まさに劉宋の皇帝権力は、結局、士族の集団性の象徴とは成り切れなかったということになろう。

第七章　唐寓之の乱と士大夫

はじめに

南斉の永明三年（四八五）冬に、浙江（銭塘江）西岸におこって、翌年正月に鎮圧された唐寓之の乱については、専論が少なく、管見の限り、頼家度「南朝唐寓之所領導的農民起義」（『中国農民起義論集』生活・読書・新知三聯書店、一九五八所収）と、朱大渭「関于唐寓之起兵的性質」（『六朝史論』中華書局、一九九八所収）とを参照することができたにすぎない。頼家度は、唐寓之の乱参加者が「白賊」と称されたことから、この反乱を白籍に登載された「自由」農民による農民起義と考えた。頼氏の「白賊」を白籍と結びつける説は、白籍に対する誤解に基づくものであって、この点については、朱大渭が指摘している。すなわち、白籍とは東晋時代に行なわれた僑民の臨時の戸籍であって「白賊」とは関係がなく、「白賊」の白とは一般的に官爵をもたない庶民を指すのであり、その中には農民のみならず庶族地主も包括されるという（一七五頁）。朱氏は、唐寓之の乱参加者は、主として庶族地主であると考え、この反乱を士族地主と庶族地主との間の財産と権力の再分配をめぐる闘争であり、農民起義でも農民戦争でもなかったという見解を示している。[2]このように従来の研究では、乱の主たる担い手が農民なのか、庶族地主なのかという点に関心が集中してきたので、まず反乱の経過をたどって、この担い手の問題について考える。さらにこの反乱の背景とされる戸籍検査政策を取り上げ、この政策に対する当時の皇族や官僚等いわゆる士大夫[3]の議論、さらにはこれらの議論を詳細に記録した蕭子顕『南斉書』の立場に考察を加え、南朝の政治・社会における士大夫——貴族層の役割に迫ってみたい。

第一節、唐寓之の乱の顚末

唐寓之の乱に関する最も詳細な記録は、『南斉書』巻四四沈文季伝にみえる。[4] これによって、唐寓之の乱の経過を追うことからはじめよう。

永明四年、呉郡太守の沈文季に会稽太守への移動が発令されるが、乱はその直前におこっている。本伝には、

是時連年検籍、百姓怨望。富陽人唐寓之僑居桐廬、父祖相伝図墓為業。寓之自云其家墓有王気、山中得金印、転相誑惑。三年冬、寓之聚党四百人、於新城水断商旅、党与分布近県。新城令陸赤奮・桐廬令王天愍棄県走。寓之向富陽、抄略人民、県令何洵告魚浦子邏主従係公、発魚浦村男丁防県。永興遣西陵戍主夏侯曇羨率将吏及戍左右埭界人起兵赴救。寓之遂陥富陽。会稽郡丞張思祖遣臺使孔矜・王万歳・張繇等配以器仗将吏白丁、防衛永興等十属。文季亦遣器仗将吏救援銭塘。寓之至銭塘、銭塘令劉彪・戍主聶僧貴遣隊主張玕於小山拒之、力不敵、戦敗。寓之進抑浦登岸、焚郭邑、彪棄県走。文季又発呉・嘉興・海塩・塩官民丁救之。賊分兵出諸県、塩官令蕭元蔚・諸曁令陵琚之並逃走、余杭令楽琰戦敗乃奔。

是の時、連年検籍し、百姓怨望す。富陽の人唐寓之　桐廬に僑居し、父祖相い伝え図墓もて業と為す。寓之自ら其の家の墓に王気有りて、山中にて金印を得たりと云い、転た相い誑惑す。三年冬、寓之党四百人を聚め、新城の水に於いて商旅を断ち、党与近県に分布す。新城令陸赤奮・桐廬令王天愍　県を棄てて走る。寓之　富陽に向かい、人民を抄略し、県令何洵　魚浦の子邏主従係公に告げ、魚浦村の男丁を発して県を防がしむ。永興　西陵

戍主夏侯曇羨をして将吏及び戍の左右の埭界の人を率いて兵を起こして赴救せしむ。寓之　遂て富陽を陥せり。会稽郡丞張思祖　臺使孔矜・王万歳・張緜等をして配するに器仗将吏白丁を以てし、永興等十属を防衛せしむ。文季も亦た器仗将吏をして銭塘を救援せしむ。寓之　銭塘に至るや、銭塘令劉彪・戍主聶僧貴　隊主張玗をして小山に於いて之れを拒がしむるも、力敵せず戦敗す。寓之　抑〔柳〕[5]浦に進みて岸に登り、郭邑を焚き、彪　県を棄てて走る。文季　又た呉・嘉興・海塩・塩官の民丁を発して之れを救わしむ。賊　兵を分かちて諸県に出でしめ、塩官令蕭元蔚・諸曁令陵寓之並びに逃走し、余杭令楽琰　戦敗して乃ち奔る。

とある。右の記載を整理すると、大略、次のようになる。①乱の背景に戸籍検査に対する不満の昂揚がある。②唐寓之は、呉郡・富陽県の人だが、同郡の桐廬県に僑居する、いわゆる風水先生で、風水説を利用して仲間を集めた[6]。③反乱軍四百人は、まず呉郡の新城県において浙江を通行する商船を遮断して、新城県と桐廬県を占領し[7]、両県の県令は逃走した。④反乱軍は浙江を下って富陽県にむかい、富陽県令は防衛策を講じ、浙江東岸の永興県（会稽郡）からも西陵戍主が救援に赴いたが、富陽県は反乱軍に占領された。⑤会稽郡では、永興をはじめとする十県の防衛体制をしき、呉郡太守沈文季も銭塘県救援の措置をとった。⑥反乱軍が銭塘に到着すると、小山の防衛線を突破して、柳浦から上陸して、市街地に放火したので、県令は逃亡した。⑦沈文季はさらに呉・嘉興・海塩・塩官諸県の民丁を徴発して銭塘を救援させるが、反乱軍は、銭塘から近県に出撃し、塩官県（呉郡）・諸曁県（会稽郡）・余杭県（呉興郡）を占領し、その際、塩官・諸曁の県令は戦わずに逃走し、余杭県令は戦って敗北してから逃走した。ここには、銭塘県をはじめ浙江西岸一帯と一部浙江東岸（諸曁県）を反乱側が占領するまでの経過が述べられており、とくに各県令がどのような対応をしたかが明記されている。これは、各県令の責任を問うために御史台が作成した調書によったためであろう[8]。ここで注目すべきは、まず、乱の首謀者唐寓之が風水先生であること、第二に、反乱軍はまず浙江を通行する商船を遮断し、浙江を下って富陽・銭塘県を占領しており、柳浦から上陸していることから明らかなように、船を主たる移動手段としていること、[9]であろう。これらの点から、少なくとも乱の中核となったのは風水先生や水上労働者など非農業民ではなかったかと考えられるのであり、[10]戸籍検査によって不利益をこうむった「庶族地主」や農民の呼応があったにしても、これを「農民起義」あるいは「庶族地主」対「士族地主」の闘争と規定することには躊躇をおぼえるのである。唐寓之の組織した政府の構成からも、農民ないし地主の政府という要素はみられない。唐寓之政府については、前引の記載に続けて、

是春、寓之於銭塘僭号、置太子、以新城戍為天子宮、県廨為太子宮。弟紹之為揚州刺史。銭塘富人柯隆為尚書僕射・中書舎人・領太官令。献鋌数千口為寓之作仗、加領尚方令。

是の春、寓之　銭塘に於いて僭号し、太子を置き、新城戍を以て天子の宮と為し、県廨を太子の宮と為す。弟紹之を揚州刺史と為し、銭塘の富人柯隆を尚書僕射・中書舎人・領太官令と為す。鋌数千口を献じて寓之の為に仗を作り、領尚方令を加えらる。

とあり、永明四年正月、唐寓之は銭塘で即位し、皇太子を置き、銭塘県の新城戍を天子の宮殿とし、銭塘県の庁舎を東宮とした。[11]さらに、弟の紹之を揚州刺史に、銭塘の富人柯隆を尚書僕射・中書舎人・領太官令に任命し、この柯隆が鉄材を提供して武器を製造すると、武器工場監督官たる尚方令も領職させている。柯隆は、反乱軍への重要な資金提供者とみられ、宮廷の台所を管掌する太官令の領職にもそのことは現われているが、それのみならず宰相ともいうべき尚書僕射を本官とし、皇帝秘書の中書舎人も兼ねているのをみると、反乱軍には政府を組織するのに必要な人材――行政事務に必要な知識をもつ者が欠如していたことが看取されるのであって、この点に、いわゆる「庶族地主」層の広範な結集がみられなかったことが示されていると考えられよう。また、資金提供と反乱軍政府の事務とを一手

にひきうけた「富人」柯隆は、大量の鉄材を提供していることからみて、商人とみなすべきであり、この政府の構成からも、非農業民主導の反乱という性格がうかびあがってくるのである。

唐寓之が即位して反乱も最高潮に達し、浙江をさかのぼった東岸にある東陽郡までが反乱軍の手におち、東陽太守蕭崇之と東陽郡の首県長山県の令である劉国重は、戦死をとげる。反乱側は、さらに太守不在の会稽郡（首県山陰県）の占領をめざして進軍するが、途中の浦陽江ではじめて大敗を喫する。反乱の情報に接した朝廷からも、「禁兵数千人、馬数百匹」が派遣され、この官軍が銭塘に到着するや、一戦にして反乱軍は敗北し、唐寓之は斬殺されて、乱は収束する。ところが、乱鎮定の際の官軍による一般民衆に対する掠奪行為が問題化して、武帝の寵将陳天福の処刑にまで発展する。さらに、乱の際の郡・県長官の対応の不手際が御史中丞によって弾劾され、反乱の際に戦わないで逃走した塩官令蕭元蔚らが免官となった。

以上が、沈文季伝から知られる乱のおおよその経過である。乱の中核をなしたのは、農民でも地主でもなく、風水先生・水上労働者・商人などの非農業民であることがうかがわれる。一方、従来の研究が重視してきたように、戸籍検査政策に対する不満が乱の拡大の背景にあったことも事実で、『南史』巻七七恩倖・茹法亮伝に、

三呉却籍者奔之、衆至三万。

三呉の却籍せらるる者　之れに奔り、衆三万に至る。

とみえる「衆三万」の中には、農民や新興豪族も含まれていたかもしれない。南斉王朝が推進した戸籍検査政策については、民力休養の立場から緩和を求める意見も提出されているので、節を改めて、戸籍検査をめぐる記述について考察を加えよう。

第二節、南斉・武帝政権の戸籍検査政策と民力休養論

劉宋末に破綻していた財政[12]を再建する必要に迫られていた南斉の初代皇帝、高帝（蕭道成）は、まず戸籍記載の整頓に問題解決の糸口を見出そうとし、即位早々、黄門郎虞玩之と驍騎将軍傅堅意に戸籍記載の不正摘発を命じ、建元二年（四八〇）には、次のような詔を発して、戸籍記載の不正の現状を述べ、朝臣らにその対策を諮問している（『南斉書』巻三四虞玩之伝）。

黄籍、民之大紀、国之治端。自頃氓俗巧偽、為日已久、至乃窃注爵位、盗易年月、増損三状、貿襲万端。或戸存而文書已絶、或人在而反託死叛、停私而云隷役、身強而称六疾。編戸斉家、少不如此。皆政之巨蠹、教之深疵。比年雖却籍改書、終無得実。若約之以刑、則民偽已遠、若綏之以徳、則勝残未易。卿諸賢並深明治体、可各献嘉謀、以振澆化。又臺坊訪募、此制不近、優刻素定、閑劇有常。宋元嘉以前、茲役恒満、大明以後、楽補稍絶。或縁寇難頻起、軍蔭易多、民庶従利、投坊者寡。然国経未変、朝紀恒存、相揆而言、隆替何速。此急病之洪源、晷景之切患、以何科算、革斯弊邪。

黄籍は、民の大紀、国の治端なり。このごろ氓俗巧偽、日を為すこと已に久しく、乃ち爵位を窃注し、年月を盗易し、三状を増損し貿襲すること万端に至る。或いは戸存するも文書已に絶え、或いは人在るも反って死叛に託し、私に停まれるも役に隷すと云い、身強きも六疾と称す。編戸斉家、此くの如くせざるもの少なし。皆な政の巨蠹、教の深疵なり。比年却籍して改書せしむると雖も、終に実を得ること無し。若し之れを約するに刑を以てすれば、則ち民偽已に遠く、若し之れを綏んずるに徳を以てすれば、則ち残に勝つこと未だ易からず。卿ら諸賢

並びに深く治体に明らかなれば、各々嘉謀を献じ、以て澆化を振わすべし。又た臺坊の訪募、此の制近からざれば、優刻素より定まり、閑劇常有り。宋の元嘉以前、茲の役恒に満ちたるに、大明以後、楽補漸く絶ゆ。或いは寇難頻りに起こりて、軍蔭多かり易きに縁りて、民庶利に従い、坊に投ずる者寡なきなり。然れども国経未だ変わらず、朝紀恒に存し、相い揆りて言えば隆替何ぞ速かなるや。此れ急病の洪源、憂景の切患、何を以て科算し、斯の弊を革めんや。

戸籍記載の不正行為とは、具体的には、まず、ありもしない官爵を記入したり、官爵に叙任された年月を書き替えたりして、力役免除の特権を獲得することで、その書き替えは、三状（父・祖・曾祖の官爵にかかわる注記か）[13]について行われた。そのほか、戸の記載がすべて抹消されていたり、ある人物が存在しているのに死亡あるいは逃亡していることになっていたり、私家にとどまっているのに役に従事していることになっていたり、健康なのに病身とされていたりする事例があげられている。このような不正に対して、「却籍」（本県に返却）して書き改める措置[14]をとってきたが、いっこうに成果があがらないので良策を述べてほしい、というものである。以上が詔の前半部分であり、後半では、軍勲取得者の激増がまねいた「臺坊」[15]の役の応募者不足についての対策をもとめている。この諮問に答え、虞玩之は次のように上表した。

宋元嘉二十七年八条取人、孝建元年書籍、衆巧之所始也。……今陛下日旰忘食、未明求衣、詔逮幽愚、謹陳妄説。古之共治天下、唯良二千石、今欲求治取正、其在勤明令長。凡受籍、県不加検合、但封送州、州検得実、方却帰県。吏貪其賂、民肆其姦、姦彌深而却彌多、賂愈厚而答愈緩。自泰始三年至元徽四年、揚州等九郡四号黄籍、共却七万一千余戸。于今十一年矣。而所正者猶未四万。神州奥区、尚或如此、江・湘諸部、倍不可念。愚謂宜以元嘉二十七年籍為正。民惰法既久、今建元元年書籍、宜更立明科、一聴首悔、迷而不反、依制必戮。使官長審自検校、必令明洗、然後上州、永以為正。若有虞昧、州県同咎。今戸口多少、不減元嘉、而板籍頓闕、弊亦有以。自孝建已来、入勳者衆、其中操干戈衛社稷者、三分殆無一焉。勳簿所領、而詐注辞籍、浮遊世要、非官長所拘録、復為不少。……尋蘇峻平後、庾亮就温嶠求勳簿、而嶠不与、以為陶侃所上、多非実録。尋物之懐私、無世不有、宋末落紐、此巧尤多。又将位既衆、挙卹為禄、実潤甚微、而人領数万、如此二条、天下合役之身、已拠其太半矣。又有改注籍状、詐入仕流、昔為人役者、今反役人。又生不長髪、便謂為道人、塡街溢巷、是処皆然。或抱子并居、竟不編戸、遷徙去来、公違土断。属役無満、流亡不帰。寧喪終身、疾病長臥。法令必行、自然競反。又四鎮戍将、有名寡実、随才部曲、無辨勇懦、署位借給、巫媼比肩、彌山満海、皆是私役。行貨求位、其塗甚易、募役卑劇、何為投補。坊吏之所以尽、百里之所以単也。今但使募制明信、満復有期、民無逕路、則坊可立表而盈矣。為治不患無制、患在不行、不患不行、患在不久。

宋元嘉二十七年の八条取人と、孝建元年の書籍とは、衆巧の始まる所なり。……今陛下日旰れて食を忘れ、未明に衣を求め、詔　幽愚に逮びたれば、謹んで妄説を陳べん。古えの共に天下を治むるは唯だ良二千石のみにして、今治を求め正を取らんと欲すれば、其れ勤明の令長に在り。凡そ籍を受くるに、県　検合を加えず、但だ州に封送するのみにして、州　検して実を得れば、方めて県に却帰す。吏　其の賂を貪り、民　其の姦を肆にし、姦彌々深くして却彌々多く、賂愈々厚くして答愈々緩し。泰始三年自り元徽四年に至るまで、揚州等九郡の四号の黄籍、共に七万一千余戸を却し、今に于て十一年なり。而るに正す所の者　猶お未だ四万ならず。神州奥区すら、尚お或いは此くの如ければ、江・湘諸部は、倍々念うべからず。愚謂えらく宜しく元嘉二十七年籍を以て正と為すべしと。民　法を惰ること既に久しければ、今建元元年の書籍にて、宜しく更めて明科を立て、一に首悔を聴し、迷いて反らざるものは、制に依りて必ず戮すべし。官長をして審らかに検校し、必ず明洗せしめ、然る後に州に上らしめて、永く以て正と為さん。若し虚昧有らば、州県咎を同じくせん。今戸口の多少、元嘉より減ぜざるに、板籍頓に闕くるは、弊亦た以有り。孝建自り已来、勲に入る者衆きも、其の中　干戈を操り社稷を衛りし者、三分して殆んど一無し。勲簿の領する所にして、辞籍を詐注し、世要に浮遊し、官長の拘録する所に非ざるもの、復た少なからずと為す。……尋ぬるに物の私を懐くこと、世として有らざるなく、宋末の落紐、此の巧尤も多し。又た将位既に衆く、卹を挙げて禄と為し、実潤甚だ微なるも、人ごとに数万を領す。此くの如き二条にして、天下合役の身、已に其の太半に拠れり。又た籍状を改注し、詐りて仕流に入り、昔人の為に役せられし者、今反って人を役すること有り。又た生まれながら髪を長ぜずして、便ち謂いて道人と為すもの、街を塡め巷に溢れ、是れ処として皆な然り。或いは子を抱えて并居せるに、竟に戸に編せられず。遷徙去来して、公けに土断に違う。役に属して満つる無きに、流亡して帰らず。寧喪すること終身。疾病にて長臥す。法令必ず行わるれば、自然競いて反らん。又た四鎮の戍将、名有るも実寡なく、随才〔身〕[16]部曲、勇懦を辨ずる無く、署位借給し、巫媼も比肩し、山に彌ち海に満ち、皆な是れ私役なり。貨を行し位を求むるは、其の塗甚だ易く、募役は卑劇なれば何すれぞ投補せんや。坊吏の尽くる所以、百里の単くる所以なり。今但だ募制をして明信ならしめ、満復期有りて、民　逕路無ければ、則ち坊　表を立てて盈たすべきなり。治を為すに制無きを患えず、患い行われざるに在り。行われざるを患えず、患い久しからざるに在り。

戸籍記載の不正の摘発については、県にあつめられた戸籍をまったく審査せずに州に送るのみで、州の審査で不正が判明すれば本県にさしもどすという旧来の戸籍作製手続き[17]に原因のあることを指摘し、県で審査した後に州に送るようにし、もし摘発もれがあれば、州県双方に責任を負わせるようにすべし、という意見を述べている。一方、「臺坊」の役の応募者不足については、服役期限等の規則を明確にし、民に軍蔭（軍功による特権）等の容易な免役のみちがなければ、応募者不足は解決するというのみである。戸籍検査が徹底しさえすれば、軍蔭の不正取得者は摘発され、容易な免役のみちがなくなり、一般の力役よりは待遇のよい「臺坊」の役の応募者が増加するという意味であろう。戸籍記載の不正も「臺坊」の役の不足も、根本的にはひとつの問題としてとらえられているのである。この虞玩之の上表文の中で注目すべきは、県の令長の責任において戸籍記載の不正問題を解決する方針を打ち出した点であろう。

虞玩之の上表をうけた高帝は、「校籍官を置き、令史を置き、限りて人ごとに一日数巧を得さしめ、以て懈怠を防ぐ」とあるように、中央政府に専門の戸籍検査官を置き、その令史一人あたり一日数件の不正摘発を義務づけるという対策を採用した。(18)その結果、「貨賂因縁し、籍注正しと雖も、猶お強いて推却し、以て程限を充たす」とあって、事態はさらに悪化した。(19)『南史』巻四七虞玩之伝は、以上を簡略化した記事を載せた後に、唐寓之の乱の記事を載せており、この戸籍検査強化の結果が乱であったことを強調する書き方をとっているが、『南斉書』本伝は、乱については一切ふれず、前節でみた如く、乱の発生した呉郡の長官であった沈文季の伝に乱の詳細な記事を載せている。『南史』巻三七沈文季伝が乱に一切ふれていないのとまったく対照的な叙述となっているのである。戸籍検査に対する不満が乱の背景にあるという点では、『南斉書』も『南史』も一致するが、虞玩之の上表と乱とのつながりを強調するかしないかという点において、両書の間には相違がある。

この点、『南史』巻七七恩倖・茹法亮伝をみると、いっそう明確になる。

与会稽呂文度・臨海呂文顕並以姦佞諂事武帝。文度為外監、専制兵権、領軍将軍守虚位而已。……文度既委用、大納財賄、広開宅宇、盛起土山、奇禽怪樹、皆聚其中、後房羅綺、王侯不能及。又啓上籍被却者悉充遠戍、百姓嗟怨、或逃亡避咎。富陽人唐寓之因此聚党為乱、鼓行而東、乃於銭唐県僭号、以新城戍為偽宮、以銭唐県為偽太子宮、置百官皆備。三呉却籍者奔之、衆至三万。窃称呉国、偽年号興平。其源始於虞玩之、而成於文度。事見虞玩之伝。

会稽の呂文度・臨海の呂文顕と並びに姦佞を以て武帝に諂事す。文度　外監と為り、兵権を専制し、領軍将軍虚位を守るのみ。……文度　既に委用せられ、大いに財賄を納め、広く宅宇を開き、盛んに土山を起こし、奇禽怪樹、皆な其の中に聚め、後房羅綺、王侯も及ぶ能わず。又た籍を上りて却せらるる者は悉く遠戍に充てんことを啓し、百姓嗟怨し、或いは逃亡して咎を避く。富陽の人唐寓之　此れに因りて党を聚めて乱を為し、鼓行して東し、乃ち銭唐県に於て僭号し、新城戍を以て偽宮と為し、銭唐県を以て偽太子宮と為し、百官を置きて皆な備わる。三呉の却籍せらるる者　之れに奔り、衆三万に至る。呉国を窃称し、偽年号　興平たり。其の源は虞玩之に始まり、文度に成る。事は虞玩之伝に見ゆ。

とあって、武帝政権下で戸籍検査を推進したのは、恩倖の呂文度であったが、その政策は高帝の時の虞玩之の上表によって始まったのだ、とされている。『南史』は、戸籍検査に対する不満が乱をよびおこしたという事実から、その政策の提案者である虞玩之に着目したのであろう。だが、『南斉書』虞玩之伝によれば、虞玩之はたしかに戸籍検査推進の方策について論じているが、その方策は県の令長の責任において検査を行うというものであって、実際に施行され、しかも問題を悪化させた、中央政府における校籍官設置とは根本的に異なっている。高帝によって着手された戸籍検査を、不正を摘発された者に対する厳罰をもって、より強力に推進した呂文度の施策と、虞玩之の提案した対策との間には相当の距離があるといわねばならない(20)。虞玩之の上表を乱の遠因と明記する『南史』の記載は、全面的には受け入れられないが、武帝政権下で戸籍検査を推進したのが恩倖の呂文度であるという記述は、『南斉書』にはみられない有用な記述と考える(21)。

それでは、虞玩之の上表と唐寓之の乱との因果関係を明記しない『南斉書』では、乱の原因をどのようにとらえているのだろうか。巻二二豫章文献王伝には、唐寓之の乱の際の武帝の弟、蕭嶷の次のような啓をのせる。

此段小寇、出於兇愚、天網宏罩、理不足論。但聖明御世、幸可不爾、比藉声聴、皆云有由而然。豈得不仰啓所懐、少陳心款。山海崇深、臣獲保安楽、公私情願、於此可見。斉有天下、歳月未久、沢沾万民、其実未多、百姓猶険、懐悪者衆。陛下曲垂流愛、毎存優旨。但頃小大士庶、毎以小利奉公、不顧所損者大、擿籍検工巧、督卹簡小塘、蔵丁匿口、凡諸条制、実長怨府。此目前交利、非天下大計。一室之中、尚不可精、寓宙之内、何可周洗。公家何嘗不知民多欺巧、古今政以不可細砕、故不為此、実非乖理。但識理者百不有一、陛下弟児大臣、猶不皆能伏理、況復天下悠悠万品。怨積聚党、兇迷相類、止於一処、何足不除、脱復多所、便成紜紜。……

此の段の小寇、兇愚に出で、天網宏く罩えば、理として論ずるに足らず。但だ聖明の世を御するときには、幸いに爾らざるべし。比ろ声聴に藉るに、皆な由有りて然りと云う。豈に所懐を仰啓し、少しく心款を陳べざるを得んや。山海崇深なれば、臣　安楽を保つを獲、公私の情願、此こに於て見るべし。斉　天下を有して、歳月未だ久しからず。万民を沢沾すること、其の実未だ多からず。百姓猶お険にして、悪を懐く者衆し。陛下曲さに流愛を垂れ、毎に優旨を存す。但だ頃ろ小大士庶、毎に小利を以て奉公し、損する所の者の大なるを顧みず、籍を擿して工巧を検し、卹を督して小塘をも簡し、(22) 蔵丁匿口、凡そ諸々の条制、実に怨府を長ず。此れ目前の交利、天下の大計に非ず。一室の中すら、尚お精すべからざるに、宇宙の中、何ぞ周洗すべけんや。公家何ぞ嘗て民の欺巧多きを知らざらんや。古今　政は細砕すべからざるを以て、故に此れを為さず、実に理に乖るに非ず。但だ理を識る者百に一も有らず、陛下の弟児大臣すら、猶お皆なは理に伏す能わず。況んや復た天下の悠々たる万品においてをや。怨積み党を聚め、兇迷相い類すること、一処に止まれば、何ぞ除かざるに足りんや。脱し復た所多ければ、便ち紜々を成さん。……

ここでは、斉王朝創立以来日も浅く、なお民力の休養が必要であるのに、「小利を以て奉公する」「小大士庶」が、戸籍検査や卹の督促等、目前の小さな利益を追求する政策を推進し、そのことが民衆の不満をよびおこして唐寓之の乱に発展した、という認識を示し、「天下の大計」たる民力休養のためには、戸籍記載の少々の不正は大目にみるべきことを主張している。越智重明が指摘するように、「唐寓之の乱は通常検籍が厳格であったため起ったとされているが」、卹の取り立てなど、「銭納の苛酷さ」が「民間の反抗をひきおこ」したという側面を重視すべきであろう。(23) 劉宋王朝末期以来の財政赤字克服のため、武帝政権では、戸籍検査の強化に限らず、卹をはじめ貨幣収入の増大のための施策を次々と実行していた事実をふまえれば、そのような財政政策全般に対する不満が乱の背景にあったとみるべきなのであり、この点に関する蕭嶷の認識は正確であると考える。蕭嶷が言及した卹の実態は、越智氏が指摘するように、『南斉書』巻二六王敬則伝にみえる。

尋遷為使持節・散騎常侍・都督会稽東陽新安臨海永嘉五郡軍事・鎮東将軍・会稽太守。永明二年、給鼓吹一部。会土辺帯湖海、民丁無士庶皆保塘役、敬則以功力有余、悉評斂為銭、送臺庫以為便宜、上許之。

尋いで遷りて使持節・散騎常侍・都督会稽東陽新安臨海永嘉五郡軍事・鎮東将軍・会稽太守と為る。永明二年、鼓吹一部を給せらる。会土　湖海を辺帯し、民丁　士庶となく皆な塘役を保す。敬則　以えらく、功力余り有れば、悉く評斂して銭と為し、臺庫に送り、以て便宜と為さん、と。上　之れを許す。

とあり、唐寓之の乱直前の、永明二年頃、会稽太守王敬則が塘役のかわりに銭を徴収して中央の財庫（臺庫）に送納することを提案して、武帝の裁可を得た。これに対して武帝の子、蕭子良が次のような啓をたてまつって、反対意見を述べている。

……頃銭貴物賤、殆欲兼倍、凡在触類、莫不如茲。稼穡難劬、斛直数十、機杼勤苦、匹裁三百。所以然者、実亦有由。年常歳調、既有定期、僮卹所上、咸是見直。東閒銭多剪鑿、鮮復完者、公家所受、必須員大、以両代一、困於所貿、鞭捶質繫、益致無聊。

臣昔忝会稽、粗閑物俗、塘丁所上、本不入官。良由陂湖宜壅、橋路須通、均夫訂直、民自為用。若甲分毀壊、則年一脩改、若乙限堅完、則終歳無役。今郡通課此直、悉以還臺、租賦之外、更生一調。致令塘路崩蕪、湖源泄散、実為此劇。

建元初、狡虜游魂、軍用殷広。浙東五郡、丁税一千、乃有質売妻児、以充此限、道路愁窮、不可聞見。所逋尚多、収上事絶、臣登具啓聞、即蒙蠲原。而此年租課、三分逋一、明知徒足擾、実自弊国。愚謂塘丁一条、宜還復旧、在所逋卹、優量原除。凡応受銭、不限大小、仍令在所、折市布帛。若民有雑物、是軍国所須者、聴随価准直、不必一応送銭、於公不虧其用、在私実荷其渥。……

救民拯弊、莫過減賦。時和歳稔、尚爾虚乏、儻値水旱、寧可熟念。且西京熾強、実基三輔、東都全固、寔頼三河、歴代所同、古今一揆。石頭以外、裁足自供府州、方山以東、深関朝廷根本。夫股肱要重、不可不卹。宜蒙寛政、少加優養。略其目前小利、取其長久大益、無患民貲不殷、国財不阜也。宗臣重寄、咸云利国、窃如愚管、未見可安。

……頃ろ銭貴く物賤く、殆んど兼倍せんと欲し、凡そ触類に在りて、茲くの如くならざる莫し。稼穡難劬なるに、斛ごとに直数十、機杼勤苦なるに、匹ごとに裁かに三百。然る所以の者、実に亦た由有り。年常歳調、既に定期有りて、僮卹上る所、咸く是れ見直。東閒　銭剪鑿多く、復た完き者鮮なきに、公家受くる所、必ず員大を須むれば、両を以て一に代え、貿うる所に困しみ、鞭捶質繫せられ、益々無聊を致す。

臣昔会稽を忝くし、粗ぼ物俗に閑いたるに、塘丁の上る所は、本と官に入らず。良に陂湖宜しく壅ぐべく、橋路須からく通ずべきに由り、夫を均しくし直を訂り、民自ら用を為せるなり。若し甲分毀壊せば、則ち年に一たび脩改し、若し乙限堅完なれば、則ち終歳役無し。今　郡通じて此の直を課し、悉く以て臺に還せば、租賦の外、更に一調を生ぜん。塘路をして崩蕪し、湖源をして泄散せしむるを致し、民を害し政を損うこと、実に此れ劇と為す。

建元初、狡虜游魂し、軍用殷広たり。浙東五郡、丁ごとに一千を税し、乃ち妻児を質売し、以て此の限に充つるもの有りて、道路愁窮、聞見するべからざりき。逋する所尚お多く、収上の事絶えたれば、臣登ちに具さに啓聞し、即ち蠲原を蒙れり。而れども此の年の租課、三分して一を逋し、明らかに徒だ民を擾がすに足るのみにして、実自に国を弊せしむるを知る。愚謂えらく塘丁の一条、宜しく還た旧に復すべく、在所の逋卹は、優量原除すべし、と。凡そ応に受くべきの銭は、大小を限らず、仍りて在所をして布帛に折市せしめん。若し民　雑物有りて、是れ軍国の須むる所なれば、価に随い直に准ぜしむるを聴し、一応に銭を送るを必せざるも、公に於いて其の用を虧かず、私に在りて実に其の渥きを荷わん。……

民を救い弊を拯うには、賦を減ずるに過ぐる莫し。時和し歳稔れども、尚お爾く虚乏したれば、儻し水旱に値たれば、寧ぞ熟念すべけんや。且つ西京の熾強なりしは、実に三輔に基づき、東都の全固なりしは、寔に三河に頼り、歴代同じき所、古今一揆なり。石頭以外、裁かに自ら府州に供するに足り、方山以東、深く朝廷の根本に関わる。夫れ股肱要重にして、卹まざるべからず。宜しく寛政を蒙り、少しく優養を加えらるべし。其の目前の小利を略し、其の長久の大益を取らば、民貲の殷かならず、国財の阜かならざるを患うこと無きなり。宗臣重寄、咸な国を利すると云うも、窃かに愚管の如くんば、未だ安んずべきを見ず。

蕭子良は、塘役の代りに銭を取り立てる政策をはじめ、永明二年頃の財政政策全般への批判を展開している。越智氏の指摘のとおり、さきの蕭嶷の啓ではこの銭のことを䘏と称しているのである。䘏とは、元来、幹僮（官人に給される役吏）の役の代りに納入する銭のことであって、[24] 蕭子良の啓の中では「僮䘏」という名称で出ている。蕭子良は、塘丁の役の代りの䘏や「僮䘏」の取り立てをはじめとする政府の良貨吸いあげの政策が三呉地方の農民を困窮におとしいれている現状を批判し、塘丁の役は、旧来の水利施設の管理方式、すなわち「労役を提供して補修するか、あるいは塘役を銭納して労役をやめるかというかたちで」の「住民全体の主体的参加による水利施設の直接管理[25]」にもどすべきことを主張している。この主張の根底の論理が民力の休養であることは、「民を救い弊を拯うには、賦を減ずるに過ぐる莫し」以下の最後の段落をみれば明瞭であり、さきにみた蕭嶷と共通の志向をうかがうことができよう。しかし、この蕭子良の主張は、武帝には受け入れられなかった。

以上、南斉・武帝政権によって推進された戸籍検査や䘏の取り立て等の財政政策をめぐって、蕭嶷・蕭子良ら民力休養の主張が提起されていたことが判明する。これら民力休養派に対立したのは、呂文度ら恩倖寒人、さらに積極的に良貨吸い上げを提案して武帝政権に迎合する王敬則ら一部官僚で、恩倖寒人はもとより、王敬則も女巫の子で軍人として出世した（『南斉書』本伝）非士大夫なのであった。両者の相違は、唐寓之の乱への対応にも現われている。蕭嶷は、先にみたように、唐寓之の乱の発生を真摯にうけとめて政策の転換を主張したが、これに対する武帝の回答は次のようなものであった（『南斉書』豫章文献王伝）。

欺巧那可容。宋世混乱、以為是不。蚊蟻何足為憂、已為義勇所破、官軍昨至、今都応散滅。吾政恨其不辨大耳。亦何時無亡命邪。

欺巧　那ぞ容すべけんや。宋世混乱せるは、以て是と為すやいなや。蚊蟻何ぞ憂いと為すに足りんや。已に義勇の破る所と為り、官軍も昨う至りたれば、今都て応に散滅すべし。吾れ政に其の大を辨ぜざりしを恨むのみ。亦た何れの時にか亡命無からんや。

ここには、反乱、さらには戸籍のごまかしに対してあくまで強硬な武帝の姿勢がみられるが、この発言の後に、

後乃詔聴復籍注。

後乃ち詔して籍注を復するを聴す。

とみえ、「却籍」の一定の緩和が行われたことを示している。この緩和は、戸籍のごまかしの一掃が不可能であることを政府自らが認めざるをえなくなったことを示すものではあるにしても、これを以て根本的な政策転換、すなわち民力休養論の勝利とみなすことはできない(26)。武帝政権による財政政策と民力休養論とが、唐寓之の乱の後にも対峙し続けていることは、『南斉書』巻四六陸慧暁伝附顧憲之伝に明瞭である。本伝には、まず顧憲之の論が提出されるに至った事情が次のように述べられる。

永明六年、為随王東中郎長史・行会稽郡事。時西陵戍主杜元懿啓、「呉興無秋、会稽豊登、商旅往来、倍多常歳。西陵牛埭税、官格日三千五百、元懿如即所見、日可一倍、盈縮相兼、略計年長百万。浦陽南北津及柳浦四埭、乞為官領摂、一年格外長四百許万。西陵戍前検税、無妨戍事、余三埭自挙腹心。」世祖勅示会稽郡、「此詎是事宜。可訪察即啓。」

永明六年、随王の東中郎長史・行会稽郡事と為る。時に西陵戍主杜元懿　啓していわく、「呉興秋り無く、会稽豊登し、商旅の往来、常歳より倍多せり。西陵の牛埭税、官格は日ごとに三千五百なれど、元懿　如し見る所に即かば、日ごとに一倍すべく、盈縮相い兼ぬれば、略計　年ごとに百万を長ぜん。浦陽の南北津及び柳浦と四埭、乞うらくは官の為に領摂し、一年にて格外に四百許万を長ぜん。西陵戍前の検税は、戍の事を妨ぐる無く、余の三埭は自ら腹心を挙げん」と。世祖勅して会稽郡に示していう。「此れ詎ぞ是れ事宜ならんや(27)。訪察して即ちに

啓すべし」と。

永明六年、西陵戍主杜元懿が、凶作の呉興と豊作の会稽との間の商人の往来の激増に着目して、西陵等、四つの牛埭の通行税を自分に請負わせたなら、四百万銭の税収増加を達成する旨、提案したのに対し、武帝は、都合のよいこと（「事宜」「便宜」）ではないかと考え、当時、随郡王子隆(29)のもとで東中郎長史・行会稽郡事として、会稽郡の長官を代行する立場にあった顧憲之に調査と報告を命じた(28)。これに答えて、顧憲之が「議」をたてまつったのであるが、その前半で、次のようにいう。

尋始立牛埭之意、非苟逼僦以納税也。当以風濤迅険、人力不捷、屢致膠溺、済急利物耳。既公私是楽、所以輸直無怨。京師航渡、即其例也。而後之監領者、不達其本、各務己功、互生理外。或禁遏別道、或空税江行、或撲船倍価、或力周而猶責、凡如此類、不経埭煩牛者上詳、被報格外十条、並蒙停寝。従来諠訴、始得暫弭。案呉興頻歳失稔、今茲尤饉、去之従豊、良由饑棘。或徴貨貿粒、還拯親累。或提携老弱、陳力餬口、埭司責税、依格弗降。旧格新減、尚未議登、格外加倍、将以何術。皇慈恤隠、振廩蠲調、而元懿幸災搉利、重増困瘼、人而不仁、古今共疾。且比見加格置市者、前後相属、非惟新加無贏、並皆旧格猶闕。愚恐元懿今啓、亦当不殊。若事不副言、懼貽譴詰、便百方侵苦、為公賈怨。元懿稟性苛刻、已彰往効、任以物土、譬以狼将羊、其所欲挙腹心、亦当虎而冠耳。書云、「与其有聚斂之臣、寧有盗臣。」此言盗公為損蓋微、斂民所害乃大也。今雍熙在運、草木含沢、其非事宜、仰如聖旨。然掌斯任者、応簡廉平、廉則不窃於公、平則無外於民矣。愚又以便宜者、蓋謂便於公、宜於民也。窃見頃之言便宜者、非能於民力之外、用天分地者也。率皆即日不宜於民、方来不便於公。名与実反、有乖政体。凡如此等、誠宜深察。

始め牛埭を立つるの意を尋ぬるに、苟も逼り僦して以て税を納めしめんとせしには非ざるなり。当に風濤迅険、人力捷たず、屢々膠溺を致せしを以て、急を済い物を利すべきなればのみ。既に公私是れ楽しみ、所以に直を輸むれど怨む無し。京師の航渡、即ち其の例なり。而るに後の監領する者、其の本に達せず、各々己が功に務め、互いに理外を生ぜり。或いは別道を禁遏し、或いは空しく江行に税し、或いは船を撲《つ》くして価を倍にし、或いは力周ねくして猶お責め、凡そ此くの如き類、埭を経　牛を煩わさざる者上詳し、格外十条を報ぜられ、並びに停寝せらる。従来の諠訴、始めて暫らく弭むを得たり。案ずるに呉興は頻歳失稔し、今茲に尤も饉え、之れを去りて豊に従うは、良に饑棘せるに由る。或いは貨を徴して粒に貿え、還りて親累を拯い、或いは老弱を提携し、陳力餬口せるに、埭司税を責め、格に依りて降さず。旧格新に減ずれども、尚お未だ登るを議さざるに、格外加倍、将た何の術を以てせんや。皇慈恤隠し振廩蠲調せるに、元懿　災を幸いとし利を榷《し》め、重ねて困瘼を増さんとす。人にして仁ならざるもの、古今共に疾む。且つ比《このご》ろ格に加えて市を置く者、前後相い属ぐも、惟だ新加贏たす無きのみに非ずして、並びに皆な旧格すら猶お闕く。愚恐るらくは、元懿の今の啓も、亦た当に殊ならざるべし、と。若し事　言に副わざれば、譴詰を貽すを懼れ、便ち百方侵苦し、公の為めに怨みを買わん。元懿　稟性苛刻、已に往効に彰われ、任ずるに物土を以てするは、譬えば狼を以て羊を将いしむるがごときにして、其の挙げんと欲する所の腹心も、亦た当に虎にして冠すべきのみ。書に云わく、「其の聚斂の臣有らんよりは、寧ろ盗臣有れ」と。此れ公より盗むは損を為すこと蓋し微なれど、民より斂むるは害する所乃ち大なるを言うなり。今雍煕運に在り、草木沢いを含み、其の事宜に非ざること、仰ぎて聖旨の如し(30)。然らば斯の任を掌る者、応に廉平なるものを簡ぶべし。廉なれば則ち公より窃まず、平なれば則ち民に害無ければなり。愚又た以えらく便宜とは、蓋し公に便にして、民に宜しきを謂うなり。窃かに見るに頃ろの便宜を謂う者、能く民力の外に於て、天を用い地を分くる者に非ざるなり。率むね皆な即日民に宜しからざれば、方来公に便ならず。名と実と反し、政体に乖ること有り。凡そ此くの如き等、誠に宜しく深察すべし。

牛埭とはそもそも交通の便のために設置されたものであり増税の手段ではないこと、呉興の凶作に乗じて増税をはかるのは人道に反すること、従来よりも多額の納税を約定して通行税等の徴収を請負う者が続出していたが、その達成は困難であり、結局民衆にしわよせがいくのが現状であること、等の理由を述べ、「大学」の一節を引用して杜元懿を「聚斂の臣」と極め付け(31)、杜元懿の提案は決して本来の意味での「便宜」ではなく、民力を疲弊させる以外の何物でもないことを論じる。顧憲之は、さらに次のようにいう。

山陰一県、課戸二万、其民貲不満三千者、殆将居半、刻又刻之、猶且三分余一。凡有貲者、多是士人復除、其貧極者、悉皆露戸役民。三五属官、蓋惟分定、百端輸調、又則常然。比衆局検校、首尾尋続、横相質累者、亦復不少。一人被摂、十人相追、一緒裁萌、千蘖互起。蚕事弛而農業廃、賤取庸而貴挙責、応公贍私、日不暇給、欲無為非、其可得乎。死且不憚、矧伊刑罰。身且不愛、何況妻子。是以前検未窮、後巧復滋、網辟徒峻、猶不能悛。窃尋民之多偽、実由宋季軍旅繁興、役賦殷重、不堪勤劇、倚巧祈優、積習生常、遂迷忘反。四海之大、黎庶之衆、心用参差、難卒澄一。化宜以漸、不可疾責、誠存不擾、蔵疾納汙、実増崇曠、務詳寛簡、則稍自帰淳。又被符簡、病前後年月久遠、具事不存、符旨既厳、不敢闇信。県簡送郡、郡簡呈使、殊形詭状、千変万源。聞者忽不経懐、見者実足傷駭。兼親属里伍、流離道路、時転寒涸、事方未已。其士人婦女、彌難厝衷。不簡則疑其有巧、欲簡復未知所安。愚謂此条、宜委県簡保。挙其綱領、略其毛目、乃嚢漏、不出貯中、庶嬰疾沈痼者、重荷生造之恩也。

山陰一県、課戸二万、其の民の貲三千に満たざる者、殆ど将に半ばに居らんとし、刻し又た之れを刻して、猶お且つ三分して一を余せり。凡そ貲有る者は、多く是れ士人にして復除せられ、其の貧極まれる者は、悉く皆な露戸の役民。三五官に属せば(32)、蓋し惟れ分定まりて、百端の輸調、又た則ち常に然り。比ろ衆局の検校、首尾尋続し、横《ほしいまま》に相い質累せらるる者も、亦た復た少なからず。一人摂せらるれば、十人相い追い、一緒裁かに萌さば、千孽互いに起こる。蚕事弛みて農業廃れ、賤く庸を取りて貴く責を挙げ、公に応じ私を贍らわし、日々暇給せざれば、非を為すこと無からんと欲すれども、其れ得べけんや。死すら且つ憚らず、矧んや伊れ刑罰をや。身すら且つ愛せず、何ぞ況や妻子をや。是こを以て前検未だ窮せざるに、後巧復た滋く、網辟徒らに峻しきも、猶お悛る能わず。窃かに尋ぬるに民の偽多きは、実に宋季軍旅繁興し、役賦殷重なるに由り、勤劇に堪えず、巧に倚りて優を祈《もと》め、習を積みて常を生じ、遂に迷いて反るを忘るるなり。四海の大、黎庶の衆、心用参差にして、卒かには澄一し難し。化するには宜しく漸を以てすべく、疾責すべからず、誠に擾さざるを存し、疾を蔵し汙を納れ、実に崇曠を増し、務めて寛簡を詳《つ》くせば、則ち稍自《ようや》く淳に帰さん。又た符簡を被るは、前後年月久遠にして、具事存せざるを病み、符旨既に厳なれども、敢えて闇信せず。県簡して郡に送り、郡簡して使に呈せば、殊形詭状、千変万源。聞く者は怱せにして経懐せざれども、見る者は実に傷駭するに足る。兼ねて親属里伍、道路に流離し、時転た寒涸なれど、事方に未だ已まず、其の士人・婦女は彌々衷を厝き難し。簡せざれば則ち其の巧妙有るを疑い、簡せんと欲すれば復た未だ安んずる所を知らず。愚謂えらく此の条、宜しく県に委ねて簡保せしむべし。其の綱領を挙げて、其の毛目を略さば、乃ち嚢漏るれども、貯中を出さず、嬰疾沈痼なる者、重ねて生造の恩を荷うに庶からん。

会稽郡の首県山陰県の役を負担する戸の悲惨な状況を述べて、戸籍記載のごまかし（「巧」）もやむをえない事情によるものがあること、戸籍検査が県、郡、（臺）使といくつもの段階をふんで行われる（「衆局の検校」）点に新たな不正を生む原因のあること、を指摘し、戸籍検査は県に一任して、細部にわたる検査は省略することを提案している。この戸籍検査を県で行うという提案は、虞玩之の意見と同じである。この戸籍検査を県の責任において実施するという点こそ、恩倖寒人によって推進された台使の派遣による郡・県への厳しい締め付けへの対案なのである。なお、この顧憲之の論によれば、当時の会稽郡における戸籍検査は、県から郡へと引き継がれ、郡の段階で台使が介在して監査を行っていたことがうかがわれる(33)。顧憲之はさらに次のように述べて、論を結ぶ。

又永興・諸曁離唐寓之寇擾、公私残尽、彌復特甚。儻値水旱、実不易念。俗諺云、「会稽打鼓送卹、呉興歩担令史。」会稽旧称沃壌、今猶若此、呉興本是瘠土、事在可知。因循余弊、誠宜改張。沿元懿今啓、敢陳管見。

又た永興・諸曁　唐寓之の寇擾に離り、公私残尽、彌々復た特に甚だし。儻し水旱に値たらば、実に念い易からず。俗諺に云わく、「会稽　鼓を打ちて卹を送り、呉興　令史に歩担す(34)」と。会稽旧と沃壌と称せられしに、今猶お此くの如し。呉興　本とより是れ瘠土なれば、事知るべきに在り。因循の余弊、誠に宜しく改張すべし。元懿の今の啓に沿い、敢えて管見を陳ぶ。

会稽郡管内の永興・諸曁両県が唐寓之の乱の被害を受けており、このうえ天災にあったなら、想像もつかないほどの惨事を招くおそれがあることを述べ、さらに、旧来豊かな土地であるとされてきた会稽郡でさえ、このような状況であるのに、貧しい呉興郡の困窮はいっそうひどい状況にあることを訴えて、政策の見直し――民力休養への方針転換を迫っているのである。

以上、物資の流通の激増という状況に対応して、牛埭通行税を旧来の二倍の額で請け負うことを希望した西陵戍主杜元懿を直接の標的としつつ、武帝政権の財政政策全般が批判の対象とされている。杜元懿の提案にみえる会稽から呉興への物資流通激増は、呉興郡の凶作という特殊な状況におけるものだが、「比ろ格に加えて市を置く者、前後相い属ぐ」といわれていることを考えると、長江下流の三呉地方で一般的に物資流通が活況を呈してきている中での(35)、さらに顕著な現象とみてよいであろう。武帝政権は、戸籍検査に加えて、このような物資流通の活況に即応して、そこからより多くの税収を確保する政策を展開したが、この政策の遂行には、杜元懿のように流通の実情を現場で把握している者が必要だったのである。これに対して、顧憲之は、民力休養の立場から反対の論陣を張り、唐寓之の乱もひきあいにだして、方針転換を迫っている。この顧憲之の論は、先にみた蕭子良の論と同様、現状に対する深い洞察力を示すものである(36)。

みてきたように、唐寓之の乱後も、武帝政権の財政政策対民力休養論という図式には変化はみられない。武帝政権の財政政策が恩倖寒人を主たる担い手とするのに対し、民力休養論の担い手は、皇族内の良識派ともいうべき蕭嶷・蕭子良を筆頭に、顧憲之（呉郡・呉の人）ら南北の名門出身者を含む士大夫であった(37)。このことからいえば、永明年間の政治史を恩倖寒人対士大夫という図式のもとに描写するのが、蕭子顕『南斉書』の立場であった、ということができよう。節を改め、この『南斉書』の立場について、考察を進める。

第三節、蕭子顕『南斉書』の立場

『南斉書』の撰者、蕭子顕（四八七～五三七）(38)は父蕭嶷のために伝を立て、「其の父を表彰し」たことで知られる(39)。それだけに、蕭嶷らの主張する民力休養論は、そのまま蕭子顕自身の立場をも示すと考えられる点をまず確認しておく。斉梁革命後、梁王朝に仕えることとなった蕭子顕は、『南斉書』に、蕭嶷・蕭子良らの議論を詳述することによって、徳を失って滅亡した南斉王朝にも、良識派の存在したことを訴えようとしたのであろう。

蕭子顕が『南斉書』を執筆した動機としては、父ひいては南斉王朝の顕彰ということが考えられるが、蕭子顕の歴史叙述に大きく影響を与えたのは沈約『宋書』である。『宋書』巻九四恩倖伝序文における劉宋後半の恩倖政治にたいする鋭利な批判(40)は、そのまま永明時代の政治批判ともなりうるものであったが、その骨子は、『南斉書』巻五六倖臣伝「史臣曰」の条に継承されている。また、『宋書』巻九二良吏伝序文・同伝「史臣曰」の条・巻六五吉翰等伝「史臣曰」の条では、劉宋後半の地方長官の任期短縮と中央政府による地方政治への過度の干渉とが厳しく批判されている(41)。この沈約の主張は、『南斉書』巻四〇武十七王・竟陵文宣王子良伝の、

宋世元嘉中、皆責成郡県、孝武徴求急速、以郡県遅緩、始遣臺使、自此公役労擾。

宋の世、元嘉中、皆な郡県に責成せるに、孝武　徴求急速、郡県遅緩せるを以て、始めて臺使を遣わし、此れ自り公役労擾す。

という叙述と完全に軌を一にしている。すなわち、劉宋の文帝の元嘉年間以前には、郡県の長官に委任されていた地方政治が、孝武帝治世以降、徴税の強化のために中央より台使を派遣するようになり、この台使派遣にともなっておびただしい力役が徴発されるようになったのである。上の記事に続けて、南斉王朝創業時の蕭子良の台使の弊害批判が引用されている。前節でみた虞玩之や顧憲之の、戸籍検査を県令の責任において実行せよ、という主張も、台使批判と同様の志向をもつ議論であろう。さらにいえば、沈文季伝の唐寓之の反乱に関する記述も、県令の処分に関する記録なのであり、確固とした権限を与えられていない県令が反乱に際して厳しい処罰を受けることの不当性を暗に訴えているようにも推測される。少なくとも、県令の権限と責任に対する深い関心に基づいた叙述であることは疑いないであろう。

沈約『宋書』の本紀・列伝が執筆されたのは、永明五年から六年にかけてであり、『宋書』の史論の主張は、永明年間の士大夫の思潮を色濃く反映するものであった。沈約が蕭子良の八友の一人であったことは、よく知られた事実である(42)。さらに、沈約が建武年間（四九四～四九八）、蕭子顕の兄子恪の要請を受けて蕭嶷の碑文を撰している（『南斉

書』巻二三豫章文献王伝）ことは、蕭子顕兄弟と沈約との密接な関係を示すものであろう。[43]『南斉書』における士大夫の立場での歴史叙述は、沈約の影響を考慮にいれねばならないのである。

『南斉書』が編纂された年代はよくわからないが、梁の武帝の天監年間（五〇二〜五一九）後期から普通七年（五二六）までの間であろうと考えられている。[44]川勝義雄の指摘のように、梁の武帝、蕭衍も蕭子良の八友の一人であり、「即位して以後、流民安揷、租調減免、農事保護などに関する勅令をたびたび出していることは、五銖銭という良貨を発行したことと相俟って」、かつて蕭子良が鋭く分析した「慢性的な農村の不況」「に対する相当な考慮を示」していた。[45]このような蕭衍の政治姿勢も『南斉書』の叙述に反映されていることは間違いないであろう。ただ、『南斉書』の撰述された時期については、武帝が政治に情熱を失い、信仰の世界へ深くふみ込んでいった時期であるという榎本あゆちの指摘[46]のとおり、蕭衍の政治姿勢が微妙に変化してくる時期なのだが、このことと『南斉書』との関係——たとえば『南斉書』がかかる変化を認識して書かれたか否かなどの点についてはよくわからない。

以上のごとく『南斉書』の叙述は、沈約『宋書』の叙述や梁の武帝の政治姿勢に強く影響されて、士大夫の立場によるものであった。この士大夫に対置されるのは、恩倖寒人であるが、恩倖寒人が武帝政権において果たした役割について、『南斉書』はあまり触れていない。『南斉書』が永明時代政治史を恩倖寒人対士大夫という図式のもとに描写しようとしているのは確かなのだが、一方の当事者である恩倖寒人についての記述は、『南史』の方が詳しいのである。たとえば、先にみたように、蕭子良らの戸籍検査に対する批判は詳細に引用されても、その戸籍検査を推進したのが誰かについては明記せず、『南史』巻七七恩倖・茹法亮伝の記述から呂文度ら恩倖寒人であることがわかる。また、同巻の呂文顕伝には、

時中書舍人四人各住一省、世謂之四戸。既総重権、勢傾天下。……其後玄象失度、史官奏宜修祈禳之礼。王倹聞

之、謂上曰、「天文乖忤、此禍由四戸。」仍奏文顕等専擅愆和、極言其事。上雖納之而不能改也。

時に中書舎人四人各々一省に住み、世 之れを四戸と謂う。既に重権を総べ、勢 天下を傾く。……其の後 玄象 度を失し、史官 宜しく祈禳の礼を修むべしと奏す。王倹 之れを聞き、上に謂いて曰く、「天文乖忤し、此の禍は四戸に由る」と。仍りて文顕等専擅にして和に愆えるを奏し、其の事を極言す。上 之れを納ると雖も改むる能わざるなり。

と、永明年間、恩倖寒人が中書舎人となって実権を掌握し、超一流の名門出身の宰相（尚書令）王倹(47)と対立関係にあったことが明瞭に述べられている。さらに、同巻劉係宗伝に、

武帝常云、「学士輩不堪経国、唯大読書耳。経国、一劉係宗足矣。沈約・王融数百人、於事何用。」其重吏事如此。

武帝 常に云う。「学士輩 経国に堪えず、唯だ大いに読書するのみ。経国は、一劉係宗にて足れり。沈約・王融数百人、事に於て何ぞ用いんや」と。其の吏事を重んずること此くの如し。

とあるのも、沈約・王融ら士大夫と恩倖寒人との対抗関係を明示する記述である。これについては、『南斉書』巻五六倖臣・劉係宗伝にも類似の記述があるものの、武帝が明帝になっているほか、沈約・王融の姓名を記さず、「此の輩」と「学士」一般を指すことばにおきかえられている。まず、劉係宗は武帝の時代に活躍した人間であるから、『南史』の記載の方が正しいと考えられる。次に、沈約・王融の姓名をあげていない点については、周一良『魏晋南北朝史札記』が、

蓋蕭子顕貴族文人、為維護貴族文人沈約之形象、不至為寒門劉係宗所掩、因此用此輩二字代替具体姓名。

蓋し蕭子顕 貴族文人なれば、貴族文人沈約の形象を維護し、寒門劉係宗の掩う所と為るに至らざらしめんが為め、此れに因りて此の輩の二字を用て具体姓名に代替せるのみ。

と指摘するごとく、沈約ら士大夫を擁護する蕭子顕の立場による書き替えであろう。士大夫と恩倖寒人との対抗関係において永明時代を描くわりに、一方の当事者たる恩倖寒人の記述が手薄で、士大夫側の主張が長々と引用されるという『南斉書』の叙述の特質は、士大夫の立場にたつ蕭子顕の主観がはいりすぎているためなのである。しかし、この点は南斉王朝当事者である蕭子顕による歴史叙述の宿命であり、やむをえないことである。『南斉書』の視点がこのようである以上、『南斉書』のえがく士大夫対恩倖寒人という図式も、すべてをそのまま事実として受け取るわけにはゆかないであろう。

それでは、永明時代政治史の実像はどのようにとらえたらよいのだろうか。『南斉書』豫章文献王伝を手がかりに、考察してみる。本伝は、蕭子顕が父蕭嶷を顕彰するために、良いことしか書いていないと、とりわけ非難をあびてきた伝である。本伝が基本的に、蕭嶷を有徳者と描こうとしているのは事実だが、「七千余字」に及ぶ詳細な記述がすべて経歴と美辞麗句のみで尽くされているわけでもない。蕭嶷と武帝との書簡の往復を詳細に採録しているため、かえって永明時代の宮廷周辺の事情を記す記述がみられる。このうち、自らも含めた諸王の率いる儀仗兵の適正な人数等についてうかがいをたてた蕭嶷の書簡に対し、武帝は礼制に詳しい王倹らと相談するよう回答した。かさねて武帝の意向を尋ねた蕭嶷の書簡の中には、「又た王倹に因りて備さに下情を宣べたり」と、書簡以外にも王倹を介して自分の意向を武帝に伝達していることがみえ、これに対する武帝の返事には、「倹已に道いて、吾れ即ちに答えしめたれば、此の啓有るを煩わさず」と、王倹を介しての質問のうえに、わざわざ書簡でまで問い合せることは無用であると回答している。

以上、詳細は省略したが、蕭嶷が武帝に対しておうかがいをたてた書簡には、自分が新築した建物が贅沢すぎるのでとりこわすべきかなど、日常生活にわたる細かい事柄も含まれており、蕭嶷が武帝にいかに謙虚に仕えていたかを示している。蕭嶷のおうかがいは、書簡のほか、王倹や茹亮を介しても武帝に伝達された。茹亮とは茹法亮のことであろう。[50]武帝と蕭嶷との間に緊密な意志疎通が行われ、その間に名門王倹や恩倖寒人茹法亮が介在する。南斉・武帝政権の意志決定[51]は、このような皇族・名門・恩倖寒人からなる武帝周辺の限られた集団の中で行われていた、と考えた方が実情に近いのではなかろうか。

とはいえ、蕭子良・顧憲之らの民政の実情に対する分析には非常に鋭利なものがあり、武帝政権の政策の問題点を正確に指摘するものであったことも否定できず、『南斉書』の描きだす恩倖寒人対士大夫という図式のすべてが虚構であったとはいえない。そのような対抗の図式はたしかに実在したのである。蕭子良らの主張は、民力休養の主張の正当性という点からばかりでなく、臺使による監督に反発する名門出身の実務にうとい地方長官たちの意向にも沿うものであった。そのことは、蕭子良が臺使の弊害を論じた中に、

凡そ衣冠に預かり、恩を盛世に荷なえるものは、闇緩を以て僁を貽すこと多きも、欺猾の為に罪に入るもの少なし。

とあることによってうかがわれ、その主張の正当性のみならず、名門出身官僚の保守的傾向にも支えられて、武帝政権の政策に対して一定の抑止力を発揮したことであろう。顧憲之の議論がいれられたことにも、それは示されているのではなかろうか。ただ、かかる対抗の局面はむしろ特殊なもので、大局的には、士大夫も武帝政権と一体の存在であったにちがいない。『南斉書』は特殊な対抗の局面を強調することによって、恩倖寒人対士大夫という図式をうかびあがらせている。唐寓之の乱に対する武帝と蕭嶷らとの見解の相違もこのような対立の図式の一環として描かれているのである。

おわりに

南斉・武帝政権のもと、劉宋末に破綻していた財政の再建にむけて、戸籍検査の強化とともに、物資流通の増加に対応した銭貨すいあげの政策が展開された。できるだけ多くの戸口を戸籍に登載しようとする努力は、水上労働者や商人等にも及んだかもしれないが、これらの非農業民を把捉するのは困難であったにちがいない。だが、物資流通への課税のほうは、確実に非農業民の生活をも圧迫したはずであって、唐寓之の乱の中核を構成した水上労働者や商人が反乱にはしった重要な原因であったと考えられる。もちろん、あまりに苛酷な戸籍検査に不満をもつ農民や新興豪族層の便乗もあったであろう。この反乱は、当初四百人というごく少数の集団にすぎなかったが、浙江西岸の諸県では鎮圧できず、呉・会稽両郡も鎮圧にてこずるうちに、三万人規模に拡大し、中央の近衛部隊の出動によって鎮圧された。中央軍出動後は短期間に鎮圧されたが、地方長官を輩出する士大夫たちには衝撃だったにちがいない。蕭子良ら士大夫と武帝政権とでは、乱をどのようにうけとめるかにおいても顕著な認識の相違を示した。およそ以上が、『南斉書』から知られる唐寓之の乱である。反乱の中核を構成した水上労働者や商人の実態は不明である。首謀者の唐寓之は、社会の底辺と接する、ごく下層の知識人（風水先生）というべきだが、彼の主張なり構想なりがどのようなものであったかもわからないのである。

注

（1）『南斉書』巻五六倖臣・劉係宗伝に、「白賊唐寓之」とみえる。

（2）唐寓之の乱は農民起義ではないという説は、はやく范文瀾『中国通史』（人民出版社、一九七八年版、第二冊、四九七頁）にみえる。また、王仲犖『魏晋南北朝史』上冊（上海人民出版社、一九七九）は、「白賊」と白籍とを結びつける点は頼家度と同様だが、白籍を僑民の戸籍ととらえ、唐寓之の乱を僑民の反乱とみる（四三六頁）。独自の見解であるが、「白賊」の理解は朱大渭説が妥当であろう。一方、韓国磐『魏晋南北朝史綱』（人民出版社、一九八三）は、反乱には庶族地主も参加したが、さらに多数の貧苦農民が参加していることを重視して、やはり農民起義ととらえるべきだと主張し（三八五～三八六頁）、劉精誠『両晋南北朝史話』（中国青年出版社、一九九三）も農民起義として叙述している（一二五頁）。

なお、中国において使用される士族地主とは、ほぼわが国で使用される貴族に相当し、官界に勢力をもち免役等の特権を享受する地主のことであり、庶族地主とは、官界進出におくれをとった地方豪族や新興地主のことである。このような地主制を前提とした中国の士族制度研究については、中村圭爾『六朝貴族制研究』（風間書房、一九八七）二五～三〇頁を参照。

（3）当時の士大夫については、谷川道雄『中国中世社会と共同体』（国書刊行会、一九七六）に、六朝貴族の「学問こそは、中国社会における道徳的共同体世界の実現を目ざして営まれ集積されてきたものであるが、このような学問の現実社会への媒介者がつまり士大夫であり、当時においては貴族なのであった」（一〇九頁）と指摘されているように、ほぼ貴族階層に相当する。村上哲見「文人・士大夫・読書人」（『中国文人論』所収、汲古書院、一九九四年）によれば、士大夫の要件は、「天下国家の経営に対する使命感」と「その使命をはたすためにも必要な知的洗練、もしくは人文的教養」（三五頁）なのであり、士大夫とは山田勝芳氏のいわゆる「非専門的教養人」にほかならない（「中国古代の士人・庶人関係」『中国社会における士人庶民関係の総合的研究』科研費報告書、一九九一、七頁）。このような人文的教養の担い手は六朝においては、主として貴族であり、実務に必要な法令や官庁文書に関する非士大夫的な知識は、新興豪族や商人などのいわゆる寒人を主たる担い手とした。

（4）唐寓之の乱関連の史料は、張沢咸・朱大渭編『魏晋南北朝農民戦争史料彙編』（中華書局、一九八〇）上冊に集められている（三九四～四〇一頁）。

（5）闞維民「六朝銭塘　治設柳浦――六朝銭塘県聚落的地理分布」（『南北朝前古杭州』浙江人民出版社、一九九二所収）三六三頁によって、抑を柳に改める。

(6) 浙江地区における風水とくに「相墓」の流行については、王志邦「六朝浙江東・西地区的墓葬」(『六朝江東史論』中国青年出版社、一九八九所収)一四六頁を参照。

(7) 新城県・桐廬県のいずれも浙江西岸に存在する。浙江西岸には、河口に銭塘県があり、そこから上流へむかって富陽、新城、桐廬の順に四県が隣接しており、いずれも呉郡の属県である。

(8) 乱の記事の末尾に、郡県の長官の反乱への不適切な対処を弾劾した御史中丞徐孝嗣の上奏が引用されていることも、この推測を裏付けるであろう。

(9) 小岩井弘光「宋代銭塘江流域の交通について」(『東北大学東洋史論集』一、一九八四)では、宋以後のこの地域の交通が陸路よりも水路の利用度が高かったことを論じておられるが、南朝においても同様と考えられよう。

(10) 宮崎市定『大唐帝国』(河出書房「世界の歴史」七、一九六八)が、東晋末期の孫恩・盧循の反乱を、「水上労働者の反乱」として叙述している(一八六～一八八頁)が、この点は、唐寓之の乱を考える際にも示唆的である。なお、川勝義雄「中国前期の異端運動」(『中国人の歴史意識』平凡社選書、一九八六所収)も、「水上生活者」が「孫恩・盧循の大きな支持基盤であった」ことを指摘しており(一六〇頁)、さらに藤間生大「東晋時代の反乱」(『熊本商大論集』二七―一、一九八〇)は、「孫恩・盧循の反乱のねばり強い戦い」に注目して、「農業も一部ではやっているとしても、漁業を営む漁師や、商船に関係する水夫の存在を考えなければならぬ」(七三頁)と述べている。孫恩・盧循の乱や唐寓之の乱を考える場合、水夫や漁民等の非農業民の存在を無視できないことは確かであり、網野善彦『増補　無縁・公界・楽』(平凡社選書、一九八七)の「非農業民の中で、最も数多く、農業民に十分比肩しうるだけの役割を日本の歴史の中で果したことの間違いない海民(漁民、塩業民、水上運輸に携わった人々、等々)」(一九七頁)という指摘も非常に示唆に富む。

(11) 宮川尚志「南北朝の軍主・隊主・戍主等について」(『六朝史研究　政治・社会篇』一九五六所収)では、「新城戍を宮とし、新城県廨を太子宮とし」(五八七頁)と述べ、新城戍を新城県と結びつけて考えられたが、『南史』巻七七恩倖・茹法亮伝では、「以新城戍為偽宮、以銭唐県為偽太子宮」となっており、県廨は銭塘県のものであることが明記される。闞維民氏の考証によれば、この新城戍は、銭塘県にあった戍の名称なのであって（注（5）所掲書三六四～三六五頁）、これによるべきであろう。

（12）劉宋末、尚書右丞虞玩之が当時の財政機構について詳細な報告を行っている（『宋書』巻九後廃帝紀、元徽四年五月乙未の条）。虞玩之は、当時すでに実権を掌握していた蕭道成から財務官僚としての手腕を期待されており、後述のように、南斉成立後、戸籍検査にたずさわった。拙稿「南朝財政機構の発展について」（『文化』四九―三・四、一九八六）五六、六四頁を参照。

（13）池田温『中国古代籍帳研究』（東京大学出版会、一九七九）二九～三二頁を参照。三状について、池田氏は「父・祖・曾三代の資状か」（三二頁）という見解を示し、本稿もこれによるが、諸説がある。宋昌斌『中国古代戸籍制度史稿』（三秦出版社、一九九一）は、池田説と同じであるが、周一良「虞玩之伝詔書及表文」（『魏晋南北朝史札記』中華書局、一九八五）には、「祖・父及び自身の記録」という見解が示されている（二四六頁）。増村宏「黄白籍の新研究」（『東洋史研究』二―四、一九三七）は、「父祖伯叔兄弟の資状」とし（三二頁）、越智重明『魏晋南朝の貴族制』（研文出版、一九八二）も増村説による（二九六頁）。中村圭爾「南朝戸籍に関する二問題」（『六朝江南地域史研究』汲古書院、二〇〇六所収）は、戸籍の記載事項について、「士族のばあいには祖・父・己の官職や任免年時、干支をふした詔書の引用、郷論清議関係の記事もふくまれていた。」（五八六頁）と述べ、周一良と同様の見解をとる。

（14）注（13）所掲の中村氏論文、五八四頁。

（15）濱口重國「魏晋南朝の兵戸制度の研究」（『秦漢隋唐史の研究』上巻、東京大学出版会、一九六六）四〇九～四一〇頁を参照。濱口氏は、「臺坊（都建康の各坊のこと）の諸吏役は以前から募集制となつて居り、宋の元嘉年間までは応募者が常に満ち溢れる状態であつたが、大明年間から志願者が甚だ少く坊内の事務雑役に困るやうに成つた」と述べ、越智重明『魏晋南朝の貴族制』（注（13））も、臺坊について、「中央の各坊」と注記し（二九七頁）、濱口氏による如くである。これに対し、周一良「虞玩之伝詔書及表文」（注（13））は、臺坊とは「皇帝禁軍羽林部隊」のことであると解して、「おそらく人は地方の軍隊に参加したがるということをいっているのであり、地方の軍隊のほうが、戦功を立てて軍蔭を獲得しやすいので、羽林近衛軍で服役するのを願わない」のだという（二四七頁）。『宋書』巻九後廃帝紀、元徽四年五月乙未の条の尚書右丞虞玩之の上表にも「二衛臺坊人力、五不余一」とみえ、禁衛左右衛と臺坊との関連をうかがわせるので、左右衛の指揮のもと、中央の各官庁の警備等にたずさわった吏役が「臺坊」の役なのではないか、と考える。なお、「坊」は、周一良氏が指摘するように、「軍士編制単位」や「軍営」を意味することもあるが、宮崎市定「漢代の里制と唐代の坊制」（『宮崎市定全集7』、岩波書店、一九九二年）が論ずるように、官庁の建物やその周囲の牆垣を指す例がある（九五頁）ので、「軍営」に限定せず、「臺坊」を中央の各官庁と解釈した。

（16）『南斉書』諸本は、「随才」に作るが、注（15）の濱口氏論文によれば、「随身」とすべきである（四一〇頁）。

（17）注（13）所掲の中村氏論文、五八七～五八八頁。

（18）『南斉書』虞玩之伝では「板籍官」に作るが、『南史』巻四七虞玩之伝・『通典』巻三食貨三「郷党」に従い、「校籍官」をとる。

（19）注（13）所掲の中村氏論文、五八九頁を参照。

（20）鈴木修「南朝時代の戸籍偽濫について」（『立正史学』六一、一九八七）は、虞玩之の対策の特徴を「法令を厳しく施行すべきことを主張している点にあろう」と指摘し、「上表文の対策を受け入れることによって行なわれた厳しい取締りが、それまでと比較にならないほど多くの偽濫を誘発してしまったことを示している」（四三～四四頁）と述べるが、虞玩之の対策とは単なる厳しい取締りではなく、実施された政策との間には大きい距離があったと考える。

（21）『南史』に『南斉書』にみられない有用な史料がみられることについては、周一良「増加有用史料」（前掲『魏晋南北朝史札記』）四七八～四七九頁を参照。

（22）「卹を督して小塘をも簡し」の句を、越智重明「宋斉時代の卹」（『東洋史研究』二二―一、一九六三）は「卹を督し小塘を簡かにし」と訓読し、「塘丁がその役の代りに納めた銭を卹とし、その卹を取りたてるけれども塘の修理にその卹を用いないことを述べている」と解釈した（四八頁）。しかし、「籍を擿して工巧を検し」と対句をなすことから、「簡」はおろそかにするという意味ではなく、検査するという意味にとって、「卹を督促して小さい塘までしらべ」と解釈した。

(23) 注(22)所掲論文、四七～四八頁。

(24) 注(22)所掲論文、四〇頁。

(25) 中村圭爾「六朝時代三呉地方における開発と水利についての若干の考察」(注(13)所掲『六朝江南地域史研究』所収)一八七～一八八頁参照。

(26) 『南斉書』巻三四虞玩之伝にも、

至世祖永明八年、讁巧者戍縁淮各十年、百姓怨望。

とあり、これが事実とすれば、乱後も戸籍検査は緩和されるどころかむしろ強化されたことになる。ただ、この記事は、韓国磐『南北朝経済史略』(厦門大学出版社、一九九〇)が指摘するように、永明三年以前のことを伝えたもの(八一頁註①)である可能性が高い。乱後、検籍の緩和が行われたことは確かであると考えるが、そのような譲歩が武帝政権の根本的方針転換を示すものでないことは、本文で検討する顧憲之伝の記事のほか、『南斉書』巻五六倖臣・劉係宗伝の次の記事からも知り得る。

四年、白賊唐寓之起、宿衛兵東討、遣係宗随軍慰労、遍至遭賊郡県。百姓被駆逼者、悉無所問、還復民伍。係宗還、上曰、「此段有征無戦、以時平蕩、百姓安怗、甚快也。」賜係宗銭帛。上欲脩治白下城、難於動役。係宗啓讁役東民丁随寓之為逆者、上従之。後車駕講武、上履行白下城、曰、「劉係宗為国家得此一城。」

(27) 中華書局標点本『南斉書』八〇七頁では、「此詎是事? 宜訪察即啓。」とするが、朱季海『南斉書校議』(中華書局、一九八四)一〇五頁の指摘のごとく、「事」の下の疑問符は、「宜」の下に移すべきである。『梁書』巻三八朱异伝(中華書局標点本、五三九頁)にも、「詎是事宜」の句がみえ、「都合のよいことではないか」という意味である。『梁書』朱异伝の記事は、次のようである。

高祖夢中原平、挙朝称慶、旦以語异、异対曰、「此宇内方一之徵。」及侯景帰降、勅召群臣議、尚書僕射謝挙等以為不可、高祖欲納之、未決、嘗夙興至武徳閤、自言「我国家承平若此、今便受地、詎是事宜、脱致紛紜、悔無所及。」

(28) 『南斉書』巻三武帝紀　永明六年八月乙卯の条の詔に、

呉興・義興水潦、被水之郷、賜痼疾篤癃口二斛、老疾一斛、小口五斗。

とある。なお、同じく永明五年八月乙亥の条の詔にも、

今夏雨水、呉興・義興二郡田農多傷、詳蠲租調。

とあり、呉興・義興二郡は、永明五年、六年と二年連続の凶作であったことが判明する。

(29)『南斉書』巻四〇武十七王・随郡王子隆伝に、

唐寓之賊平、遷為持節・督会稽東陽新安臨海永嘉五郡・東中郎将・会稽太守。

とある。

(30) 顧憲之の議に、「其の事宜に非ざること、仰ぎて聖旨の如し」とあることからみると、武帝も「事宜」ではないと判断したように受け取れるが、「詎是事宜」は、注(27)でみたように、「事宜」ではなかろうか、という意味であり、「事宜」だという考えを明示している。にも拘わらず顧憲之は、あえて逆の方向で理解したように述べているとみるべきであろう。

(31) この「大学」の「聚斂の臣」批判の文について、山田勝芳「均の理念の展開」(『集刊東洋学』五四、一九八五)は、「塩鉄論議(前八一)以降桑弘羊流の財政策に反対していた儒家の手によって、この道徳主義の下「聚斂の臣」「小人」を激しく排斥する文が作られたものと推測」し、「漢代以来さして重要視されてこなかった『礼記』の一篇たる「大学」がにわかに尊重され」るようになったのは、唐の両税法制定以後、韓愈の時代であり、「事実上財政国家を支えていた財政エキスパートたちに対して、儒学・詩文教養に立脚する科挙官僚たちがあびせる批判・罵倒の言は「聚斂の臣」であった」と論ずる(一七三～一七四頁)。さらに、東晋南朝時代は、「大学」がそれほど重視されない、「『周礼』の時代」に属するが、「晋以上に『周礼』的制度を何らかの形で実施しようとした例は少ない」(一六九頁)という指摘もなされている。大局的には、山田氏の見解のとおりであるとしても、少なくとも南斉代には、戸籍検査や銭貨吸収等の財務優先の政策を推進する恩倖寒人らに対する批判が顧憲之ら「儒学・詩文教養に立脚する」士大夫たちに根強く存在し、その中で「大学」の「聚斂の臣」批判の文が用いられ、塩鉄論議や韓愈の時代と類似の状況がみられたことは、注目に値しよう。

(32)「三五官に属す」とは、三丁につき一～二丁、五丁につき二～三丁という割合で徴発されて官庁に登録された状態であろう。

韓国磐『魏晋南北朝史綱』（注（2）所掲）三七八～三七九頁などを参照。この兵役・力役徴発方式については、渡辺信一郎「三五発卒攷実」（『中国古代の財政と国家』汲古書院、二〇一〇所収）が、新説を提起し、「編戸百姓から十五丁に一兵の割合で徴発される兵役・力役であり……より緊急度が高い時には、富豪層を対象とする五丁二兵、三丁一兵等のより高率の徴発」などを実施したとする（三三八頁）。三五が十五の意味か、三丁・五丁の意味かはなお検討の余地があるように思うので、両論併記にとどめておくが、いずれにせよ兵役・力役に徴発されて、官庁に登録された状態である。

(33) 先に引いた『南斉書』沈文季伝に、「会稽郡丞張思祖　臺使孔矜・王万歳・張繇等をして配するに器仗将吏白丁を以てし、永興等十属を防衛せしむ」とみえることも、臺使が郡段階で介在したことをうかがわせる。臺使というと、皇帝の威光をかさにきて威張るというイメージが強いが、反乱の際などには、ここにみえるように、当該地域の都督を兼ねる郡太守（代理）の指揮に従ったのである。

(34) 「歩担」を百衲本や中華書局標点本では、「歩檐」に作るが、殿本・南監本等に従う。尚恒元・彭善俊編『二十五史謡言通検』（山西人民出版社、一九八六）が指摘するように、「歩檐」では解釈できない（一七三頁）。「会稽　鼓を打ちて卹を送り、呉興　令史に歩担す」というこの俗諺について、越智重明「宋斉時代の卹」（注（22）所掲）は、「豊かな会稽郡では幹僮の役を負担すべきものが現実には卹を送ってその役を免かれ、一方貧しい呉興郡では現実に幹僮の役を負担したことを物語っている」（四一頁）と述べており、基本的にこの理解に従い、「会稽郡では鼓を打って（船を発進させ）卹を送るのに、呉興では令史の指図で幹僮の役に従い、歩担（肉体労働）させられている」という意味に解しておく。『世説新語』豪爽篇の冒頭の逸話の註に、

（王）敦嘗坐武昌釣台、聞行船打鼓、嗟称其能。

とみえるように、「打鼓」の鼓は、船で合図に使用する太鼓であろう。

(35) 南朝の三呉地方における経済的発展に言及した論著は、中村圭爾「建康と三呉地方」（注（13）所掲『六朝江南地域史研究』）など、枚挙にいとまがない。

(36) 蕭子良が「生産者たる農民」が「慢性的な農村の不況に苦しめられ、通貨不足にもとづく貨幣的二重構造によってさらに

被害を大きく」するという「事態に対して深い洞察力をもって」、「鋭い現状分析を」行なっていたという指摘は、川勝義雄「貨幣経済の進展と侯景の乱」（『六朝貴族制社会の研究』岩波書店、一九八二所収）三七〇頁にみえる。

(37) 安田二郎「梁武帝の革命と南朝門閥貴族体制」（『六朝政治史の研究』京都大学学術出版会、二〇〇三所収）の、蕭子良の「西邸サロン」が「士大夫の文化集団だった」（三七一頁）という指摘を参照。

(38) 『梁書』巻三五蕭子顕伝に、

大同三年、出為仁威将軍・呉興太守、至郡未幾、卒、時年四十九。

とあるのによれば、蕭子顕の生卒年は、四八九～五三七となるが、詹秀恵『蕭子顕及其文学批評』（文史哲出版社、一九九四）の考証（三六～四四頁）に従う。

(39) 趙翼『廿二史劄記』巻九「蕭子顕・姚思廉皆為父作伝入正史」。王鳴盛『十七史商榷』巻六二「豫章王嶷伝与斉書微異」等も参照。

(40) 拙稿「沈約『宋書』の史論（四）」（『北海道大学文学部紀要』四四―一、一九九五）三九～四四頁を参照。

(41) 拙稿「沈約の地方政治改革論」（中国中世史研究会編『中国中世史研究続編』京都大学学術出版会、一九九五所収）を参照。

(42) 吉川忠夫「沈約の伝記と生活」（『六朝精神史研究』同朋舎、一九八四所収）二一〇～二一三頁、安田二郎「梁武帝の革命と南朝門閥貴族体制」（注（37）所掲）三七〇頁等。

(43) 詹秀恵『蕭子顕及其文学批評』（注（38）所掲）七八頁。

(44) 趙吉恵「南斉書」（『中国史学名著評介』第一巻、山東教育出版社、一九九〇所収）二九一頁。王永紅「『南斉書』」（『二十五史導読辞典』華齢出版社、一九九一所収）は、天監十三年（五一四）以後、普通七年以前とする（三一四頁）。

(45) 「貨幣経済の進展と侯景の乱」（注（36）所掲）三七〇頁。武帝即位当初の民政については、安田二郎「梁武帝の革命と南朝門閥貴族体制」（注（37）所掲）三五九～三六〇頁も参照。

(46) 「梁の中書舎人と南朝賢才主義」（『名古屋大学東洋史研究報告』一〇、一九八五）五四頁。

(47) 王倹については、狩野直禎「王倹伝の一考察」（川勝義雄・礪波護編『中国貴族制社会の研究』京都大学人文科学研究所、一九八七所収）を参照。

(48) 注（21）所掲「増加有用史料」四七九頁。

(49) 趙翼『廿二史箚記』巻九「蕭子顕・姚思廉皆為父作伝入正史」。

(50) 『南斉書』巻五六倖臣・茹法亮伝に、

宋大明世、出身為小史、歴斎幹扶。孝武末年、作酒法、鞭罰過度、校猟江右、選白衣左右百八十人、皆面首富室、従至南州、得鞭者過半。法亮憂懼、因縁啓出家得為道人。明帝初、罷道。

とあり、劉宋時代、一時出家したことから「法亮」と呼ばれたので、元来「亮」という名前ではなかったか、と考えられる。「法」が仏教とかかわることについては、宮川尚志「六朝人名に現われたる仏教語（四、完）」（『東洋史研究』四―六、一九三九）七九頁を参照。

(51) 南朝における国家意志決定の公式の制度である「議」については、中村圭爾「南朝における議」（『六朝政治社会史研究』汲古書院、二〇一三所収）を参照。

第二篇　南朝貴族社会の研究

第八章　南朝貴族の家格

はじめに

貴族制の時代といわれる魏晋南北朝時代の中でも、とりわけ南朝時代は、家格が固定化した典型的な門閥貴族社会と考えられてきた。早くに岡崎文夫「南朝貴族制の一面」が、東晋末期に「勢族なる一団」が成立していたという見解を発表し(1)、その後、宮崎市定『九品官人法の研究――科挙前史――』も、ほぼ同時期に貴族社会が安定し固定化したと述べている(2)。このように、東晋末期に家格の固定化がみられるという理解が早くに一般化しながらも、その家格の構造の具体相はそれほど明瞭とはいえない状況であった。このような研究史の状況をふまえて、南朝における家格の構造の全体像を解明しようとしたのが越智重明『魏晋南朝の貴族制』であった。

越智氏の研究は、南朝貴族制社会の構造をはじめて体系的にとらえた学説として知られ、「族門制」論あるいは「族門制」説とよばれる(3)。ただ、その論拠には従い難い点のあることも早くから指摘されていた(4)。しかし、どのような点に問題点があり、また、問題点があるとすれば、この南朝における家格の構造をどのように考えるべきなのか。このような点に具体的に論及した研究は、「族門制」論を継承した野田俊昭「南朝の清議・郷論」等を除けば(5)、いまだ公表されてはいない。本章は、この点について、具体的な見通しを与えようとする試みである。

第一節、「族門制」論の概要

本章の目的は、「族門制」論の批判的検討にあるが、そのためにはまず「族門制」論という学説が成立してくる経過について述べておく必要がある。

越智氏は、当初は、貴族制という用語から連想される、政治的支配者層の世襲的性格について、むしろ否定的見解を述べていた。たとえば、「魏西晋貴族制論」（『東洋学報』四五―一、一九六二）において、

中国史の流れにおける魏晋南北朝の時代的特徴を貴族制という概念で示そうとする際、そのとりあげかたは自ら一つの枠にはめられる。すなわち、その概念の根本をなす「政治的支配者層が世襲的性格をもつ」ということは、巨視的にとりあげた際必らずしもこの時代の政治的支配者層に限られたことではなくまたそれがこの時代を開始点としているわけでもないのである。従ってそれは他の時代の政治的支配者層のもつ世襲的性格よりもその世襲性が一段と濃厚であったという「程度」の問題になるのである。（九三頁）

と述べており、この見解からすると、魏晋南北朝時代を貴族制という概念で他の時代と質的に区別することには否定的とならざるをえない。事実、越智氏は、「晋南朝の士大夫」（『歴史学研究』二三八、一九六〇）においても、

今日われわれが魏晋南北朝を研究するにあたって用いている貴族の概念は大別して三つある。その1は近代史学の発展にともなって中国以外の土地の「貴族」の概念を導入したものである。その2は魏晋南北朝において用いられた貴族（＝官僚）の概念である。その3は両者を混淆したものである。しかし、当時の基本的な支配「階級」として考えられるのは、当時の概念、用語でいえば士大夫＝士なのである。それが前三者とかなり大きいズレの

あるのはいうまでもない。われわれが解明しようとしている貴族制も、そうした意味では士族制といった方がより適切であるかも知れない。問題を主題とする晋南朝に限っても、当時の政治体制の研究はもはや（西欧の）「貴族」概念の安易な適用の時期を過ぎているとされよう。（一二頁）

と述べ、貴族制概念の見直しを提起していた。このような越智氏の当初の構想と「魏晋南朝の最下級官僚層について」（『史学雑誌』七四―七、一九六五）以降の諸論文で提示された「族門制」論[6]との関連はよくわからないが、誤解を恐れずに私見を述べれば、六〇年代後半以降、越智氏は、当初の構想とはちがって、西晋末以降、東晋南朝時代には、家格によって厳格に規制された、他の時代とは質的に異なる政治社会体制が出現したと考えるようになった、ということなのではなかろうか。

それでは次に、その「族門制」の概要をみておくことにする。魏晋時代における九品官人法の運用は家格の固定化を促進し、西晋末には、甲族（上級士人層）、次門（下級士人層）、後門（上級庶民層）、三五門（下級庶民層）という身分制が形成された[7]。このような身分制を越智氏は族門制とよぶ。家格の固定化を岡崎氏や宮崎氏よりも早い時期に想定し、また、四つの身分から成る明確な階層構造を規定する点が、「族門制」論の特徴である。なお、族門制の「族門」とは甲族、次門、後門、三五門という家格を指す用語であると同時に、そのような家格と判定された「家」そのものを指す用語でもある。

さらに甲族以下の家格の具体的内容についてみていくと、甲族は郷品一、二品をえて、二十～二十四歳で、それぞれ官品五、六品から起家（はじめて官吏になること）し、第一品官を極官とする。次門は郷品三、四、五品をえて、二十五～二十九歳で、それぞれ官品七、八、九品から起家し、第五品官を極官とする。後門は郷品六、七、八、九品をえて、三十歳以上で、それぞれ流外の一、二、三、四品から起家し、第七品中の二品勲位を極官とする。要するに族門制のもとでは、じぶんの属する族門によって起家の官品、極官は自動的に決定されるわけである。

族門制における各族門は、夫婦（と未成年の子）からなるものであり、子が成年に達して起家するさいには父の属する族門がその子の郷品——族門を決めるけれども、いったん起家してしまえば、両者は別々の族門を構成した。要するに南朝社会の各階層の「家」は、基本的に単婚小家族であったと考えられているのである。そして、このような社会構造は、当時の政治権力のあり方をも規定すると考えられる。

族門制は、「全国民を対象とする制度[8]」であり、各族門の家格を最終的に決定したのは皇帝であり、個別の族門の格上げや格下げを行うことができた。たとえば、ある族門の家格が甲族から次門に引き下げられることがあった場合、その族門の同族が団結してこれに抵抗することはなかったし、もちろん、甲族層が全体としてそれに反対の意思表示をすることもなかった。このように、皇帝が貴族の個々の家を支配することは比較的容易であり、南朝において皇帝権力が強化される根拠はこのような点にあったのである。

「族門制」論の概要は、およそ以上のとおりである。族門制とは、全国民を対象とするきわめて整然とした身分制であり、その家格の決定権を皇帝が掌握することによって貴族層に対する皇帝権力の優越が確保される、と越智氏は説明したのである。この説明を見る限り非常に体系的なのではあるが、先にも述べたように、その論拠には問題がある。節を改めて「族門制」論の論拠について具体的に検討しよう。

第二節、「族門制」論の論拠とその問題点の検討

越智氏は、まず、次の『梁書』武帝紀の蕭衍上表Aから、二十歳で起家する甲族と三十歳以上で起家する後門とい

う家格が存在したことを論証する。

A『梁書』巻一武帝紀上、中興二年二月丙寅の条

高祖（蕭衍）上表曰、……且聞中間立格、甲族以二十登仕、後門以過立試吏。

南斉末の中興二年（五〇二）、蕭衍（のちの梁の武帝）が上表して言った。……それに聞くところでは、このごろ規定を立てて、甲族は二十歳ではじめて任官し、後門は「過立」ではじめて任官するようにしたそうです。

そして、越智氏は、次の『梁書』朱异伝Bの記事から二十五歳で起家する、甲族と後門の中間の家格が存在したことを確定する。

B『梁書』巻三八朱异伝

旧制、年二十五方得釈褐。時异適二十一、特勅擢為揚州議曹従事史。

旧来の制度では、二十五歳になってはじめて任官できた。当時、朱异は二十一歳になったばかりであったので、特に勅命により抜擢して揚州議曹従事史とした。

さらに、この二十五歳で起家する家格の名称が次門であることを、後掲『宋書』宗越伝の記事Cから推定する。

C『宋書』巻八三宗越伝

宗越、南陽葉人也。本河南人、晋乱、徙南陽宛県、又土断属葉。本為南陽次門、安北将軍趙倫之鎮襄陽、襄陽多雑姓、倫之使長史范覬之条次氏族、辨其高卑、覬之点越為役門。出身補郡吏。父為蛮所殺、殺其父者嘗出郡、越於市中刺殺之、太守夏侯穆嘉其意、擢為隊主。蛮有為寇盗者、常使越討伐、往輒有功。家貧無以市馬、常刀楯歩出、単身挺戦、衆莫能当。毎一捷、郡将輒賞銭五千、因此得市馬。後被召、出州為隊主。世祖鎮襄陽、以為揚武将軍、領臺隊。元嘉二十四年、啓太祖求復次門、移戸属冠軍県、許之。

宗越は、南陽郡葉県の人である。もと河南郡の人であったが、永嘉の大乱で、南陽郡宛県へと移住し、さらに土断によって南陽郡葉県に属することになった。もと南陽郡の次門であったが、安北将軍趙倫之が襄陽に出鎮すると、襄陽に雑姓が多いことに対処すべく、倫之は長史范覬之に氏族を条次して、その高卑を弁別させた。覬之は越を格下げして役門とした。出身して南陽郡の吏に補任された。父は蛮に殺害されたが、その父を殺した者が南陽郡に出て来た時、越は市中でこの者を刺殺した。太守の夏侯穆はその意気を評価して、抜擢して隊主とした。蛮に寇盗をなす者があると、常に越に命じて討伐させ、そのたびに越は功績をあげた。家が貧しく馬を買う資金がなかったので、いつも武器を持って歩いて出撃し、単身突撃して戦い、敵兵で対抗できる者はなかった。一勝するたびに、郡将から五千銭の賞与があり、これによって馬を買うことができた。後に召されて、雍州に出て州の隊主となった。劉駿が雍州刺史となって襄陽に出鎮すると、揚武将軍に任命し、朝廷直属の部隊を統率させた。元嘉二十四年、劉駿は文帝に啓をたてまつり、越を次門に復し、戸籍を移して冠軍県に属させることを求めて、許可された。

「次門」という名称は、最高の家門に次ぐ家門という意味であり、その最高の家門というのは、Aの甲族であり、それに次ぐ家門は、Bの二十五歳で起家する家格以外には考えられない、というのである。また、次門から役門への格下げ、役門から次門への復帰については、いずれも州鎮長官が関与しており、とくに次門への復帰の場合は、皇帝の許可を得ていることから、家格の最終決定権は皇帝にあるという論点が導き出される。なお、Cにみえる役門については、次の宗越伝付武念伝Dにみえる「三五門」と同一のものと考え、「三丁に一丁、五丁に二丁を徴発される一般の庶民（下級庶民）のこと」[(9)]とする。

D『宋書』巻八三宗越伝附武念伝

武念、新野人也。本三五門、出身郡将。蕭思話為雍州、遣土人龐道符統六門田、念為道符随身隊主。後大府以念有健名、且家富有馬、召出為将。

武念は、新野の人である。もと三五門で、郡将に任ぜられた。蕭思話が雍州刺史となると、地元の人である龐道符に六門の田を統轄させたが、その時、武念は龐道符の随身隊主となった。後、蕭思話の軍府では武念に勇名があり、また家が富裕で馬をもっているという理由で、召しだして州の軍府の将に任命した。

以上の論証過程において、Aから中央に甲族とよばれる名族層が存在したこと、およびCの役門とDの三五門とが同一の庶民階層を示すという点については、異論のないところであろう。しかし、Aの上表文それ自体からは、甲族とそれより劣位の後門と、二つの階層の存在を指摘し得るのみで、甲族と後門との間に、次門という階層が存在したとする論証には、なお検討の余地があるのではなかろうか。越智氏がこのように想定する最も重要な論拠は、Bの二十五歳で起家する階層は、Aにみえる甲族と後門とのどちらにも該当しないという点にあると考えられるが、それは、「過立」を文字通り而立の年齢すなわち三十歳を過ぎたと解釈してはじめて成立する論点である。けれども、この「過立」の解釈は、安田二郎「王僧虔『誡子書』攷」が王僧虔「誡子書」にみえる「立境」という表現を当時の年齢表現と比較検討して到達した結論によれば、年齢をきりよく繰り上げる表現が一般的に認められ、「立境」も三十歳とは見なし難く、二十歳代を指すと認められるという。安田氏のこの考証結果によれば、「過立」は二十歳代（後半）を指すことになるのである[10]。

Aの「過立」が二十歳代（後半）を指すとすれば、旧来二十五歳で起家する制度であったというBの朱异の家格は、Aにみえる「後門」にほかならないこととなり、「甲族」と「後門」の中間の家格ではないことになる。それでは、Cの「次門」についてはどのような解釈が妥当であろうか。

越智氏の解釈によれば、もと南陽郡の次門であった宗越が、後門をとびこえて、一気に二段階下の「役門」（「三五門」）に格下げされたことになるが、それには無理があろう。やはり、ここでも「次門」と「役門」の中間に「後門」があるのではなく、「次門」の一ランク下が「役門」だと考えるのが自然である。「過立」とは、三十歳過ぎではなく二十代後半という解釈に従えば、Cの「次門」はAの「後門」に近いと考えるのが妥当ではないだろうか。ただ、ここでもうひとつ考慮に入れるべき点は、Aの記事が中央の官界における一流の家格「甲族」と、その下位に甘んずる「後門」であるのに対し、Cの記事は、力役を負担する庶民の身分になるか、力役を免除される士族の身分になるかという、その境界線にかかわる問題であるという点であろう。「役門」より上昇して辛うじて下級士族の範疇に入る家格が「次門」であるとみるべきなのである。したがってCの「次門」を、Aの「後門」と同一次元で比較することは困難であるが、仮にCにみえる襄陽地方の「次門」出身者が中央官界へ進出したと仮定した場合、やはり「後門」、その中でも下位のグループか、もしくは「後門」よりもさらに下位に属することになろう。

以上の考察結果をまとめると次のようである。Aは、中央官僚を輩出する一流名族「甲族」と、それより下位の「後門」についての記事であり、Cは、力役を負担する庶民「役門」と下級士族「次門」の記述であって次元を異にしている。もとより、Cの「次門」より上の地方上級士族が存在するはずであるが、その地方上級士族がそのままAの「甲族」に対応するわけではなく、Cの「次門」とAの「後門」との場合も同様である。地方では上級士族であっても、中央に出仕した場合、「後門」となる場合が多かったはずである。

また、皇帝権力の関与についてであるが、兵役・力役を負担する「役門」から、免役特権をもつ下級士族への格上げ、あるいはその逆の場合に、地方長官が関与し、最終的には皇帝の許可を必要とする形式になっていたことはCの史料から読み取れるが、士族の中の上級と下級との間の上昇あるいは下降について、地方長官や皇帝権力が決定するような、厳密な家格の制度が存在していたのかという点になると、否定的にならざるを得ないのである。要するに、皇帝権力の関与は、せいぜい兵役・力役を免除される士族になれるかどうかという境界線を判定する場合にみられるに過ぎず、士族（貴族）階層内部には、皇帝権力によって決定されるような家格は存在しなかったと考えるのである。この貴族の「家格」については、さらに次節で考察したい。

第三節、南朝貴族の「家格」

前節においては、「族門制」論を支える最も根本的な史料の検討から、「族門制」論が成立しないことを明らかにした。それでは、その点をふまえた上で、南朝貴族の家格については、どのように考えたらよいのであろうか。

前節におけるAの記事の検討から、「二十」で起家する「甲族」と、「過立」で起家する「後門」と、大きくいってふたつの階層があることは明確である。すでに論じたごとく「過立」が二十代後半とすれば、「二十」の方も文字通り二十歳でありえないことは容易に想像される。果たして、『梁書』巻三四張緬伝に、

起家秘書郎、出為淮南太守、時年十八。

秘書郎に起家し、地方に出て淮南太守となったが、時に十八歳であった。

とあり、同書同巻張纘伝に、

起家秘書郎、時年十七。

秘書郎に起家したが、時に十七歳であった。

とあることからも明らかなように、「甲族」の起家年令は、十代後半、二十歳前後であったと考えられるのである。

次に問題となるのは、中央の官僚を出す家に、「甲族」と「後門」という層序が認められるとしても、それをただちに制度的な「家格」と考えてよいか、という点である。この家格という概念の内容について、早くに問題を提起していたのは中村圭爾「九品中正法における起家について」であった。すなわち、家格よりも「むしろ父の官職が子の起家官決定に大きく作用して」おり、「任子の制の変型」ではないかという問題を提起していたのである。(11) もし中村説が正しいとすれば、門閥貴族社会といわれる南朝においても、甲族よりも下の階層に属するある人物が革命や政権交替などの機会をとらえて三品官以上に出世すれば、その子は甲族の起家官である秘書郎や著作佐郎に起家することが可能となるのであって、家格というものもそれほど制度的に厳格に規定された固定的なものではないことになり、門閥貴族社会という規定そのものの妥当性も問われることになろう。

この中村氏の問題提起に対して、野田俊昭「宋斉時代の参軍起家と梁陳時代の蔭制」は、『宋書』巻五七蔡廓伝の事例を挙げて反論している。蔡廓の祖父の系は、撫軍長史（六品）が極官であり、父の綝の極官は、司徒左西属（七品）であって、二人とも三品官には就任しなかったが、蔡廓は甲族の起家官である著作佐郎に起家しているのであって、これは家格による起家であるという見解を示した。(12) 確かに、父も祖父も三品官以上に出世しなくとも、著作佐郎に起家しているが、しかし、そのことが直ちに家格による起家であることの論拠となるかどうかは微妙ではなかろうか。以下、この点について、検討してみたい。

『陳書』巻二六徐陵伝に、

自古吏部尚書者、品藻人倫、簡其才能、尋其門冑、逐其大小、量其官爵。

古来、吏部尚書たる者は、人材を評価し、その才能を選び、その血筋を調査し、その年齢を考慮し、その官爵を量定する。

とあり、吏部尚書の人事においては、その人物の才能、血筋、年齢、官爵などが考慮されることが知られる。(13) 実際には、中村氏の指摘のように、父の官職が大きく影響したとしても、そのほかに、血筋だけでなく、その人物の徳性や才能を考慮する原則であったことは、注目に値しよう。このような点を念頭において、『宋書』巻五七蔡廓伝をみると、

廓博渉群書、言行以礼。起家著作佐郎。

蔡廓は多くの書物を博捜し、言行は礼によった。著作佐郎に起家した。

とあって、蔡廓の場合、その学才が評価されての著作佐郎起家であったように想定されるのである。

吏部の人事については、『宋書』巻五七蔡廓伝附興宗伝に、

俄遷尚書吏部郎。時尚書何偃疾患、上謂興宗曰、「卿詳練清濁、今以選事相付、便可開門当之、無所譲也。」

蔡興宗は、急に尚書吏部郎に遷ることとなった。時に吏部尚書の何偃が病にかかっていたので、宋の孝武帝は蔡興宗に、「おまえは清濁に精通しているから、今、官吏登用のことをまかすことにした。堂々と吏部の職務に当り、遠慮しないでもらいたい」と言った。

とあって、中村氏が指摘するように、吏部には的確な「清濁」の判別が要求されたが、この場合の「清濁」とは、先に引いた徐陵伝にみえるような人物の統合的評価であると考えられる。

さらに、吏部の人事については、『南斉書』巻四二王晏伝に、

上欲以高宗代晏領選、手勅問之。晏啓曰「鸞清幹有余、然不諳百氏、恐不可居此職。」上乃止。

南斉の武帝は、蕭鸞（後の明帝）を王晏の後任の吏部尚書に任命する意向であり、手勅で王晏に諮問した。王晏が上啓していうには、「蕭鸞は人柄も能力も十分ですが、百氏に精通していないので、この職には不向きでしょ

う」と。武帝はそれであきらめた。

とあって、「百氏」に精通していることが要求されたが、この場合の「百氏」というのも単に系譜に精通しているということではなくて、人物の統合的評価を含むものであったろう。吏部の職務をになう人物は、人物の統合的評価に精通していて、当時の官僚社会の了解が得られるような人事を行う必要があったのである。

「族門制」論のように、家格というものが制度的に整然と確定していて、それによって自動的に起家官やその後の昇進経路が決定される原則であったならば、吏部の人事も比較的容易なはずである。むしろ、そのような整然たる家格が存在せず、父の官職による蔭が大きく作用するにしても、それ以外に、本人にかかわる統合的評価もかなり重視され、広く官僚社会の了解を得る必要があったからこそ、「清濁」や「百氏」に精通することが人事担当者には要求されたのではなかろうか(14)。

このようにみてくると、前節におけるAの記事にみえる「甲族」や「後門」も、皇帝権力によって厳密に規定された家格といえるものではなく、一流出世コースに乗る官僚の家々と、出世コースに乗り遅れた官僚の家々というほどの意味であり、その境遇は父の出世の状況や本人の努力などによって改変可能な流動的要素が強いものであった。南朝社会は、門閥貴族社会と一般にいわれてきた。確かに中国史のほかの時代と比べて、門閥と称すべき家門の存在がより顕著であったとはいえるであろう。その意味においては、「甲族」や「後門」のような区別を家格と呼び、「甲族」にせよ「後門」にせよ、官僚を出す家門のことを士族ないし貴族と呼ぶことも、あながち不当とはいえないであろう。しかし、それは、整然たる身分階層制度によって規定され区分された門閥貴族社会ではなかったと考えるのである。

おわりに

越智氏の学説、「族門制」論を検討した結果、「族門制」のような整然とした家格の存在は否定せざるをえない、という結論に達した。この結論に誤りなければ、越智氏の「族門制」にとどまらず、門閥貴族制という点に南朝、さらには魏晋南北朝という時代の特質を見出してきた通説にも一定の限定条件が付されることになろう。この点についての指摘は、別に目新しいものではなく、越智氏自身、初期の研究においては示唆していたことであるし、また中国史を大局的に概観した近年の啓蒙書、概説書等においても、秦・漢帝国以降、二十世紀初頭に至るまでの長い帝政時代を通じての特質として、身分的固定性の弱さということが強調されている。(15) 南朝貴族の家格についての本稿の理解によれば、南朝社会もそのような帝政時代のなかにあって、ひときわ異彩を放つ強固な身分制社会としてとらえられるべきではなく、むしろ身分的固定性の弱さという特質においては、帝政時代一般の社会的特質を共有していたと理解すべきであろう。

注

（1）岡崎文夫「南朝貴族制の一面」（『南北朝に於ける社会経済制度』弘文堂、一九三五所収）二七一頁。その論拠としては、『宋書』巻六五杜驥伝の次の記事を挙げている。

晩渡北人、朝廷常以傖荒遇之、雖復人才可施、毎為清塗所隔、（驥兄）坦以此慨然。嘗与太祖言及史籍、上曰、「金日磾忠孝淳深、漢朝莫及、恨今世無復如此輩人。」坦曰、「日磾之美、誠如聖詔。仮使生乎今世、養馬不暇、豈辦見知。」上変色曰、「卿何量朝廷之薄也。」坦曰、「請以臣言之。臣本中華高族、亡曽祖晋氏喪乱、播遷涼土、世葉相承、不殞其旧。直以南度不早、便以荒傖賜隔。……」

（2）宮崎市定『九品官人法の研究――科挙前史――』（初出一九五六、『宮崎市定全集6九品官人法』岩波書店、一九九二所収）三一一頁。「北来流寓貴族の中で特に傑出したのは瑯邪の王氏である。ついで謝氏が著われ、王謝と併称された。第一第二の貴族の格付けが定まると、続いて各家の大体の相場が、そこから自然に判定されるので、ここに南方における貴族社会は安定し固定化する傾向が強く現われてきた」といい、この謝氏の擡頭は、淝水の戦い（三八三年）の勝利にあるというから、ほぼ岡崎説と同時期になる。

（3）「族門制」論については、越智重明「魏晋南朝の最下級官僚層について」（『史学雑誌』七四―七、一九六五）以来、数多くの論文があり、それらの成果を整理体系化したのが、越智重明『魏晋南朝の貴族制』（研文出版、一九八二）第五章「制度的身分＝族門制をめぐって」であるといわれる。また、「族門制」論の平易な解説としては、越智重明「東晋南朝の貴族政治――権勢の裏とおもて――」（『日本と世界の歴史』三、学習研究社、一九六九）がある。

（4）「族門制」論批判としては、中村圭爾「九品中正法における起家について」（『人文研究』二五―一〇、一九七三、その後『六朝貴族制研究』〔風間書房、一九八七〕に、「九品官人法における起家」と改題して収録）が重要であったが、この重要な指摘もその後生産的な論争に展開することはなかった。中村氏の学説については、本章で後に取り上げる。また、周一良「評介三部魏晋南北朝著作」（『北京大学学報（哲学社会科学版）』一九八五―二、その後『周一良集　第壱巻　魏晋南北朝史論』遼寧教育出版社、一九九八に収録）は、越智重明『魏晋南朝の貴族制』を書評して、零細な史料から南朝社会の身分構成を「整斉画一」な制度として描き出した点を興味深い試みとして評価しつつも、異なる時期の現象を混同しているのではないかという危惧を表明した。しかし、その危惧をもつ点についての具体的指摘は行われていない。

（5）本書の第二章でも述べたように、野田氏は、とくに最近の「南朝の清議・郷論」（『産業経済研究』五〇―一、二〇〇九）において、「族門制」論に対する大幅な修正を提起している。

（6）注（3）を参照。

（7）注（3）所掲「魏晋南朝の最下級官僚層について」では、「後門」を最下級士人層とし、「東晋南朝の貴族政治」では、「次門」を中級士人層、「後門」を下級士人層としていたが、『魏晋南朝の貴族制』では、「後門」が上級庶民層に変更された。その理由は明示されていないが、「東晋南朝の貴族政治」では、「はじめは、じっさいに後門もまた士人の列に加えられていたのである。ところが、州大中正の制度が運営されるうちに、士人は甲族と次門とにかぎられ、後門は除外されるようになった」（二七三頁）とされており、「後門」の性格が変化しているため、変化の前後のどちらを主に取り上げるかというちがいのようである。

なお、「甲族」「後門」の呼称は『梁書』巻一武帝紀上の中興二年二月丙寅の条に、「次門」は『宋書』巻八三宗越伝に、「三五門」は『宋書』巻八三宗越伝附武念伝に、それぞれ基づいて、越智氏が採用したものであるが、それについての検討は本章第二節で行う。

（8）注（3）所掲『魏晋南朝の貴族制』の二三六頁。

（9）注（3）所掲『魏晋南朝の貴族制』の二三五頁。

（10）安田二郎『六朝政治史の研究』（京都大学学術出版会、二〇〇三）第十二章「王僧虔『誡子書』攷」五六三～五六七頁を参照。

（11）注（4）所掲『六朝貴族制研究』第二篇第一章「九品官人法における起家」の二一八頁。

（12）「宋斉時代の参軍起家と梁陳時代の蔭制」（『九州大学東洋史論集』二五、一九九七）八一頁。また、同氏「南朝における家格の変動をめぐって」（『九州大学東洋史論集』一六、一九八八）では、父が三品官以上につくことができなかった場合でも、その子が甲族として起家している事例を数例挙げ、家格による起家であるとしている（八二～八三頁）。

（13）注（4）所掲『六朝貴族制研究』の第三篇第二章「清官と濁官」三四六頁を参照。

（14）この点、基本的には「族門制」による野田俊昭「南朝における吏部の人事行政と家格」（『名古屋大学東洋史研究報告』一八、一九九四）においても、「南朝の貴族制の最大の特色を各官人の官途が基本的には天子の支配権力によってではなく、清議（、郷論）によって決定されるところに求め」る（二四頁）という見解が示されている。この場合の清議（、郷論）は、本稿でいう官僚社会の了解に該当すると考えられるので、この野田氏の見解のもつ方向性には賛成である。ただ、そうなると、「族門制」の体系自体も見直す必要が出てくる。実際、野田氏は、注（5）にあげた「南朝の清議と郷論」で、「族門制」の体系を大きく修正し、甲族と次門との差別を郷品二品内での差別とし、甲族、次門という家格は州大中正が清議・郷論によって決定する、とした。また、後門（郷品三―九品）と三五門の家格は皇帝による許可のみで決定されるとしている。この野田説の特徴は、家格と官職（官制的要件）とを直結させて理解して皇帝権力の役割を重視する越智説を批判して、甲族と次門の家格は清議・郷論――貴族社会の輿論――をふまえた州大中正が決定するという見解を打ち出した点にある。しかし、州大中正が家格を決定していたと主張される論拠とされた史料の理解には問題がある。まず、『全唐文』巻三七七に引く柳芳の「姓系論」（『新唐書』巻一九九柳沖伝に引くいわゆる「氏族論」）の記事を、

魏氏、九品を立てて、中正を置く、……其れ州大中正、主簿、郡中正、功曹、皆な著姓の士族を取り、以て門冑を定め、人物を品藻す。晋宋これに因る。

と訓読して引用し「南朝にあって、州大中正の職掌に、「門冑」を定めること、すなわち家格を決定することや、「品藻」、すなわち人事をめぐる人物評価があったことが知られる」（一四～一五頁）としておられるが、右の記事は、州・郡の中正についてだけでなく、州郡の人事を担当する州主簿や郡功曹についても述べていることに、まず注意が必要である。そのことも考慮するならば、右の記事は、州・郡の中正が郷品を決定したり、州主簿や郡功曹が人事を行う場合、その対象となる人物の家系を調べて確定し、また、その人物を評価して決めるということを述べていると理解されよう。すなわち、州大中正は、ある人物の郷品を決定する際に、その家系や人物などを総合的に評定したうえで行うということを述べているのであって、甲族・次門の家格を決定していることを示す論拠にはならないと考える。もう一つの『通典』巻一六に載せる北魏の清河王懌の上表の（南朝にもあてはまるとしてこれを引く）、

州に中正の官を置く所以は、門冑を清定し、高卑を品藻し、四海を画一にして、専ら権衡を司らしめんとすればなり。

とある、「門冑の清定」も州大中正が郷品を決定するための予備調査のひとつであると考えて何の不都合もないであろう。このように見てくると、州大中正はやはり家格ではなくて、郷品を決定していたと考えられるのである。

（15）　たとえば、水林彪『封建制の再編と日本的社会の確立』（山川出版社「日本通史」Ⅱ、一九八七）四五二頁や岸本美緒「『中国』とは何か」（『世界各国史3中国史』序章、山川出版社、一九九八）一九頁。

第九章　南朝官人の起家年齢

はじめに——南朝官人の起家をめぐる研究史

南朝をふくむ六朝時代の官人（貴族）の起家について、はじめて本格的な研究を行ったのは宮崎市定『九品官人法の研究——科挙前史——』[1]であった。宮崎氏は、

〔肉体的な誕生の〕次に貴族にとって起家が重要な意義を有するが、之は貴族の官界における誕生である。貴族は貴族の家に生れたが故に貴族であるが、それを実際に承認して貰うのが起家である。この起家の意義の重要性が従来内外の学界で等閑視されてきたのは不思議である。起家によって始めて、貴族は官界において貴族として認められる。又その如何なる貴族であるかということが、起家の官によって決定されるのであるから事は重大である。

と、六朝官人にとって起家の官が重要な意義を持つことともに、起家官と貴族の家格との間に密接な関係のあることを指摘したのである。

この宮崎氏の研究を継承して、起家の制度についての研究を推し進めたのが、矢野主税、越智重明の両氏である。矢野主税「起家の制について——南朝を中心として——」[2]は、

家格は必ずしも固定的ではなく、又琅邪王氏とか陳郡謝氏という如き、一族を一括して捉える考え方もおかしい

ので、貴族社会そのものをもっと流動的にとらえねばならぬと思うが、それはこれからの論議の中で明らかにしてゆきたい。

と述べて、貴族の家格が必ずしも固定的ではなく流動的にとらえねばならないという見解を示唆された。だがその一方で、

西晋時代の、少なくとも個人の才能、資質に応じての起家から、次第に家格中心の起家にうつりつつあったようであり、その結果、前節末尾にみた如く、宋朝以降となるや、起家を限定する条件は家格が基本的条件となり、時に個人的理由その他が加味される、という如くなったものと思われる。

と、南朝官人の起家が結局のところ家格を基本的条件として決定されたという見解も示唆されていて、宮崎説と大差ないようにも考えられる。

一方、越智氏は、その著『魏晋南朝の貴族制』(3)において、「族門制」学説の体系を完成したが、その学説において起家の制度は、重要な要素として位置付けられたのである。その「族門制」学説とは、東晋南朝期には、甲族・次門・後門・三五門という四つの階層から成る身分制が存在していたとするもので、官人を輩出するのは、原則として甲族・次門・後門の三つの階層に限られる。甲族は、郷品一、二品を与えられ、二十～二十四歳で、秘書郎、著作佐郎に起家する階層、次門は、郷品三～五品を与えられ、二十五～二十九歳で、奉朝請、太学博士、王国常侍、王国侍郎に起家する階層、後門は、郷品六～九品を与えられ、三十歳以上で、流外の寒官に起家する階層と想定されている。

この越智氏の「族門制」学説に異論を提起したのが、中村圭爾『六朝貴族制研究』所収の「九品官人法における起家」(4)であった。中村氏は、その結論において、

起家官の決定、すなわちいかなる起家官をえることができるかという点については、父祖の起家官と子の起家官

のあいだに密接な関連があり、家格が起家官を決定できるという事実が判明した。しかし、また、その家格は、あらゆるばあいに起家官を決定する唯一の要素ではなく、むしろ父の官職が子の起家官決定に大きく作用していることも判明した。そこで、つぎに、父の官位と子の起家官を対照して検討し、その結果、一品官の子は五品官員外散騎侍郎起家、三品官の子は六品官秘書郎・著作佐郎・七品府佐起家、五品官以下の子は六品官奉朝請以下に起家することがあきらかになった。かような任子の制は、本来原理的には、一品官の子は郷品一品・五品官起家、二品官の子は郷品二品・六品官起家、三品官の子は郷品三品・七品官起家という任子の制の変型ではなかろうかという推定もうまれた。このようにみてくると、天監の改革に先行する宋・斉時代には、九品官制における任子制と家格が、相互に補完し、かつ規制し、家格を固定化させつつ、貴族の階層的秩序を強固なものにきづきあげていったのであるということができよう。

と述べ、「族門」というよりはむしろ、父の官職が子の起家官決定に大きく作用していることを明らかにしたのであった。

この中村説の提起した論点は非常に重要であったが、この問題をめぐって学界で活潑な論議が行われたとはいえず、わずかに野田俊昭「宋斉時代の参軍起家と梁陳時代の蔭制」(5)が、本人の起家官と、その父あるいは祖父の官職との間に相関関係を見出しがたい事例をあげて、「族門」の存在を想定すべき論拠として、中村説に反論を加えたのが、注目される程度である。筆者は、このような学界の現状をふまえて、拙稿「南朝貴族の家格」（以下「前稿」、本書の第八章）を発表して、「族門制」学説の論拠とされている根本的な史料の理解について異論を提起したのであるが、その際、起家年齢について十分な検討を行う余裕がなかった。そこで、本章においては、南朝正史の精査の結果をふまえ、南朝官人の起家年齢の面から、改めて「族門制」学説に検討を加えてみたい。

第一節、南朝宋・斉時代の官人の起家年齢

「族門制」学説においては、階層による起家年齢の差別ということが大きな論点となっていたことは、前に述べたが、以下、その論拠となっている史料を提示してみよう。

まず、(A)『梁書』巻一武帝紀上、中興二年(五〇二)二月丙寅の条「高祖上表」に、

且聞中間立格、甲族以二十登仕、後門以過立試吏、求之愚懐、抑有未達。

それに聞くところでは、このごろ規定を立てて、甲族は二十歳ではじめて任官し、後門は「過立」ではじめて任官するようにしたそうですが、私の考えでは、そもそも納得できない点があります。

とあり、また(B)『梁書』巻三八朱异伝には次のような記述がある。

旧制、年二十五方得釈褐。時异適二十一、特勅擢為揚州議曹従事史。

旧来の制度では、二十五歳になってはじめて任官できた。当時、朱异は二十一歳になったばかりであったので、特に勅命により抜擢して揚州議曹従事史とした。(6)

越智氏は(B)に、「二十五歳になってはじめて任官できた」とあることから、(A)にみえる甲族と後門との中間に、(B)にみえる階層が存在すると考え、その階層の名称を『宋書』巻八三宗越伝にみえる「次門」としたのであった。そして二十〜二十四歳で起家する甲族、二十五〜二十九歳で起家する次門、三十歳以上で起家する後門という、整然とした階層序列——「族門制」を構想するに至ったのである。「前稿」で述べたように、この「族門制」学説が成立するためのポイントは、「過立」を文字通り「而立」、すなわち三十歳過ぎと解釈する点にある。だが、安田二郎(7)

が明らかにした当時の年齢表現からいうと、「過立」は二十歳代を指すと解釈でき、そうなると（B）にみえる二十五歳も「過立」に含まれることとなって、甲族と後門との中間に次門なる階層を想定する論拠は失われることになるのである。結論的には、二十歳前後、十歳代後半から二十歳代前半にかけて起家する甲族と、三十歳前後、二十歳代後半以降に起家する後門と、ふたつの階層間の格差を指摘するのが、（A）の「高祖上表」の趣旨であり、（B）は（A）でいう後門についての史料ということになるのである。「前稿」では、このことを他の史料によって十分に裏づける作業を行うには至らなかったので、以下その作業を行うこととする。なお、時期は（A）の「高祖上表」の出された頃より以前の宋・斉時代に限定して、事例を検証する。この（A）の「高祖上表」で、甲族と後門の格差の不当性を主張していた高祖すなわち梁の武帝蕭衍即位後、一定の改革措置がとられているので、梁代の事例については、節を改めて検討するのが適切と考えるからである。

一、甲族の起家年齢

官人の中でも、上級の出世コースを歩む人々、いわゆる甲族出身者の起家官は、秘書郎や著作佐郎などであるので、南朝正史の列伝から、これらの官職に起家し、しかも起家の年齢が確定可能な事例を取り上げて検討してみよう。

〔秘書郎起家〕

①『宋書』巻五九殷淳伝
陳郡長平人也。曽祖融、祖允、並晋太常。父穆、……及受禅、転散騎常侍、国子祭酒、復為五兵尚書、呉郡太守。太祖即位、為金紫光禄大夫、領竟陵王師。……淳少好学、有美名。少帝景平初、為秘書郎。……元嘉十一年卒、

時年三十二。

陳郡・長平の人である。曽祖父の融、祖父の允は、ともに晋の太常であった。父の穆は、……禅譲革命により宋王朝が成立すると、散騎常侍となり、国子祭酒となり、また五兵尚書となり、呉郡太守となった。文帝が即位すると、金紫光禄大夫となり、竟陵王師を領した。……淳は幼少より学を好み、美名があった。少帝の景平元年（四二三）、秘書郎となった。……元嘉十一年（四三四）に死去し、享年三十二であった。

殷淳が秘書郎に起家した時の年齢は、二十一歳ということになり、ほぼ二十歳前後である。殷淳の曽祖父や祖父の極官である太常は、三品官の要職であるし、父も散騎常侍、国子祭酒、尚書などの三品官を歴任し、二品の金紫光禄大夫を極官としており、明らかに名門の家系である。

②『南史』巻二二王倹伝

生而（父）僧綽遇害、為叔父僧虔所養。数歳、襲爵豫寧県侯。……幼篤学、手不釈巻。……丹陽尹袁粲聞其名、及見之曰、「宰相之門也。栝栢豫章雖小、已有棟梁気矣、終当任人家国事。」言之宋明帝、選尚陽羨公主、拝駙馬都尉。……年十八、解褐秘書郎、太子舎人、超遷秘書丞。

（琅邪・臨沂の人）生まれてまもなく父の王僧綽が殺害され（四五三）、叔父の王僧虔に養われた。数歳で、豫寧県侯の爵位を継承した。……幼くして学問に熱心で、書物をはなさなかった。……丹陽尹の袁粲はその名声を聞き、王倹に会うと、「宰相の一門です。ビャクシン、コノテガシワやクスノキは小さくとも、むなぎやはりになる気質があります。いずれわが国家の事をまかすことができるでしょう」と言った。このことを宋の明帝（在位四六五〜四七二）に言うと、選ばれて陽羨公主に尚し、駙馬都尉を拝命した。……十八歳で、秘書郎に起家し、太子舎人となり、秘書丞に抜擢された。

王倹が秘書郎に起家した時の年齢は、十八歳と明記されている（『南斉書』巻二三本伝には「年十八」の記述がない）。王倹は永明七年（四八九）に三十八歳で死去しているから、十八歳は、宋の明帝の泰始五年（四六九）である。父の王僧綽は、宋の文帝のとき、二十九歳の若さで侍中に出世したことで知られるが、皇太子劉劭のクーデターの際に、殺害された（三十一歳）。幼い王倹をひきとった叔父の王僧虔の泰始五年ごろの状況については、『南斉書』巻三三王僧虔伝に、

入為侍中、遷御史中丞、領驍騎将軍。甲族向来多不居憲臺、王氏以分枝居烏衣者、位官微減。僧虔為此官、乃曰、「此是烏衣諸郎坐処、我亦可試為耳。」復為侍中、領屯騎校尉。泰始中、出為輔国将軍・呉興太守、秩中二千石。……徙為会稽太守、秩中二千石、将軍如故。

（豫章内史から）中央官に入って侍中となり、御史中丞に遷り、驍騎将軍を領した。甲族はこれまでおおむね御史台の官職には就任せず、琅邪の王氏の傍系で烏衣巷に居住する者が、官途の面でいささか劣っていた（ゆえに御史中丞に就任することがあった）。王僧虔は、御史中丞になると、「これは烏衣の者らが座るところだが、私も試みにやってみるだけだ」といった。また侍中となり、屯騎校尉を領した。泰始年間に、地方へ出て、輔国将軍・呉興太守、秩中二千石となった。……会稽太守、秩中二千石に転任し、将軍号はもとのままであった。

とあり、すでに三品官の侍中となっていた[8]。王倹の場合、起家の時に、父は死去していたものの、叔父が三品以上の高官であっただけでなく、自身も父の爵位（豫寧県侯）を継承し、皇女の壻ともなっていて、名門中の名門ともいうべき境遇にあった。加えて、その学問や人格に対する評判もよく、それらの条件が十八歳での秘書郎起家に結実したと考えられよう。

③『梁書』巻二一王志伝

琅邪臨沂人。祖曇首、宋左光禄大夫・豫寧文侯、父僧虔、斉司空・簡穆公、並有重名。……弱冠、選尚宋孝武女安固公主、拝駙馬都尉・秘書郎。……（天監）十二年、卒、時年五十四。

琅邪・臨沂の人である。祖父の曇首は、宋の左光禄大夫・豫寧文侯であり、父の僧虔は、斉の司空・簡穆公であって、ともに重名があった。……王志は弱冠にして、選ばれて宋の孝武帝のむすめである安固公主に尚し、駙馬都尉・秘書郎を拝命した。……（天監）十二年（五一三）に死去し、享年五十四であった。

王志が秘書郎で起家した時の年齢は、「弱冠」を文字通りに解釈すれば二十歳。王志は、宋王朝最後の年（四七九）で二十歳であるから、あるいはそれよりも早いかもしれない。祖父の極官左光禄大夫は三品官、父の極官司空は一品。王志の起家のころについてみると、父王僧虔は、昇明二年（四七八）に尚書令（三品）となり、南斉の建元元年（四七九）に、侍中（三品）・撫軍将軍・丹陽尹となっている（『南斉書』巻三三王僧虔伝）。高官の子、皇女の壻であって、典型的な名門子弟の起家である。

〔著作佐郎起家〕

④『宋書』巻五三謝方明伝

陳郡陽夏人、尚書僕射景仁従祖弟也。祖鉄、永嘉太守。父沖、中書侍郎。……元興元年、桓玄剋京邑、丹陽尹卞範之勢傾朝野、欲以女嫁方明、使尚書吏部郎王騰譬説備至、方明終不回。桓玄聞而賞之、即除著作佐郎。……元嘉三年、卒官、年四十七。

陳郡・陽夏の人で、尚書僕射景仁の従祖弟である。祖父の鉄は、永嘉太守。父の沖は、中書侍郎である。……元興元年（四〇二）、桓玄が建康を占領し、丹陽尹の卞範之（桓玄派）の勢いは朝野を傾けるほどであり、娘を方明に嫁がせようとして、尚書吏部郎の王騰に説得のかぎりをつくさせたが、方明は結局態度を変えなかった。桓玄はこのことを聞いてこれを賞賛し、著作佐郎に任命した。……元嘉三年（四二六）、在職中に死去した。享年四十七。

謝方明は、東晋末期に擡頭した陳郡の謝氏一門であり、また、桓玄が政権を掌握したとき、桓玄派の重鎮である卞範之がその娘を嫁がせようとしたことにも示されるように、方明個人の人物も高く評価されていたのであるが、その方明が著作佐郎に起家した時の年齢は二十三歳である。方明の祖父の永嘉太守、父の中書侍郎、ともに五品官であり、このことが、二十代にはいってやや年月を経過しての著作佐郎起家となった可能性があろう。

⑤『宋書』巻五七蔡廓伝

済陽考城人也。曽祖謨、晋司徒。祖系、撫軍長史。父綝、司徒左西属。廓博渉群書、言行以礼。起家著作佐郎。時桓玄輔晋、……元嘉二年、廓卒、時年四十七。

済陽・考城の人である。曽祖父の謨は、晋の司徒であった。祖父の系は、撫軍長史、父の綝は、司徒左西属であった。蔡廓は多くの書物をひろく学び、言行は礼にかなっていた。著作佐郎に起家した。時に桓玄が東晋皇帝を補佐し、……元嘉二年（四二五）、蔡廓は死去し、享年四十七であった。

蔡廓が著作佐郎に起家した時の年齢は二十二歳頃である。蔡廓本人には学問があり、曽祖父も一品官の司徒であったが、祖父、父とも早く死去して出世しなかったので、③謝方明とほぼ同等の起家となったものであろう。

⑥『南斉書』巻五四高逸・何求伝

廬江灊人也。祖尚之、宋司空、父鑠、宜都太守。求元嘉末為宋文帝挽郎、解褐著作郎。……（永明）七年、卒。年五十六。

盧江・灊の人である。祖父の尚之は、宋の司空であり、父の鑠は、宜都太守であった。何求は元嘉の末年（四五三）に宋の文帝の挽郎となり、著作郎で起家した。……永明七年（四八九）死去した。享年五十六。

何求が著作佐郎に起家した時の年齢は、二十歳である。父の極官は五品官郡太守クラスだが、起家した当時、祖父の尚之はなお尚書令（三品）等の要職にあったから、秘書郎にこそならなかったものの、比較的早い年齢での起家となったものと考えられる。なお、何求は起家の前に、挽郎となっているが、これは「天子皇后などの葬儀の際に儀式に列する童子」であり、名門の子弟から選ばれることになっていた。(9) この挽郎となっていることからも、何求の起家が名門の子弟としての起家であったことは確実である。

⑦『梁書』巻三三劉孝綽伝

彭城人、本名冉。祖勔、宋司空忠昭公。父絵、斉大司馬覇府従事中郎。……天監初、起家著作佐郎。……大同五年、卒官、時年五十九。

彭城の人で、本名は冉。祖父の勔は、宋の司空・忠昭公。父の絵は、斉の大司馬覇府従事中郎。……天監初（五〇二）、著作佐郎に起家した。……大同五年（五三九）、在職中に死去し、享年五十九。

梁のごく初期の、まだ改革の行われる以前の事例なので、宋・斉時代の事例にふくめて考える。劉孝綽が著作佐郎に起家した時の年齢は、二十二歳である。祖父の極官は一品の司徒であったが、父は早く死去して出世しなかったので、比較的遅い年齢での起家となったものであろう。

〔司徒祭酒起家〕

⑧『宋書』巻六二王微伝

琅邪臨沂人、太保弘弟子也。父孺、光禄大夫。微少好学、無不通覧、善属文、兼解音律・医方・陰陽術数。年十六、州挙秀才、衡陽王義季右軍参軍、並不就。起家司徒祭酒。……元嘉三十年、卒、時年三十九。

琅邪・臨沂の人で、太保王弘の弟の子である。父の孺は、光禄大夫であった。王微は幼少より学問を好み、通覧しない書物はなく、よく文章をつづり、かねて音律・医方・陰陽術数を解した。十六歳で、南徐州から秀才に挙げられ、衡陽王義季の右軍参軍に辟召されたが、ともに就かなかった。司徒祭酒に起家した。……元嘉三十年（四五三）、死去し、享年三十九であった。

司徒祭酒は、梁の十八班制で三班であるから（『隋書』百官志上）、六品官とみてよいであろう。王微が司徒祭酒に起家したのは十六歳以後まもなく、十代後半のことと考えられる。没年から計算すると、その時期は、元嘉七年かその翌年ぐらいのことであろう。父や伯父も高官にあり、明らかに甲族としての起家の事例である。

二、後門の起家年齢

甲族よりも下位の後門の起家官と考えられるのは、奉朝請等、越智氏のいわゆる「次門」の起家官である。そこで、これらの起家官の事例のうち、その時の年齢の判明するものについて考察を加える。

①『宋書』巻五四羊玄保伝

太山南城人也。祖楷、尚書都官郎。父綏、中書侍郎。玄保起家楚臺太常博士。……（大明）八年、卒、時年九十四。

太山・南城の人である。祖父の楷は、尚書都官郎であった。父の綏は、中書侍郎であった。羊玄保は桓玄の楚王国（四〇二）の太常博士で起家した。……大明八年（四六四）、死去し、享年九十四であった。

羊玄保が太常博士で起家したのは、桓玄の楚王国の時、すなわち三十三歳の時である。祖父は六品の尚書郎、父は五品の中書侍郎を極官としており、明らかに後門に属する。それにしても三十三歳というのは遅すぎるように思うが、詳しい事情は不明である。

②『宋書』巻八六殷孝祖伝

陳郡長平人也。曽祖羨、晋光禄勲。父祖並不達。孝祖少誕節、好酒色、有気幹。太祖元嘉末為奉朝請、員外散騎侍郎。……泰始二年三月三日、……是日、於陣為矢所中死、時年五十二。

陳郡・長平の人である。曽祖父の羨は、晋の光禄勲であった。祖父も父も出世しなかった。殷孝祖は幼少より気ままな性格で、酒色を好み、しっかりした気持ちと才幹があった。文帝の元嘉末（四五三）、奉朝請となり、員外散騎侍郎となった。……泰始二年（四六六）三月三日、……この日、陣中で矢にあたって死んだ。享年五十二。

殷孝祖が奉朝請に起家したのは、三十九歳で、父も祖父も大した官職についてはいないということ、そしておそらくはそれに加えて、奔放な性格によってかなり遅い起家となった事例である。

③『梁書』巻一三沈約伝

呉興武康人也。祖林子、宋征虜将軍。父璞、淮南太守。璞元嘉末被誅、約幼潜竄、会赦免。……起家奉朝請、済陽蔡興宗聞其才而善之、興宗為郢州刺史、引為安西外兵参軍、兼記室。……（天監）十二年、卒官、時年七十三。

呉興・武康の人である。祖父は林子、宋の征虜将軍であった。父の璞は、淮南太守であった。璞は、元嘉末（四五三）、誅殺され、沈約は幼くして逃亡生活を余儀なくされたが、大赦にあって免罪となった。……奉朝請で起家し、済陽の蔡興宗はその才学を聞いて高く評価し、泰始三年（四六七）郢州刺史となるや、沈約をまねいて安西外兵参軍・兼記室とした。……（天監）十二年（五一三）、在職中に死去し、享年七十三であった。

沈約が奉朝請に起家した時の年齢は、二十七歳より前、おそらく二十五〜二十六歳であろうと思われる。祖父が三品の将軍号を得てはいるが、父の璞が孝武帝の時に反逆の疑いで処刑されたことも、沈約の起家に影響したであろう。後に高名を博す、その学才からも、不当な処遇と印象付けられる。ただ、父も後門の起家官である王国左常侍に起家している（『宋書』巻一〇〇自序）ことを考慮すれば、むしろ順当な起家であったと考えたほうがよいかもしれない。

④『梁書』巻二六范岫伝

済陽考城人也。高祖宣、晋徴士。父義、宋兗州別駕。岫少孤、事母以孝聞、与呉興沈約倶為蔡興宗所礼。泰始中、起家奉朝請。……（天監）十三年、卒官、時年七十五。

済陽・考城の人である。高祖父の宣は、晋の徴士であった。父の義は、宋の兗州別駕であった。岫は幼少にして父をなくし、母につかえて孝行で評判となり、呉興の沈約とともに蔡興宗の礼遇するところとなった。泰始（四六五〜四七一）中、奉朝請で起家した。天監十三年（五一四）、在職中に死去し、享年七十五であった。

范岫が奉朝請に起家した時の年齢は、もっとも早く泰始二年（四六六）と想定した場合でも二十七歳であり、もっとも遅い泰始六年（四七〇）だと三十一歳である。この范岫の場合も父を早くになくしたことが大きな要因となり、さらには祖父や曽祖父も官僚として出世した形跡がないことも加わって、後門としても遅い起家となったものであろう。

⑤『梁書』巻四八儒林・厳植之伝

建平秭帰人也。祖欽、宋通直散騎常侍。……少遭父憂、因菜食二十三載、後得風冷疾、乃止。斉永明中、始起家為廬陵王国侍郎。……（天監）七年、卒於館、時年五十二。

建平・秭帰の人である。祖父の欽は、宋の通直散騎常侍であった。……幼少の時に父をなくし、菜食すること二十三年、後に風冷の疾にかかって、菜食をやめた。斉の永明（四八三〜四九三）中、はじめて起家して廬陵王国侍郎となった。……天監七年（五〇八）、学館で死去し、享年五十二であった。

厳植之が王国侍郎に起家したのは、もっとも早い永明二年（四八四）の場合で二十八歳、もっとも遅い永明十年（四九二）だと三十六歳にもなる。この厳植之の場合も、父を早くになくしており、後門としても起家年齢の遅いケースと考えられよう。

三、三十歳以上の起家の事例

後門の起家の事例の中にも三十歳以上の可能性のある事例が多くみられたが、ここでは典型的な後門の起家官以外の事例の中から、三十歳以上で起家した事例を取り上げて考察する。

①『宋書』巻五五傅隆伝

北地霊州人也。高祖咸、晋司隷校尉。曽祖晞、司徒属。父祖早亡。隆少孤、又無近属、単貧有学行、不好交游。義熙初、年四十、始為孟昶建威参軍、員外散騎侍郎。……（元嘉）二十八年、卒、時年八十三。

北地・霊州の人である。高祖父の咸は、晋の司隷校尉であった。曽祖父の晞は、司徒属であった。祖父・父とも早くになくなった。傅隆は幼少にして父をなくし、また近親もおらず、貧しく学行があり、交遊を好まなかった。義熙元年（四〇五）、四十歳で、始めて孟昶の建威参軍となり、員外散騎侍郎となった。……元嘉二十八年（四五一）、死去し、享年八十三であった。

傅隆が参軍に起家したのは、「四十歳」と書かれているが、没年から計算すると、正確には三十七歳である。祖父・父とも早くになくなり、推薦してくれる近親もなく、交遊も好まなかったなどの事情が重なって、起家が遅れたものと推察される。

②『宋書』巻七三顔延之伝

琅邪臨沂人也。曽祖含、右光禄大夫。祖約、零陵太守。父顕、護軍司馬。延之少孤貧、居負郭、室巷甚陋。……飲酒不護細行、年三十、猶未婚。妹適東莞劉憲之、穆之子也。穆之既与延之通家、又聞其美、将仕之、先欲相見、延之不往也。後将軍・呉国内史劉柳以為行参軍。……義熙十二年……孝建三年、卒、時年七十三。

琅邪・臨沂の人である。曽祖父の含は、右光禄大夫であった。祖父の約は、零陵太守であった。父の顕は、護軍司馬であった。延之は幼少にして父をなくして貧しく、城外のさびれた地区に居住していた。……飲酒して些細な品行にとらわれず、三十歳になっても、未婚であった。妹は東莞の劉憲之にとついだが、劉憲之は、劉裕の腹心である劉穆之の子であった。劉穆之は顔延之と姻戚関係となり、またその才能を聞いて、仕えさせようとし、まず会ってみようとしたが、顔延之は行かなかった。後将軍・呉国内史の劉柳が顔延之を行参軍とした。……義熙十二年（四一六）……孝建三年（四五六）、死去し、享年七十三であった。

顔延之が行参軍に起家したのは、三十三歳より以前であるが、三十歳以上であったのは確かなように考えられる。祖父も五品官郡太守が極官であり、父も早くになくなったという事情もあるが、本人の性向も大きく影響して、三十歳をこえての起家となったものであろう。

③『宋書』巻七七沈慶之伝

呉興武康人也。兄敞之、為趙倫之征虜参軍・監南陽郡、撃蛮有功、遂即真。……年三十、未知名、往襄陽省兄、倫之見而賞之。倫之子伯符時為竟陵太守、倫之命伯符版為寧遠中兵参軍。……永初二年、……（前廃）帝乃遣慶之従子攸之齎薬賜慶之死、時年八十。

呉興・武康の人である。兄の敞之は、趙倫之の征虜参軍・監南陽郡となり、蛮族を攻撃して功績があり、南陽郡太守となった。……沈慶之は、三十歳となっても、いまだ知名せられず、襄陽まで行って兄に会ったとき、趙倫之が沈慶之を見て高く評価した。倫之の子の伯符が当時竟陵太守となっていたので、倫之は伯符に命じて自らの裁量で寧遠中兵参軍に採用させた。……永初二年（四二一）、……前廃帝は沈慶之の従子の攸之に薬をもたせて慶之に死を賜った（四六五）。享年八十。

沈慶之が中兵参軍に起家したのは、三十四歳以前、三十歳代前半であろう。兄のつてで趙倫之に知られ、任官できたが、父や祖父の官歴も不明であり、せいぜい地方豪族クラスであったのではなかろうか。

④『南斉書』巻二八劉善明伝

平原人。鎮北将軍懐珍族弟也。父懐民、宋世為斉・北海二郡太守。……少而静処読書、（青州）刺史杜驥聞名候之、辞不相見。年四十、刺史劉道隆辟為治中従事。……建元二年卒、年四十九。

平原の人。鎮北将軍懐珍の族弟である。父の懐民は、宋代、斉・北海二郡太守となった。……劉善明は幼少より静かに読書し、青州刺史の杜驥が名声を聞いて訪ねてきたが、ことわって会わなかった。四十歳で、青州刺史の劉道隆が辟召して治中従事とした。……建元二年（四八〇）に死去し、享年四十九であった。

劉道隆が青州刺史であったのは、大明四年（四六〇）から八年にかけてであるから、没年から計算すると、劉善明が青州治中従事に起家したのは、二十九歳から三十三歳である。「年四十」とあるが、実際は三十代前半の起家の事例である。父が五品官の郡太守を極官としたこともあるが、それ以上に、積極的には出仕しようとしない本人の意向によって遅い起家となったのであろう。

⑤『梁書』巻二一張充伝

呉郡人。父緒、斉特進・金紫光禄大夫、有名前代。充少時、不持操行、好逸遊。緒嘗請仮還呉、始入西郭、値充出猟、左手臂鷹、右手牽狗、遇緒船至、便放紲脱韝、拝於水次。緒曰、「一身両役、無乃労乎。」充跪対曰、「充聞三十而立、今二十九矣、請至来歳而敬易之。」……起家撫軍行参軍、遷太子舎人・尚書殿中郎・武陵王友。……（天監）十三年、卒于呉、時年六十六。

呉郡の人。父の緒は、斉の特進・金紫光禄大夫で、前代に名声があった。充は若いとき、操行をまもらず、逸遊を好んだ。緒がかつて休暇を願い出て呉郡に帰ってきたとき、西郭に入ったところで、張充が猟に出かけるのに会った。張充は左腕に鷹をとまらせ、右手に犬をひいて、緒の船の到着にでくわすと、つなを放し、ゆごてを脱いで、水辺で拝礼した。緒が「ひとりでふたつを使うのは、たいへんではないか」というと、充は跪いて答え、「わたしは三十にして立つと聞いておりますが、今二十九歳です。来年になったら態度を改めさせていただきます」といった。……撫軍行参軍に起家し、太子舎人・尚書殿中郎・武陵王友にうつった。……天監十三年（五一四）、呉郡で死去し、享年六十六であった。

この場合、張充が行参軍に起家したのは文字通り三十歳とみてよいであろう。その時期は、没年から判断して、宋末、順帝の昇明二年（四七八）であろう。『南斉書』巻三三張緒伝によれば、この当時、父の緒は、太常や散騎常侍などの顕官を歴任していたから、張充の起家が遅い原因は、もっぱら個人的性向に帰せられよう。

以上、本節での考察の結果、宋・斉時代には、二十歳前後で起家する甲族と、三十歳前後で起家する後門と、官僚層のなかにも、ふたつの階層の間の格差が存在していたことがほぼ確かめられた。奉朝請等で起家する後門の場合、三十歳を超える事例、あるいはその可能性のある事例が多く、一見、「過立」を文字通り三十歳以上とする見解を支えるかのようでもあるが、一方、三の①傅隆や同じく三の④劉善明のように「四十」と書かれていても、実際は三十歳代である事例が確認されるのであって、「過立」が二十歳代（後半）であるという、「前稿」の結論は動かない。そもそも、二であげた後門の起家の事例は、正史列伝に記載の、しかも、起家年齢の特定できる事例を集めたものであることを考慮に入れる必要があるのであって、三十歳を超える事例が比較的多いのは、そのような事例の場合に、年齢が特定できる記述が多くなるからであると考えるのが妥当ではなかろうか。しかしながら一方、統計的処理にはなじまないとしても、正史列伝の検索の結果得られたすべての事例が二十歳代後半以降の起家を示していることは、それなりに重視すべきで、本節の最初にかかげた（A）「高祖上表」に指摘される、二十歳前後で起家する甲族と、三十歳前後で起家する後門という格差が存在していたことは確認されたとしてよいであろう。(10)

第二節、梁の武帝の改革後の起家年齢

梁の武帝、蕭衍は、前述のように、即位の直前、甲族と後門の格差の不当性を主張していたが、即位後まもない天監四年（五〇五）、この不当な格差是正の改革を命じた。『梁書』巻二武帝紀中、天監四年正月癸卯朔の条の詔に、

今九流常選、年未三十、不通一経、不得解褐。若有才同甘・顔、勿限年次。

今より官吏の登用にあたって、三十歳未満で、一経に通じていなければ、起家することを許さないようにせよ。もし才能が、甘羅（『史記』巻七一）や顔回のようにすぐれていれば、年齢による制限をしないこととせよ。

とあり、儒教の経典ひとつにも通じていないものは三十歳未満では起家できないこととされ、甲族と後門のような出自による格差を撤廃する措置が講ぜられた。かわって、学才による格差が設けられることになったわけである。では、この措置は、実行されたのであろうか。実例に即して検証してみよう。

〔秘書郎起家〕

①『梁書』巻二一王份伝附孫錫伝

十二、為国子生。十四、挙清茂、除秘書郎、与范陽張伯緒斉名、倶為太子舎人。……中大通六年正月、卒、時年三十六。

十二歳で国子生となった。十四歳で、清茂に挙げられ、秘書郎に任ぜられた。范陽の張伯緒と名声をひとしくし、ともに太子舎人となった。……中大通六年（五三四）正月、死去し、享年三十六であった。

十代半ばでの秘書郎（梁の流内十八班の二班筆頭）[11]起家の事例である。時期は、天監十一年（五一二）以後であるから、前述の改革措置以降であり、学問の才能を評価されての起家である。王錫は、琅邪・臨沂の人で、父の王琳は司徒左長史（十二班）を極官とし、祖父の王份は尚書左僕射（十五班）等を歴任しており、いずれも王錫起家の時点では在世していた。旧来の甲族としての起家の変型とみることもできよう。

②『梁書』巻三四張緬伝

車騎将軍弘策子也。……天監元年、弘策任衛尉卿、為妖賊所害、緬痛父之酷、喪過於礼、高祖遣戒喩之。服闋、襲洮陽県侯、召補国子生。起家秘書郎、出為淮南太守、時年十八。……中大通三年、遷侍中、未拝、卒、時年四十二。

車騎将軍張弘策の子である。……天監元年（五〇二）、衛尉卿であった弘策は、妖賊に殺害され、緬は父の死を痛み、喪に服することが礼を過ぎたので、武帝は人をやっていましめ諭させた。喪の期間が終わると、洮陽県侯をつぎ、召されて国子生に加えられた。秘書郎に起家し、淮南太守に任ぜられた。その当時、十八歳であった。……

中大通三年（五三一）、侍中に昇進したが、拝命しないうちに死去し、享年四十二であった。張緬が秘書郎に起家したのは十八歳以前であり、その時期は、天監六年（五〇七）以前である。父の張弘策（『梁書』巻一一）は范陽・方城の人で、後門の起家官である王国常侍に起家しているが、武帝の母である文献皇后の従父弟にあたる。つまり梁王朝成立によって、張緬は、外戚の子弟となり、甲族としての起家をしたと考えられるが、国子生となっており、学業優秀というのが正式の理由であろう。本伝の右に引用しなかった所にも、

緬少勤学、自課読書、手不輟巻、尤明後漢及晋代衆家。客有執巻質緬者、随問便対、略無遺失。

緬は年少より学問にはげみ、自ら読書を課して、書物を手からはなさず、もっとも後漢及び晋代をあつかった衆家の史書[12]に通じていた。客で書物を手にとって緬に質問する者があれば、質問するとすぐに回答し、その答えにはほぼ遺漏が無かった。

とあり、とくに史学に優れていたようである。

③『梁書』巻三四張纘伝

緬第三弟也。出後従伯弘籍。弘籍、高祖舅也。梁初贈廷尉卿。纘年十一、尚高祖第四女富陽公主、拝駙馬都尉、封利亭侯、召補国子生。起家秘書郎、時年十七。……纘好学、兄緬有書万余巻、昼夜披読、殆不輟手。秘書郎有四員、宋斉以来、為甲族起家之選、待次入補、其居職、例数十百日便遷任。纘固求不徙、欲遍観閣内図籍。……如此数歳、方遷太子舎人。……太清二年、……防守纘者、慮追兵至、遂害之、棄尸而去、時年五十一。

張緬の第三弟である。従伯弘籍の跡継ぎとなった。弘籍は、武帝の母方のおじである。梁初に廷尉卿を贈られた。纘は十一歳で、武帝の第四女富陽公主に尚し、駙馬都尉を拝命し、利亭侯に封ぜられ、召されて国子生に加えられた。秘書郎に起家し、当時十七歳であった。……纘は学問を好み、兄緬が書物万余巻をもっていたので、昼も

夜もひらいて読み、ほとんど手を休めなかった。秘書郎の定員は四人で、宋・斉以来、甲族の起家官であり、順番を待って補充され、在職すると、おおむね数十日から百日で転任した。纘は転任させないように固く求め、書庫のなかの図書をあまねくみたいと願った。……このようにして数歳、やっと太子舎人にうつった。……太清二年（五四八）、……纘を守っている者が、追っ手が至るのを心配し、纘を殺害して、その死体を棄てて逃げた。享年五十一であった。

張緬の弟の纘が、秘書郎に起家したのは十七歳の時であり、天監十三年（五一四）である。外戚であることに加え、武帝の娘の夫でもあるが、正式には学問の才能によって、十代後半で秘書郎起家となったのであろう。

④『梁書』巻四一王規伝

琅邪臨沂人。祖倹、斉太尉南昌文憲公。父騫、金紫光禄大夫南昌安侯。……年十二、五経大義、並略能通。既長、好学有口辯。州挙秀才、郡迎主簿。起家秘書郎、累遷太子舎人、安右南康王主簿、太子洗馬。天監十二年、……大同二年、卒、時年四十五。

琅邪・臨沂の人。祖父の倹は、斉の太尉・南昌文憲公であった。父の騫は、金紫光禄大夫・南昌安侯であった。……十二歳のとき、五経の大義に、どれもみなほぼ通ずることができた。成長してからは、学問を好み弁が立った。南徐州は秀才に推挙し、南琅邪郡の迎主簿となった。秘書郎に起家し、太子舎人、安右南康王主簿、太子洗馬を歴任した。天監十二年（五一三）、……大同二年（五三六）、死去した。享年四十五であった。

王規は天監十二年で二十二歳であるから、秘書郎で起家したのは二十歳前後である。王倹を祖父とするこの家系は名門中の名門として知られる。加えて、その当時の父王騫の官歴については、『梁書』巻七太宗王皇后伝附父騫伝に、

（天監）八年、入為太府卿、領後軍将軍、遷太常卿。十一年、遷中書令、加員外散騎常侍。

（天監）八年（五〇九）、中央官に入って太府卿となり、後軍将軍を領し、太常卿に遷った。十一年（五一二）、中書令に遷り、員外散騎常侍を加えられた。

とあり、太府卿は梁十八班制の十三班、太常卿は十四班、中書令は十三班筆頭であり、いずれも高位高官である。さらに、王規の姉妹の霊賓は、天監十一年に、武帝の皇子、蕭綱（後の簡文帝）に嫁いでいる（『梁書』巻七太宗王皇后伝）。このような家柄の背景に加え、五経の大義にほぼ通じたという学才が評価されて、二十歳前後で秘書郎に起家したのであろう。

⑤『梁書』巻四一王承伝

僕射暕之子。七歳通周易、選補国子生。年十五、射策高第、除秘書郎。

僕射暕の子。七歳で周易に通じ、選ばれて国子生に加えられた。十五歳で、試験を受けて好成績で合格し、秘書郎に任ぜられた。

王暕は、『梁書』巻二一に伝があり、琅邪・臨沂の人で、斉の太尉王倹の子であって、甲族の中でも超一流の名門に属する。王承は、国子生として成績優秀のため、十五歳で秘書郎起家となったが、没年が明確ではないため、起家した時期は特定できない。

⑥『陳書』巻二四袁憲伝

尚書僕射枢之弟也。……大同八年、武帝撰孔子正言章句、詔下国学、宣制旨義。憲時年十四、被召為国子正言生。……尋挙高第。以貴公子選尚南沙公主、即梁簡文之女也。（中）大同元年、釈褐秘書郎。……（開皇）十八年卒、時年七十。

尚書僕射枢の弟である。……大同八年（五四二）、武帝は孔子正言章句を編纂させ、詔して国学に下して、その主旨を宣布させた。袁憲は当時十四歳、召されて国子正言生となった。……ついで成績優秀として推挙された。貴公子ということで選ばれて南沙公主に尚した。公主は、梁の簡文帝の娘である。中大同元年（五四六）、秘書郎に起家した。……開皇十八年（五九八）死去し、享年七十であった。

袁憲は、十八歳で秘書郎に起家している。学業成績優秀ということであるが、簡文帝の娘に尚したことも影響しているであろう。袁憲は陳郡・陽夏の人であり、兄の枢は、『陳書』巻一七に伝があり、兄弟の父は、袁君正、病死して梁の呉郡太守で終わったが、祖父の袁昂（『梁書』巻三一）は、大同六年（五四〇）まで存命、司空にまでなっており、文字通り「貴公子」の家系である。

〔太学博士、奉朝請起家〕

⑦『陳書』巻二四周弘正伝

汝南安成人、晋光禄大夫顗之九世孫也。祖顒、斉中書侍郎、領著作。父宝始、梁司徒祭酒。弘正幼孤、及弟弘譲・弘直、倶為伯父侍中護軍捨所養。……十五、召補国子生、仍於国学講周易、諸生伝習其義。……起家梁太学博士。晋安王為丹陽尹〔天監十七年〕、引為主簿。…太建六年、卒于官、時年七十九。

汝南・安成の人、晋の光禄大夫顗の九世孫である。祖父の顒は、斉の中書侍郎、領著作であった。父の宝始は、梁の司徒祭酒であった。弘正は幼くして父をなくし、弟弘譲・弘直とともに伯父の侍中・護軍周捨に養われた。……十五歳で、召されて国子生に加えられ、その後国学で周易を講じ、諸生がその義を伝習するようになった。……梁の太学博士に起家した。天監十七年（五一八）、晋安王が丹陽尹となると、辟召して主簿とした。……太建六年（五七四）、在職中に死去し、享年七十九であった。

周弘正が旧来の後門の起家官である太学博士（二班）に起家したのは、二十三歳よりも前である。二十代前半ではあるものの、秘書郎起家のものより遅い起家であり、やや形をかえながらも旧来の甲族と後門との格差は依然として残っているように考えられる。なお、伯父の周捨（『梁書』巻二五本伝）は、梁の武帝の側近として「機密に預かった」人物であるが、その起家官は、太学博士であった。周捨は、天監九年（五一〇）以後、尚書吏部郎（十一班）、太子右衛率（十一班）、右衛将軍（十二班）などを歴任しており(13)、周弘正の起家当時には高官に就いていたと思われ、周弘正自身も周易を講じるほどの学才があったことも、旧来の甲族と後門の格差を想起させる。

⑧『陳書』巻二六徐陵伝附弟孝克伝

　陵之第三弟也。少為周易生、有口辯、能談玄理。既長、遍通五経、博覧史籍、亦善属文、而文不逮義。梁太清初、起家為太学博士。……〔開皇〕十九年以疾卒、時年七十三。

　徐陵の第三弟である。幼少にして周易生となり、弁がたち、よく玄理を談じた。成長してからは、あまねく五経に通じ、史籍を博覧し、またよく文章をつづったが、文は義におよばなかった。梁の太清初（五四七）、起家して太学博士となった。……開皇十九年（五九九）病没し、享年七十三であった。

徐孝克が太学博士に起家したのは、二十一歳であり、学問の才能を評価されて「三十」にならないうちに起家したのであろうが、やはり秘書郎起家の事例より若干遅れている。徐孝克は東海・郯の人、兄弟の父である徐摛（『梁書』巻三〇本伝）は、徐孝克が起家するころには、太子中庶子もしくは太子左衛率であり、いずれも十一班である。なお、父の徐摛の起家官も太学博士であった。

⑨『陳書』巻三三儒林・鄭灼伝

　東陽信安人也。祖恵、梁衡陽太守。父季徽、通直散騎侍郎・建安令。灼幼而聡敏、励志儒学、少受業于皇侃。梁中大通五年、釈褐奉朝請。……太建十三年卒、時年六十八。

東陽・信安の人である。祖父の恵は、梁の衡陽太守であった。父の季徽は、通直散騎侍郎・建安令であった。鄭灼は幼くして聡敏、儒学にはげみ、幼少にして皇侃より学業を受けた。梁の中大通五年（五三三）、奉朝請に起家した。……太建十三年（五八一）死去し、享年六十八であった。

鄭灼が奉朝請（二班）に起家したのは、二十歳であり、後門の典型的起家官である奉朝請にしては、比較的早いほうであり、儒学の才能を評価されたものと考えられる。東陽・信安の鄭氏は名門とはいえず、祖父・父ともに五品官が極官である。

〔揚州祭酒従事史起家〕

⑩『陳書』巻三三儒林・戚袞伝

呉郡塩官人也。祖顕、斉給事中。父覇、梁臨賀王府中兵参軍。袞少聡慧、遊学京都、受三礼於国子助教劉文紹、一二年中、大義略備。年十九、梁武帝勅策孔子正言幷周礼・礼記義、袞対高第。仍除揚州祭酒従事史。……太建十三年卒、時年六十三。

呉郡・塩官の人である。祖父の顕は、斉の給事中であった。父の覇は、梁の臨賀王府中兵参軍であった。戚袞は幼少より聡慧であり、建康に遊学し、三礼を国子助教劉文紹より受け、一二年のうちに、おおよその内容を習得した。十九歳のとき、梁の武帝は勅して孔子正言ならびに周礼・礼記の義を策問し、袞はこれにこたえて成績優秀であった。よって揚州祭酒従事史に任ぜられた。……太建十三年（五八一）に死去し、享年六十三であった。

戚袞が揚州祭酒従事史（一班の筆頭）[14]に起家したのは、十九歳で、大同三年（五三七）である。秘書郎以外の起家官としては、かなり早い事例であり、梁の武帝の策問にこたえて成績優秀という特別な事情によると考えられる。戚袞の祖父・父ともに顕官には到達していないことも、抜擢を推測させる。

以上の十例は、いずれも天監四年の改革以後、三十歳未満で起家した場合である。すべての事例において学問の才能のあることが記述されていて、学才のある場合に限って三十歳未満での起家を認めるという改革措置の徹底していたことをうかがわせるものである。宋・斉時代には比較的多く見られた三十歳を超えての起家の事例は、改革以後についてはあまり見られず、わずかに『陳書』巻九欧陽頠伝に、

年三十、其兄逼令従宦、起家信武府中兵参軍。

年三十にして、その兄がせまって仕官させ、欧陽頠は信武将軍府の中兵参軍に起家した。

と見えるぐらいである。しかし、このことは、『梁書』や『陳書』の列伝編纂の方針の結果、遅い年齢で起家した者がほとんど採録されなかった可能性も考えられるから、これらの事例からただちに、改革措置がとられて以後は、かえって起家年齢が早まることになった、という結論を導くことは困難である。ただ、改革措置以後、三十歳未満の早い年齢で起家させる場合には、国子生となって学問的才能を示したという理由を明示することが必須となったことは、顕著な傾向として確認してよいように思われる。なお、以上の例は、すべて三十歳未満で起家をした事例であるけれども、秘書郎起家者と太学博士・奉朝請等起家者とでは、秘書郎起家者のほうが早く起家する傾向もみられ、この点からいうと梁の武帝が即位前に問題としていた甲族と後門との格差が、改革措置によってやや形を変えながらも、依然として存続していたのではないかという推定が可能であろう。

おわりに

本章では、南朝正史の列伝の精査をふまえて、起家年齢の確定可能な事例をあげて分析を加えた。その結果、宋・斉時代には、二十歳前後で起家する甲族と、三十歳前後で起家する後門との格差の存在をほぼ確認することができた。また、梁の天監四年（五〇五）の改革以後、三十歳未満で起家する場合には学才のあることが条件とされるようになったが、甲族と後門との格差が形を変えつつ存続していたことも、ほぼ明らかにできたと考える。最後に、本章で直接目的としたわけではないので付言するにとどめておきたいが、「族門制」の問題と関連させて、本章で取り上げた諸事例を考えると、あらかじめ皇帝権力によって格付けされた「族門」によって起家する年齢や官職が自動的に決定されたとは考えがたい。やはり、中村圭爾説のように、起家時点での父または祖父の官職を最大の要因として、また場合によっては父・祖父以外の親族の官歴や、その家系の婚姻関係、本人の学才など様々な要素を加味して、起家する年齢や官職が、個別の事例に即して決定されたと考えられるのである。もちろん、そのような営為の積み重ねの結果として、特定官職に起家する者を輩出する家系が出現するケースもみられ、それを「門閥貴族」と称することは十分可能である。だが、その一方、第一節の三の③沈慶之のように、従来官僚を輩出していたとは考えられない家系から軍功によって官僚層に参入した事例や、第二節の②③張緬・張纘兄弟のように王朝革命に際会して、後門から甲族へと上昇を遂げる事例も、この南朝という時代にあってはそれほど稀有な事例というわけではない。このような流動性の面からも、南朝の官僚社会をみていく必要があるのではなかろうか。

注

（1）宮崎市定『九品官人法の研究——科挙前史——』（一九五六、のち『宮崎市定全集6九品官人法』、岩波書店、一九九二に収録）。引用文は、全集の四五五頁。

（2）矢野主税「起家の制について——南朝を中心として——」（『長崎大学教育学部社会科学論叢』二四、一九七五）。引用文は一〇頁、二四頁。

（3）越智重明『魏晋南朝の貴族制』（研文出版、一九八二）第五章「制度的身分＝族門制をめぐって」。

（4）中村圭爾『六朝貴族制研究』（風間書房、一九八七）第二篇第一章「九品官人法における起家」。本論文の初出は、「九品中正法における起家について」（『人文研究』二五—一〇、一九七三）である。引用文は著書の二一八頁。

（5）野田俊昭「宋斉時代の参軍起家と梁陳時代の蔭制」（『九州大学東洋史論集』二五、一九九七）。

（6）朱异は、太清二年（五四八）、六十七歳で死去しているから、二十一歳で起家したのは、五〇二年頃、ちょうど（A）の「高祖上表」の頃である。なお、宮崎市定『九品官人法の研究』（前掲）は、朱异の起家を天監五年（五〇六）以後と推定された（全集二九一頁）が、この推定が成立しないことについては、越智重明「魏晋南朝の最下級官僚層について」（『史学雑誌』七四—七、一九六五）に指摘されている（一二頁）。この点は、本章第二節の論点にかかわってくるので、特に注記しておく。

（7）安田二郎『六朝政治史の研究』（京都大学学術出版会、二〇〇三）第十二章「王僧虔『誡子書』攷」。

（8）安田二郎「王僧虔『誡子書』攷」（前掲）の考証によれば、王僧虔が呉興太守から会稽太守に着任したのは、泰始四年五月であり、泰始五年六月には、免官処分を受けている（五九八〜六〇〇頁注七一）。ちょうど王倹の起家する前後に免官処分を受けたのだが、王倹の起家に叔父の免官が影響した形跡はないから、王倹の起家は免官以前のことであったのかもしれない。

（9）宮崎市定『九品官人法の研究』（前掲）三〇五頁。同書も言及しているが、『宋書』巻一五礼志二に、東晋の成帝の咸康七年（三四一）、杜皇后の葬儀の際、

有司又奏依旧選公卿以下六品子弟六十人為挽郎。

とあって、六品官以上すなわち門地二品の子弟から選ぶことが提案されており、挽郎のおおよその性格はこの記事によく示されている。

(10) 初任官に関する全体的な情報を得る場合の史料上の問題点については、対象とする時代は異なるが大野晃嗣「明代の廷試合格者と初任官ポスト――『同年歯録』とその統計的利用――」(『東洋史研究』五八―一、一九九九)が参考になる。

(11) 梁の流内十八班は、旧来の九品官の六品以上を十八分したものであり、括弧内は、旧来の九品制による品を示す。また、各班の筆頭官は「当時の選り抜きの清官」。宮崎市定『九品官人法の研究』(前掲)二六四~二六八頁を参照。

(12) 本伝の別の箇所に、「抄後漢・晋書衆家異同、為後漢紀四十巻、晋抄三十巻。」とある。

(13) 尚書吏部郎等の官歴が、『梁書』巻二五本伝の王亮死去の記事の後に書かれている。王亮の死去は天監九年(五一〇)である(『梁書』巻一六王亮伝)ことから、本文のように考えた。

(14) 揚州祭酒従事史は一班の筆頭だが、「この班に限って筆頭であってもあまり清官とは言えない。何となれば以上の四官(筆頭から四番まで)は主として起家官として用いられ、秘書郎から続いた一連の末端に近いものとして評価されるからである」。宮崎市定『九品官人法の研究』(前掲)、二七六頁を参照。

第十章　門地二品について

はじめに

六朝時代を特徴づける政治的社会的支配階層としての貴族が形成される契機として、九品官人法が重視されてきた。九品官人法は、本来個人の才徳を重視するものであったが、その運用の過程でしだいに出自重視に傾き、官僚を輩出する家の特定化が進んで、門地二品といわれる貴族層が成立したと説明されている。この門地二品という語を用いて、門閥貴族層の形成過程をはじめて解明したのは、宮崎市定『九品官人法の研究――科挙前史――』であり、今日のわが国における通説的理解はこの宮崎説にもとづくものである。(1) ところで、この門地二品という用語は、『宋書』巻六〇范泰伝にみえるが、その解釈については、中国の研究者の間で宮崎説とは異なる見解が行われている。この見解の相違は、六朝社会の性格規定の問題と深くかかわる重大な論点であると考えるので、本章では、『宋書』巻六〇范泰伝にみえる門地二品について、改めて考察を加え、さらに進んで門地二品とともに、従来門閥貴族社会論を構築する際の根拠とされてきた姓譜の盛行や門閥批判論（『宋書』巻九四恩倖伝序等）にも検討を加え、いわゆる南朝門閥貴族社会の実相に迫りたいと思う。

第一節、門地二品

門地二品という語は、『宋書』巻六〇范泰伝所載の范泰の上表にみえるのが、史料上唯一の事例である。この上表は、劉宋王朝成立後まもない永初二年（四二一）、国子学設立の議が行われ、金紫光禄大夫の范泰が国子祭酒を領職することになった際に提出されたものであって、その一節に次のようにみえる。

昔中朝助教、亦用二品。潁川陳載已辟太保掾、而国子取為助教、即太尉准之弟。所貴在於得才、無繫於定品。教学不明、奨厲不著。今有職閑而学優者、可以本官領之。門地二品、宜以朝請領助教、既可以甄其名品、斯亦敦学之一隅。其二品才堪、自依旧従事。

宮崎氏は、右の記述に、

昔西晋の国子助教はまた郷品二品の者を用いたり。潁川の陳載は已に太保掾に辟せられしに、国子監より取りて助教（八品）となせり。即ち太尉陳准の弟なり。貴ぶ所は才を得るにありて、郷品に拘泥することなし。教学の明かならざる事は奨励の著われざるによる。いま朝臣中、職閑にして学優なる者あらば、本官を以て助教を領せしむべし。門地（従って郷品）二品の初任者ならば、宜しく奉朝請（六品）を以て助教を領せしめん。然らばその名誉を明かにするに足り、これまた敦学の一端となすべし。その門地（従って郷品）低くして、その才の二品に相当する者は、自らその位に従って助教に任ぜん。

という解釈を付したうえで、これにもとづいて、「才は二品と認められても、もしも門地がなければ郷品二品は与えられなかったのである。郷品は全く門地によって決定され、門地二品という貴族階級が厳然として成立していたので

ある」と、論ぜられたのであった。(2)

宮崎氏の上表文の解釈について、まず指摘しておくべき点は、国子助教の官品についてである。宮崎氏は、『通典』巻三六職官一八「魏官品表」によって、西晋の国子助教を八品とされたのであろう。(3)だが、『唐六典』巻二一国子監「国子助教」の注に、「晋武帝初立国子学、置助教十五人、官品視南台御史、服同博士」とあり、南台御史は六品であるから、国子助教も六品である。この点については、福原啓郎(4)や閻歩克(5)も指摘するように、六品と考えるべきであろう。

次に、より大きな問題点として、上表文にみえる「門地二品」「二品才堪」の解釈を検討する必要がある。宮崎氏の解釈では、「門地二品」とは郷品二品を付与された者であり、「二品才堪」とは郷品は二品より低いが才能が二品に相当する者である。宮崎氏の解釈の妥当性を検討するためには、まず「門地二品」、「二品才堪」というそれぞれの用語、とりわけ後者の解釈の根拠を確認しておく必要があろう。宮崎氏がこの四字句を「才の二品に相当する者」と解釈する根拠は、とくに明示されているわけではないが、『宋書』巻一四礼志一にみえる次の記事であろう。

晋武帝泰始八年、有司奏、「太学生七千余人、才任四品、聴留。」詔、「已試経者留之、其余遣還郡国。大臣子弟堪受教者、令入学。」

晋の武帝の泰始八年（二七二）、有司が上奏していうには、「太学生七千余人のうち、才が四品にたえるものは、太学に留まることをゆるされるようにしてはいかがでしょうか」と。詔していうには、「すでに経の試験をして合格した者はこれを留め、そのほかは郡国にかえらせるように。大臣の子弟で教学を受けるにたえる者は、入学させるように」と。

とあり、この「才任四品」と同様に「二品才堪」を解釈して、「才が二品にたえる者」と解釈されたのではないかと考える。すなわち「二品才堪」は「才堪二品」(6)であるが、「二品」を前に出して強調した表現、「二品は二品でも才能が二品にたえる者」ということになろう。ただ、この「才が二品にたえる者」という解釈は、それが郷品二品ではないということには直結しない。「才が二品にたえる」ことにより郷品二品を付与されたという解釈もあり得るからである。事実、そのような解釈もあるので、ここでそれらの解釈も紹介しておくのが便利であろう。

宮崎氏以外で、范泰上表の「門地二品」と「二品才堪」についての解釈を提示した研究は、管見の限り、わが国にはみられず、中国にみられる。まず、唐長孺は、「門地二品」は「家世」（家柄）のみによって二品に列したもので、「二品才堪」は家柄のみでなく確かに才能のあるものである、という。唐氏の解釈では、「門地二品」も「二品才堪」もともに二品であるが、「門地二品」が家柄のみであるのに対して、「二品才堪」は家柄も才能もあるという点に違いがあることになる。この唐氏の解釈はユニークであり、「門地二品」には奉朝請で国子助教を領職させることで勉学の機会を与えるが、「二品才堪」にはその方式を適用せず、旧来の方式によって秘書郎や著作郎等の一流の起家官で起家させるという解釈になる。(7)唐説では宮崎説とは正反対に、「門地二品」の上位に「二品才堪」が位置づけられるのである。なお、唐説では「門地二品」も「二品才堪」もともに二品と考えているが、その場合の二品は論旨から「九品論人中的二品」を指すと考えられるから、宮崎説の郷品二品のことである。すなわち、「門地二品」と「二品才堪」をともに郷品二品であると考える点でも、唐説と宮崎説とは大きく異なっているのである。

次に、胡宝国は、唐氏の説を批判して、「二品才堪」は「門地二品」と区別して列挙されているので、「二品才堪」には家柄は含まれず、もっぱらその才能によって二品となった者である、という。(8)一方、「門地二品」も「二品才堪」もともに二品（郷品二品）であるという点は、胡氏も唐長孺説と同じである。

この胡宝国説と同様の見解をとるのが、閻氏である。閻氏は、中正二品というひとつの等級が、「門地二品」と「二品才堪」とに区分され始めた。前者はもっぱら門第によるものであり、後者は才学ある者に道を開くものである。これによって旧士族や寒流の新進に道を開き、それらの二品士流に参入した寒士あるいは寒人に、依然として門第二品に起家する貴游子弟と同等とはなりえないことを明示したのである。

と述べる(9)。この「中正二品」は宮崎説の「郷品二品」のことである。

以上のように、宮崎氏が「二品才堪」を郷品二品ではないとみるのに対し、中国の研究者は郷品二品であるとみる点に大きな相違のあることが確認できよう。そのほか、「門地二品」を「二品才堪」より上位とみる宮崎・胡・閻三氏と、その逆とみる唐氏との間でも見解が分かれているが、この点は、宮崎・胡・閻三氏のように「門地二品」が上位であると考えてよいだろう。要するに、「二品才堪」が郷品二品であるのか否かに問題はしぼられてくるのである。

この「二品才堪」に相当する人物の実例として、胡氏は『宋書』巻九四恩倖・阮佃夫伝附朱幼伝の記事を引用する。

(朱)幼、泰始初為外監、配張永諸軍征討、有済辧之能、遂官渉二品、為奉朝請・南高平太守、封安浦県侯、食邑二百戸。

朱幼は、泰始元年(四六五)に外監となり、張永の諸軍が征討する際の配備をし、事務処理能力を発揮し、かくて官が二品となり、奉朝請・南高平太守となり、安浦県侯に封ぜられ、食邑は二百戸であった。

「官渉二品」の「二品」は、おおむね六品以上の流内官をいう。この「二品」という名称は、もとより郷品二品がおおむね六品官に起家することと関係しているが、この朱幼が「二品」になるとともに郷品二品を獲得したと見なしうるかどうかは微妙であり(10)、よくわからない。だがしかし、范泰上表の文脈に限定していえば、就任官職の官品と郷品との間にずれのあるケースを想定していたとは考えがたいので、基本的には胡氏ら中国の研究者が考えるように、

「二品才堪」を郷品二品と考えて差支えないであろう。そもそも宮崎氏自身が想定された「郷品のインフレーション」という見解との整合性という面からいっても、「門地二品」と「二品才堪」を郷品二品の中の上下でとらえたほうが妥当と考えるのである。(11)

叙上の考察に基づいて、范泰上表の一節の本論文における解釈を以下に示す。

昔西晋の国子助教もまた郷品二品の者を用いた。潁川の陳載は、すでに太保掾に辟召されていたが、(12)国子監は彼を採用して助教（六品）とした。彼は、太尉陳准の弟であった。このように、貴ぶところは才能ある者を確保することにあったのであって、格付けには関係なかったのである（従って陳載のような超一流の名門が就任することさえあった）。（その後）教学は明らかではなく、奨励も不十分であった（そのため郷品二品の者の間で国子助教の評価が下落していた）。(13)そこで、職が閑で学問が優秀な者がいたら、本官を以て国子助教を領職するようにし、門地二品の初任者の場合は、奉朝請を以て国子助教を領職させるようにしたい。(14)そのようにすれば、国子助教の品格を明示することができるし、学問重視政策の一環ともなる。門地二品でこそないが、その才能が二品にたえるという場合は、旧来の制度によって国子助教の職務に従事させるようにしたい。(15)

第二節、姓譜の盛行

前節では、范泰上表にみえる門地二品についての宮崎市定説に検討を加えた。宮崎説では、郷品二品すなわち門地二品階層が、東晋中末期には固定して閉鎖性を強め、またその門地二品階層の内部においても家格の等級が分化し、その家格もまた固定して、一段と世襲的性格を強めたと考える。一方、私見では、門地二品とは郷品二品の全体を指すのではなく、郷品二品階層の上層であり、郷品二品階層には、門地がなくとも才学が認められれば新規参入も可能であり、一定の流動性が確保されていたと考えるのである。ところで、宮崎氏が上述のように東晋中末期に、郷品二品階層の固定化と、その内部での家格の分化と世襲的性格の強化を想定された論拠は、范泰上表の門地二品のみならず、広く東晋中末期の社会をどのようにとらえるかという問題と深くかかわっているので、この点についての考察が必要である。

宮崎氏は、「北来流寓貴族の中で特に傑出したのは瑯邪の王氏である。ついで謝氏が著われ、王謝と併称された。第一第二の貴族の格付けが定まると、続いて各家の大体の相場が、そこから自然に判定されるので、ここに南方における貴族社会は安定し固定する傾向が強く現われてきた」と述べ(16)、東晋中末期を貴族の格付けが定まり、固定化する時期ととらえた。もとより、王氏、謝氏と一族を一括してとらえているように見える点は、矢野主税が批判したように、門流による差異を考慮すべきであろうが(17)、宮崎氏が東晋中末期の貴族社会の固定化を主張する論拠は、王・謝ということ以外にも、東晋末以来の姓譜の盛行についての理解が大きく関連しているので、以下本節においてはこの姓譜の問題を取り上げる。

まず、宮崎氏の所説をみてみよう。

南史巻五十九王僧孺伝によると、当時官僚の履歴を編纂して姓譜を造ることが行われ、晋の太元中に散騎侍郎賈弼の撰した七百十二巻という尨大な系譜が秘閣に蔵せられ、その副本が尚書左民曹にあった。別に尚書には各官の履歴書があり、一たび晋の咸和初年に蘇峻の叛乱によって焼かれたが、咸和二年以後のものは、宋代に至るまで尚書左民曹の前廂に、東西二庫に分って堆積していた。王僧孺は此等の資料に基いて、州譜、百家譜集抄などの書を撰したと言う。この百官の履歴が尚書左民曹にあったのは、恐らく徭役免除と関係あり、これらの所謂士籍に登載されているか否かで、徭役の有無が決定せられたのであろう。かくの如く資料が尚書に保管され、確実な証拠によって門閥の上下が判定されると、もはや中正の仕事は大半が失われる。

とあり、[18]門閥の上下を判定し序列を決める際の根拠は、東晋・太元（三七六～三九六）中に編纂された姓譜と官僚の履歴書とであり、いずれも尚書左民曹に保管されていたという。しかし、この宮崎氏の所謂履歴書については、『南史』巻五九王僧孺伝に、

先是、尚書令沈約以為「晋咸和初、蘇峻作乱、文籍無遺。後起咸和二年以至于宋、所書並皆詳実、並在下省左戸曹前廂、謂之晋籍、有東西二庫。此籍既並精詳、実可宝惜、位宦高卑、皆可依案。……臣謂宋・斉二代、士庶不分、雑役減闕、職由於此。窃以晋籍所余、宜加宝愛。」

これ以前、尚書令沈約がいうことには、「東晋の咸和元年（三二六）、蘇峻が反乱をおこし、戸籍は残されたものは無かった。その後、咸和二年から劉宋まで、戸籍の記載は皆詳細確実であり、尚書下省の左民曹の前廂にあり、これを晋籍といい、東西二庫に保管された。この戸籍は精密詳細であって、まことに大事にすべきもので、官位の高下は、これを根拠として調査することができる。……私の考えでは宋・斉二代には、士族と庶民とが区別できなくなり、雑役が減少し欠乏しているのは、もっぱらこのことによるのである。私の考えでは、晋籍の残存しているものを、大切にすべきである」と。

とあり、訳文にも示したとおり、蘇峻の反乱の際に失われたのは履歴書ではなくて戸籍である。そもそも、この沈約の上言は、『通典』巻三食貨「郷党」にも載せられていて、右に引用した『南史』所載の記事と出入りがあるが、庶民が戸籍の注記の不正な書き換えによって士族であると詐称し免役特権を得ている問題の解決策を提案したものであって、[19]官僚人事にかかわるものではないから、官僚の履歴書ではありえない。従って、右の記述からは、戸籍に注記さ

れる父祖の官歴によって士族か庶民かの判定をしたことは読み取れるが、それは門閥の上下の格付けとは無関係なのである。

もうひとつの姓譜については、右に引いた沈約の上言に続けて、

武帝以是留意譜籍、州郡多離其罪、因詔僧孺改定百家譜。始太元中、員外散騎侍郎賈弼篤好簿状、乃広集衆家、大捜群族、所撰十八州一百一十六郡、合七百一十二巻。凡諸大品、略無遺闕、蔵在秘閣、副在左戸。及弼子太宰参軍匪之・匪之子長水校尉深世伝其業。太保王弘・領軍将軍劉湛並好其書。弘日対千客、不犯一人之諱。湛為選曹、始撰百家以助銓序、而傷於寡略。斉衛将軍王倹復加去取、得繁省之衷。僧孺之撰、通范陽張等九族以代雁門解等九姓。其東南諸族別為一部、不在百家之数焉。

梁の武帝はこういうわけで姓譜や戸籍に留意するようになり、州や郡は多くその不正を容認した罪に問われ、こうした事情から王僧孺に百家譜の改定を命じた。そもそも、東晋の太元中、員外散騎侍郎の賈弼が官僚の履歴書に造詣深く、広く多数の家族の書類を収集して、編纂したものは十八州百十六郡にわたり、合計七百十二巻であった。およそ主要な家族については、ほぼ遺漏なく、宮廷図書館に所蔵され、副本が尚書左民曹にあった。賈弼の子の太宰参軍匪之・匪之の子の長水校尉淵が代々その系譜に関する学問を伝えた(20)。劉宋の太保王弘・領軍将軍劉湛はともにその書を好んだ。王弘は毎日千人の客に応対したが、一人の諱も犯すことがなかった。劉湛は尚書吏部郎となると(21)、百家譜を編纂して選考に役立てたが、あまりにも簡略であった。南斉の衛将軍王倹がその内容に削除と増補を加え、適度の内容になった。王僧孺編纂のものは、范陽の張氏等九族を加えて、雁門の解氏等九姓を削除した。東南の呉姓の諸族は別に一部を編纂し、百家には加えなかった(22)。

とあり、東晋末以来梁初に至るまでの姓譜編纂の歴史が述べられている。この姓譜が、戸籍とあいまって士庶の判別

に用いられる以外、吏部の選考にも用いられたことは右の劉湛に関する記載から読み取れるが、具体的にはどのように使用されたのであろうか。第一には、人事選考に際して官人の父祖の諱を避けるために使用された(23)。『梁書』巻二五徐勉伝に、

勉居選官、彝倫有序、既閑尺牘、兼善辞令、雖文案塡積、坐客充満、応対如流、手不停筆。又該綜百氏、皆為避諱。

徐勉は吏部尚書となって、一定の規則のもとに人事を行い、文書作成に習熟し、弁舌もたくみであったので、書類が積み重なり、順番待ちの客が満ち溢れても、応対は流れるようで、手も筆をやすめなかった。また百氏についての知識をそなえ、みなその父祖の諱を避けた。

とあり、父祖の諱を避けることが、姓譜に精通することの重要な目的のひとつであったことが知られる。吏部の職務には、「百氏」に精通することが必須であるということは、『南斉書』巻四二王晏伝にも、次のようにみえる。

上欲以高宗代晏領選、手勅問之。晏啓曰、「鸞清幹有余、然不諳百氏、恐不可居此職。」上乃止。

南斉の武帝は蕭鸞（後の明帝）を王晏の後任として吏部を領職させようとおもい、手勅でたずねた。晏が啓していうには、「蕭鸞は清廉有能ということでは十分ですが、百氏に精通しておりませんので、おそらくはこの職がつとまらないでしょう」と。武帝はそれでやめた。

とあり、百氏に精通することが、具体的に何のためかは明記していないが、前掲徐勉伝を参照すれば、任官者の父祖の諱を避けることもその一つだろう。ただ、この父祖の諱を避けるということは重要であるけれども、そのことのためだけに、「百氏」への精通が必須とされたわけではないであろう(24)。

『陳書』巻二六徐陵伝には、

自古吏部尚書者、品藻人倫、簡其才能、尋其門冑、逐其大小、量其官爵。

古来、吏部尚書たる者は、人材を評価し、その才能を選び、その血筋を調査し、その年齢を考慮し、その官爵を量定する。

とあり、吏部尚書が任官希望者を評価格付けする場合の規準を述べているが、[25]この「門冑」の調査のためにも、「百氏」への精通は必須だったはずである。事実、梁の元帝撰の『金楼子』巻二「戒子」にも、

譜牒、所以別貴賤明是非、尤宜留意。或復中表親疎、或復通塞升降、百世衣冠、不可不悉。

譜牒は、貴賤を区別し是非を明らかにするためのものであるから、もっとも留意すべきである。親類の親疎であるとか、官途の上下であるとか、何代も続いた高貴な家柄などは、知悉していなくてはならない。

とあって、譜牒はその人物の門地を知る場合にも有用と認識されていたことは確かなのである。

ただ、ここで問題なのは、その門地を調べるという場合、姓譜のなかに家格の等級付けがなされていて、機械的にその等級によって、自動的に官職を決定したのか、あるいは、姓譜には等級は記載されず、その人物の父祖の官職や婚姻関係を記すのみで、個別の人事案件ごとに必要な情報を引き出して比較するという方法だったのか、という点である。この点について論及した研究は、管見の限りでは見られず、家格の等級付けがなされていたことを前提にした立論が多い。[26]しいてその論拠を求めるならば、唐代の氏族志において氏族の等級付けが行われていたことからの類推であろうが、唐代以前にも、山東や関中の名族である「郡姓」の等級が北魏・孝文帝の時に定められたこと（姓族分定、姓族詳定）がある。『新唐書』巻一九九儒学伝中・柳沖伝所載の柳芳「氏族論」[27]には、

「郡姓」者、以中国士人差第閥閲為之制、凡三世有三公者曰「膏粱」、有令・僕者曰「華腴」、尚書・領・護而上者為「甲姓」、九卿若方伯者為「乙姓」、散騎常侍・太中大夫者為「丙姓」、吏部正員郎為「丁姓」。凡得入者、謂

之「四姓」。

「郡姓」なる者は、中国の士人が門地を等級付けすることを制度化し、三世代のうちに三公を出していれば「膏粱」といい、尚書令・僕射を出していれば「華腴」といい、尚書・領軍将軍・護軍将軍以上を出していれば「甲姓」といい、九卿もしくは州刺史を出していれば「乙姓」といい、散騎常侍・太中大夫を出していれば「丙姓」といい、吏部正員郎を出していれば「丁姓」といった。この中に入ることができた者を、「四姓」といった。

とあり、北魏の姓族詳定では、「膏粱」「華腴」「甲姓」「乙姓」「丙姓」「丁姓」の六等級の格付けが行われたという。しかし、南朝の姓譜作成の際にこのような等級付けが行われたことを明示する記述は見られず、北魏のような家格が定められ、それが姓譜に記載されて、官吏の人事選考の規準となっていたかは、別に検討を要する問題であるといわなければならない。

南朝における官吏登用の際に、具体的にどのような判定が行われていたかをうかがうことのできる史料は乏しい。『隋書』巻二六百官志上、「陳官制」には、

三公子起家員外散騎侍郎。令僕子起家秘書郎、若員満、亦為板法曹、雖高半階、望終秘書郎下。次令僕子起家著作佐郎、亦為板行参軍。

三公の子は員外散騎侍郎に起家する。令僕の子は秘書郎に起家し、定員が充足している場合には、板法曹参軍となり、板法曹参軍は秘書郎より半階高いが、望は結局秘書郎の下である。次令僕の子は著作佐郎に起家し、また板行参軍となる。

とあって、任子の規定があった。これは陳の官制であるが、陳は梁の制度を踏襲しており、さらに、東晋・宋・斉時代にも、これほど整然としたものではないにしても、基本的には任子の原理が貫徹していたことが中村圭爾によって

確認されている。[28] この点からいえば、家格というよりは父の官職が重視されていたといえようが、『南斉書』巻三三王僧虔伝にみえる次の記事は、父あるいは祖父にとどまらず、広く親族の官職や皇室との婚姻を問題にした事例といえ、人事と家格の関連を考えるうえで貴重である。

元徽中、遷吏部尚書。高平檀珪罷沅南令、僧虔以為征北板行参軍。訴僧虔求禄不得、与僧虔書曰、「……僕一門雖謝文通、乃忝武達。群従姑叔、三媾帝室、祖兄二世、糜軀奉国、而致子姪餓死草壌。……去冬乞豫章丞、為馬超所争、今春蒙勅南昌県、為史偃所奪。二子勲蔭人才、有何見勝。若以貧富相奪、則分受不如。身雖孤微、百世国士、姻媾位宦、亦不後物。尚書同堂姉為江夏王妃、檀珪同堂姑為南譙王妃、尚書婦是江夏王女、檀珪祖姑嬪長沙景王、尚書伯為江州、檀珪祖亦為江州、尚書従兄出身為後軍参軍、檀珪父釈褐亦為中軍参軍。僕於尚書、人地本懸、至於婚宦、不肯殊絶。……」

元徽（四七三～四七七）中、吏部尚書にうつった。高平の檀珪が沅南県令をやめると、王僧虔は征北板行参軍とした。檀珪は僧虔に俸禄収入のよいポストを求めたがかなわず、僧虔に手紙を出していうには、「……自分の一門は文官としての出世の面では劣っておりますが、武官としては出世させていただいております。一族のものは三度、帝室と婚姻を結び、祖と兄とは二代にわたって、粉骨砕身、国のために働いたというのに、子やおいは野垂れ死にするありさまです。……去年の冬、豫章郡丞の候補になりましたが、馬超に獲得され、今春は南昌県令の候補になりましたが、史偃に奪われました。この二人の勲蔭人才は、どこが私にまさるというのでしょうか。もし貧富という基準で奪われたというのなら、及ばなかったとあきらめましょう。自分は父をなくし貧しいですが、百世の国士であり、累代の婚姻や仕官の面で、人におくれはとりません。尚書の父方の姉は江夏王妃ですが、わたしの父方のおばは、南譙王妃ですし、尚書の妻は江夏王のむすめですが、わたしの祖父の姉妹は長沙景王に嫁ぎました。尚書の伯父は江州刺史になりましたが[29]、わたしの祖父も江州刺史になりましたし[30]、尚書の従兄は後軍参軍に起家しましたが[31]、わたしの父の起家官も中軍参軍です[32]。自分は尚書に較べれば、人物の面でもちろんずっと劣りますが、累代の婚姻や仕官という点では、それほどへだたっているとは思いません。……」

とあって、劉宋末の元徽年間、檀珪が、沅南令をやめた後で征北板行参軍とされたが、俸禄収入のよい官職を求める檀珪は、吏部尚書王僧虔に対して、自分の家と王僧虔の家との累代の婚姻や仕官の状況に大差ないことを申し立てて、自分の要求を聞き届けてくれるように要請したという話である。名門中の名門ともいうべき王僧虔に対して身の程知らずという意味合いの逸話ではあるけれども、このように親族の婚姻や仕官の状況を比較するということ自体は、任官候補者の優劣を決する場合に、当時一般的にあり得たことであろう。

右のように系譜をさかのぼって親族の婚姻や仕官の状況を比較して官職を要求することが任官希望者によって行われ、またそのような要求に対処するために、あるいはそのような要求の有無にかかわらず、広範な官僚層の了解を得られるような人事を行うために[33]、「百氏」への精通が吏部尚書や尚書吏部郎には必須であったのではないだろうか。もし、この想定に誤りなければ、東晋末以来、賈氏などによって作成されていた姓譜の類には、諸氏の等級付けが明記されていたとは考えにくいのではなかろうか。なぜなら、姓譜に家格の等級が明記されていたとするならば、その等級にもとづいて機械的な運用が可能だったはずであり、そうであれば、とくに「百氏」に精通するまでもなく、姓譜を検索して等級を確認すれば事足りるだろうからである。姓譜には父祖をはじめとする親族の諱、婚姻、仕官等の情報が書き込まれており、ある官職に欠員が生じるごとに、個々の人事案件について、その候補者本人の才能はもとより家柄などの背景を知って総合的に評価する必要があり、それゆえにこそ、「百氏」への精通が強調されなければならなかったと考えるのである。

このようにみてくると、東晋末以来、数次にわたって編纂されたいわゆる姓譜においては、家格の等級付けは行われていなかったと考えられるのであって、そのことはまた、門地二品が郷品二品のなかの上層であり、郷品二品には門地はなくとも才学による参入の道が開けていたと考えられることとあいまって、東晋中末期以降の門閥貴族社会が固定化していたという点については、留保せざるを得ない。

第三節、門閥貴族批判

范泰上表の「門地二品」と、東晋末以降の姓譜との考察から、東晋中末期以降、門閥貴族の家格の序列が確定したとする通説は、論拠に乏しいことがほぼ明らかになったと考える。にもかかわらず、従来、門閥貴族社会の固定化という通説が行われてきた要因としては、南朝期にも門閥貴族批判論が展開され、その中で門閥貴族社会の固定化を強調する論陣が張られていたことが、大きく関係しているであろう。本節では、このような門閥貴族批判の言説についてみていくことにする。

まず、『宋書』の撰者沈約による批判から取り上げよう。『宋書』巻九四恩倖伝序には、

漢末喪乱、魏武始基、軍中倉卒、権立九品、蓋以論人才優劣、非為世族高卑。因此相沿、遂為成法。自魏至晋、莫之能改、州都郡正、以才品人、而挙世人才、升降蓋寡。徒以憑藉世資、用相陵駕、都正俗士、斟酌時宜、品目少多、随時俯仰、劉毅所云「下品無高門、上品無賤族」者也。歳月遷譌、斯風漸篤、凡厥衣冠、莫非二品、自此以還、遂成卑庶。周・漢之道、以智役愚、臺隷参差、用成等級、魏晋以来、以貴役賤、士庶之科、較然有辨。

後漢末の混乱の中、曹操は政権の基礎固めをし、戦時の非常措置として、九品の制を立てた。この制度は、人材

の優劣を論じようとしたのであって、家柄の格付けを意図したのではなかったはずである。この臨時の制度はしだいに定着して、正式の制度となった。魏から晋となっても、これを改めることができず、州大中正・郡中正は、才能によって人材を格付けするとはいっても、世の中の人材が、才能によって官位を上下した例は少なかったようである。ただ家柄によって、相手をしのぐこととなり、中正官は俗士であるので、当時の官界の力関係を考慮に入れて、格付けを適宜操作する。劉毅のいわゆる「下品に高門なく、上品に賤族なし」という状況である。歳月の移り変わりとともに、この風潮はしだいに強まり、およそ高官という高官は二品でないものはなく、これより以下は、卑庶となってしまった。周・漢のやり方は、智者が愚者を使役するもので、官庁の労務者には台・隷などいくつものランクがあった。魏晋以来、家柄の貴い者が賤しい者を使役するようになり、士庶の差等が、はっきりと弁別されるようになった。

とある。宮崎氏は、この沈約の議論を引用して、貴族階級としての門地二品成立の傍証とされた。[34]確かに「高官という高官は二品でないものはなく、これより以下は、卑庶となってしまった」という叙述は、宋・斉時代には、郷品二品の階層が六品以上の流内官を独占していると、少なくとも沈約が認識していたことを示すものであり、おそらくは沈約に限らず、当時の有識者に共通の認識であったにちがいない。そして二品による高官独占の背景として、沈約は、本来その人物の才能によって等級を付すべき中正が、結局累世高官を輩出する有力な家門の意向に左右された評価を下す傾向を指摘している。「下品に高門なく、上品に賤族なし」という劉毅の中正制度批判を踏まえた指摘であるが、ここで注意しておくべきことは、沈約においても、あくまで中正による等級付けが、有力家門の意向に左右された結果として、「下品に高門なく、上品に賤族なし」[35]という傾向性がみられるに至ったということであって、決して家格によって自動的に郷品が付与されたとは考えられていない点である。この点については、宮崎氏も、「尤も西晋頃までは、まだ個人の才徳の有無も併せて評価され」たと考えておられるので[36]、ここで問題としたいのは、西晋以後、東晋を経て南朝に至るまでに家格によって郷品が自動的に付与され、その郷品を付与された者のうち二品の者によって高位の官職が独占される事態となった、という通説的理解[37]についてである。

二品による高官独占を述べた文に続けて、「智者が愚者を使役する」周・漢的なあり方から、「家柄の貴い者が賤しい者を使役する」魏晋以来のあり方への変化を説いていることから、郷品二品の階層が六品以上の流内官を独占している状況を述べて、そこに智愚よりも貴賤が重視される傾向を見出し、智愚によって差等を設ける賢才主義的あり方への共感を強く主張していることは、確認できる。ただし、家格によって郷品ひいては就任官職が自動的に決定されたか否かについては、恩倖伝序文自体は何も述べてはいないということも、同時に確認しておくべきことであろう。

この沈約『宋書』の本紀・列伝が完成したのは、南斉・武帝の永明年間（四八三〜四九三）のことであったが、沈約と同様の賢才主義的主張は、南斉末に完成した『宋略』の撰者、裴子野の論にもみられる。

『資治通鑑』巻一二八「宋紀」一〇孝武帝大明二年、「裴子野論曰」の条には、

古者、徳義可尊、無択負販、苟非其人、何取世族。名公子孫、還斉布衣之伍、士庶雖分、本無華素之隔。自晋以来、其流稍改、草沢之士、猶顕清途、降及季年、専限閥閲。自是三公之子、傲九棘之家、黄散之孫、蔑令長之室、転相驕矜、互争銖両、唯論門戸、不問賢能。以謝霊運・王僧達之才華軽躁、使其生自寒宗、猶将覆折、重以怙其庇廕、召禍宜哉。

むかしは、その徳義が尊ぶべきものであれば、賤しい身分のものであろうと差別せず、その人物が適格でなければ、家柄の良いものでも取らなかった。名公の子孫でも、庶民の列にもどり、士庶の区別はあっても、家柄による差別はなかった。晋より以来、その傾向がやや改まってきたが、在野の士でも、出世コースにのって顕官に到

達することがあった。しかしその末期には、もっぱら門閥出身者に限定されるようになった。これより、三公の子は、九卿の家を見下し、黄門郎・散騎侍郎の孫は、県の令長の家をさげすむようになり、だんだん相手をみくだし、おたがいにちょっとの差を争い、家柄のみ問題とし、賢能を問題にしなくなった。謝霊運・王僧達のような華々しい才能と軽率な性格のものが、寒門に生れたとしても、挫折したであろうが、ましてやその門地をたのんでいたから、わざわいを招いたというのも当然である。

とある。この論にみえる「三公の子」、「九卿の家」、「黄門郎・散騎侍郎の孫」、「県の令長の家」は、全体を貫く門閥批判の論旨とあいまって、厳然と等級付けられた貴族の家格の存在をたしかに連想させるものではある。だがしかし、仔細に分析するならば、「三公の子」という表現は、そのあとに続く語句においては「孫」「家」という語におきかえられているけれども、前節に引いた『隋書』巻二六百官志上、「陳官制」の任子の規定との関連で考えるべきであろう。先にも述べたように、当時における官人の起家の実態としては、事実上任子制がほぼ貫徹していたことが確認されており、この点を無視できない。そして、この任子制的な任用の結果として、一種の家格が形成されていたことも事実であって、裴子野の門閥批判、賢才主義的主張の主旨からいって、「三公の子」以下の語句は、任子制的任用の結果として形成されてきた家格を指すと考えるのが妥当であろう。当時の官制の運用の実態と関連付けて考察した場合、この裴子野の論からは、任子制的な任用の結果として家格が形成されたということはできても、その逆にあらかじめ等級づけられた家格によって郷品ないしは官職が付与されたということまでは導き出せないのである。

以上、南斉代の沈約、裴子野二人の士大夫による門閥批判論をみてきた。いずれも、門閥批判、賢才主義の立場から、当時における家格重視の風潮を鋭く批判していることは確認できるものの、家格を前提に郷品二品が与えられ、また六品以上の流内官の官職が与えられたことまでは導き出せなかった。南斉代における賢才主義的主張の昂揚は、梁王朝を創始した梁の武帝、蕭衍による改革となって結実することになるが、その蕭衍が南斉極末に提出した上表文（『梁書』巻一武帝紀上）にも、

且聞中間立格、甲族以二十登仕、後門以過立試吏、求之愚懐、抑有未達。

それに聞くところでは、このごろ規定を立てて、甲族は二十歳（十歳代後半）ではじめて任官し、後門は「過立」（二十歳代後半）[38]ではじめて任官するようにしたそうですが、私の考えでは、そもそも納得できない点があります。

とあり、「甲族」と「後門」の格差の不当性が指摘されている。この「甲族」は、六品官の秘書郎、著作佐郎等に起家する階層であり、「後門」は同じく六品官ではあるが、秘書郎、著作佐郎等よりも評価の低い奉朝請、太学博士等に起家する階層であって、ともに郷品二品の階層に属する。つまり、「甲族」は郷品二品のなかの上層、「後門」は郷品二品のなかの下層なのである。[39]蕭衍上表において問題視されている「甲族」と「後門」との格差と、沈約の恩倖伝序文における「二品」とそれより以下との格差は、それぞれ別個の問題ではあるが、ともに才能よりも出自を重視する風潮を背景としている点では同じである。この蕭衍上表は、一見「甲族」「後門」という家格を前提として、その家格に見合った起家をさせる制度の存在を裏付けるようにもみえるが、前節で考察した官吏任用の実態を考慮に入れるならば、父の官職を主たる要素として、その他の条件をも加味して、起家年齢や起家官が決定され、そのような営為の累積の結果として、何代にもわたって二十歳未満で起家する者を輩出するいわゆる「甲族」という家格が形成されることはあっても、その逆ではないと考えられよう。[40]

以上、本節では、東晋中末期以降における門閥貴族社会の固定化という通説を支える論拠とされてきた門閥批判論の記述に検討を加えた。郷品二品階層による六品以上の流内官独占の傾向は確かにみられることであり、その郷品二品階層のなかにも上下の格差が存在したことも事実であって、出自重視の傾向や家格とよぶべきものの形成がみられ

たことは否定し得ないことであろう。ただ、このことから、もっぱら家格を前提とした郷品の付与や官吏登用が行われていたと考えるのは、あまりにも当時の門閥批判論の口吻にひきずられた理解というべきである。家格や家柄が重視される社会となったとはいっても、その実態は、父の官職を主とし、その他、親族の官職就任状況や皇室との姻戚関係、本人の才能・学問などの諸条件が加味されて、任官や郷品が決定されたと考えるべきであろう(41)。たとえば、『宋書』巻八九袁粲伝に、

陳郡陽夏人、太尉淑兄子也。父濯、揚州秀才、蚤卒。祖母哀其幼孤、名之曰愍孫。伯叔並当世栄顕、而愍孫饑寒不足、母琅邪王氏、太尉長史誕之女也、躬事績紡、以供朝夕。愍孫少好学、有清才。……初為揚州従事、世祖安北・鎮軍・北中郎行参軍、南中郎主簿。

陳郡・陽夏の人、太尉淑の兄の子である。父の濯は、揚州より秀才に推挙されたが、早くに死去した。祖母は袁粲が幼くして父をなくしたのを哀れんで、愍孫と名づけた。おじたちはみな当世の栄誉ある顕官であったが、愍孫は貧窮であった。母は琅邪の王氏、太尉長史誕のむすめであったが、みずから糸をつむいで、生活費に供した。愍孫は幼少より学を好み、清才があった。……揚州従事史に起家し、劉駿の安北・鎮軍・北中郎府の行参軍、南中郎府の主簿となった。

とあり、父を早くになくした袁粲はおじたちが顕官にありながら、貧窮生活をおくり、二流貴族の起家官である揚州従事史に起家し、その後も軍府の行参軍や主簿などを歴任したという。もとより後年に栄達をとげた袁粲の幼少時における苦労話としての誇張もふくんでいることを考慮に入れねばならないとしても、むしろ父の官職が子の任官の際にほとんど決定的要因となっていた実情を抜きにしては成立し得ない逸話であることは確かなのである(42)。

おわりに

本章では、整然と等級づけられた家格が存在し、またその家格によって自動的に官職が付与されるという、旧来の南朝門閥貴族制社会のイメージを形成する際に論拠とされてきた、門地二品、姓譜の盛行、沈約らによる門閥批判論などに逐一検討を加えてきた。その結果、右の南朝門閥貴族制イメージは大幅な修正の必要がある、という結論に達した。政府が官僚の履歴書などにもとづいて公認の家格の序列を決定して姓譜に記録し、さらにそこに記録された家格の等級にもとづいてそれぞれの任官希望者の官職が自動的に決定されたという説は、成り立たない。南朝における官吏任用の実情は、任官希望者の父の官職を基軸に、その他の要素を加味して、個々のケースに即して官職の決定を行ったのであり、まさにそのためにこそ譜学に通暁することが吏部官僚に求められたのである。このような一種の任子制を基軸にした任官の堆積の結果として、累代高官を輩出する家格が形成され、門閥貴族制社会とも称し得るような、家柄重視の風潮が支配的な社会が出現したことまでは否定できないが、それはあくまで結果としてそうなのであって、家格によって自動的に官職を獲得し得るような体制は最後までできなかった。それゆえ、門閥貴族とみなされる家門にあっても、父が早くに死去する等の事由により没落することもそれほど稀有なことではなかったし、その逆に父が禅譲革命、あるいはその他の政変に際会して出世の糸口をつかむことに成功した場合には、その子孫が急激な上昇を果たし、新興貴族の家門が誕生した。もちろん、これら新興家門に対する旧来の貴族家門の拒否反応は相当に強く、またたくまに庶民に転落することも多かったが、なかには到彦之の子孫（『南史』巻二五）のように新興家門にして旧来の貴族家門の一員に加わった例もある。(43) 宮崎氏の研究によって本格化した南朝門閥貴族制社会研究は、南朝社会の固定の局面をあまりにも強調しすぎたと考えるので、各家門の浮沈の激しい流動的局面において南朝社会を捉え得る可能性をあえて提起した次第である。

注

（1）宮崎市定『九品官人法の研究――科挙前史――』（一九五六、のち『宮崎市定全集6九品官人法』、岩波書店、一九九二に収録）。九品官人法とは、州郡に中正という官を置き、郷里の評判によって人物を九品（九等級）に格付けして推薦する。これを郷品といい、中央政府ではその郷品にみあった等級の官職を与えたが、その官職の等級を官品という。郷品と、はじめて任官する者に与えられる起家官との対応関係は、おおむね郷品から四等級下げた官品の官職で起家するというものであった。すなわち、郷品二品ならば、おおむね六品官で起家するのが原則であった。なお、わが国では、宮崎説に従って、中正によって任官希望者に付せられた等級を郷品と呼ぶが、本文で後述するように、中国には、「中正品」など、別の呼称を採用する研究者も多い。

（2）前掲『九品官人法の研究』（全集）二〇六～二〇七頁。

（3）汪徴魯『魏晋南北朝選官体制研究』（福建人民出版社、一九九五）も、『通典』によって国子助教を八品と考えている（三五九頁）。

（4）福原啓郎「西晋における国子学の創立に関する考察」（『魏晋政治社会史研究』京都大学学術出版会、二〇一二所収）八〇頁。

（5）閻歩克『品位与職位――秦漢魏晋南北朝官階制度研究――』（中華書局、二〇〇二）二九一～二九二頁。

（6）前掲『九品官人法の研究』（全集）二一〇頁にこの記事が引用されている。ちなみに、汪徴魯『魏晋南北朝選官体制研究』（注（3）所掲）でも、「二品才堪」を「才堪二品」と解釈している（三六〇頁）。なお、この汪氏の研究は、「門地二品」についてはとくに言及していない。

（7）唐長孺「九品中正制度試釈」（『魏晋南北朝史論叢』生活・読書・新知三聯書店、一九五五）一一四頁。唐氏は、「二品才堪」の起家官については、「不在此例」とあり、奉朝請領国子助教にしないというのみだが、論旨からいって、二品のなかでも家柄も才能もあって上位にある者の起家官は当然一流のものであるはずだから、本文では言葉を補った。

（8）胡宝国「東晋南朝時代的九品中正制」（『中国史研究』一九八七―四）二七頁。

（9）注（5）所掲『品位与職位』三二五頁。

（10）『世説新語』尤悔篇に、

温公初受劉司空使勧進、母崔氏固駐之、嶠絶裾而去。迄於崇貴、郷品猶不過也。毎爵皆発詔。

とあるように、上級官職に就任していても、それに対応する郷品は与えられず、天子の任命大権に依拠して就官する場合もある。右に引いた事例については、越智重明「清議と郷論」（『東洋学報』四八―一、一九六五）四二頁、野田俊昭「南朝における吏部の人事行政と家格」（『名古屋大学東洋史研究報告』一八、一九九四）一六〜一七頁を参照。

（11）前掲『九品官人法の研究』（全集）に、「その宿命的なる門地も、西晋末以来、相当なインフレーションに見舞われたらしい。門地二品、即ち郷品二品を与えられ、六品官から起家し得る家格は、もはや珍しいものではなく、今度は其中に上下ができてきた。いわゆる東晋初の百六掾の子孫は、概ね門地二品に昇格していたらしい」（一七一頁）とあるが、郷品二品と門地二品を同義と考えず、門地二品は郷品二品の中の上位にあると考えたほうがよいのではなかろうか。

（12）公府の掾属は、『宋書』巻四〇百官志下「宋官品表」によれば、七品官であるが、『隋書』巻二六百官志上「梁十八班表」では、六班に「嗣王庶姓公府掾属」がみえ、六班は五品に相当する。公府のなかでも、太保は太尉・司徒・司空よりも格が高い「上公」であることを考えると、その掾属は、西晋のころから実質五品相当であったかもしれない。

（13）『宋書』巻一四礼志一に、東晋の太元九年（三八四）、国子学が復興されたが、「品課無章、士君子恥与其列」とある。

（14）このような官職の組み合わせの意義については、岡部毅史「晋南朝の免官について――「免所居官」の分析を中心に――」（『東方学』一〇一、二〇〇一）八四頁を参照。ちなみに、『隋書』百官志上「梁十八班表」において、秘書郎は二班の首位、著作佐郎は二位に位置づけられるのに対し、奉朝請は同じく二班ではあるが八位、国子助教は九位である。これがそのまま劉宋初の班位を示すわけではないが、参考にすることは許されよう。

(15) 東晋末期の国子助教就任の事例としては、『宋書』巻五五臧燾伝の例がある。

少好学、善三礼。貧約自立、操行為郷里所称。晋孝武太元中、衛将軍謝安始立国学、徐兗二州刺史謝玄挙燾為助教。

とある。臧燾が郷品二品を付与されたと明記されているわけではないが、この臧燾こそ「二品才堪」の例と考えてよいであろう。

(16) 前掲『九品官人法の研究』(全集)三二頁。

(17) 矢野主税「起家の制について――南朝を中心として――」(『長崎大学教育学部社会科学論叢』二四、一九七五)一〇、一五頁。

(18) 前掲『九品官人法の研究』(全集)一七一頁。

(19) 池田温『中国古代籍帳研究――概観・録文――』(東京大学出版会、一九七九)三〇～三二頁、中村圭爾「南朝戸籍に関する二問題」(『六朝江南地域史研究』汲古書院、二〇〇六所収)等を参照。なお、宮崎氏は、「晋籍」を戸籍ではなく官僚の履歴書と解釈したのであるが、それは、趙翼『陔餘叢考』巻一七「譜学」の解釈にもとづいており、宮崎氏以外にも楊冬荃「六朝時期家譜研究」(『譜牒学研究』四、一九九五)などは「晋籍」を「家譜簿状」と解釈する(一〇頁)。しかし、文脈からいって「晋籍」は、東晋時代の戸籍である。

(20) 賈氏の譜学については、『南斉書』巻五二文学・賈淵伝にも、

世伝譜学。……先是譜学未有名家、淵祖弼之広集百氏譜記、専心治業。晋太元中、朝廷給弼之令史書吏、撰定繕写、蔵秘閣及左民曹。淵父及淵三世伝学、凡十八州士族譜、合百帙七百余巻、該究精悉、当世莫比。永明中、衛軍王倹抄次百家譜、与淵参懐撰定。

とある。

(21) 『宋書』巻六九劉湛伝に、

景平元年、召入、拝尚書吏部郎、遷右衛将軍。

とある。

（22）『梁書』巻三三王僧孺伝に、

僧孺集十八州譜七百一十巻、百家譜集十五巻、東南譜集抄十巻。

とある。

（23）野田俊昭「東晋時代における孝と行政」（『九州大学東洋史論集』三二号、二〇〇四）五六～五七頁を参照。

（24）このほかにも、『陳書』巻二一孔奐伝に、

（太建）六年、遷吏部尚書。……時有事北討、剋復淮・泗、徐・豫酋長、降附相継、封賞選叙、紛紜重畳、奐応接引進、門無停賓。加以鑑識人物、詳練百氏、凡所甄抜、衣冠搢紳、莫不悦伏。

とあり、『陳書』巻三〇陸瓊伝に、

遷吏部尚書、著作如故。瓊詳練譜諜、雅鑑人倫。

とあって、「百氏」や「譜諜」に精通することが吏部尚書の資質として重要であったことは窺うことができるが、具体的にどのように使われたかは明記されてはいない。

（25）中村圭爾「清官と濁官」（『六朝貴族制研究』風間書房、一九八七所収）三四六頁を参照。

（26）内藤湖南『支那中古の文化』（一九四七、『内藤湖南全集』第十巻、一九六九所収）に、「梁の武帝の頃、侯景が北斉から梁に降って来た。これが乱暴者であるが、貴族になりたいとて、南朝の名族である王・謝の家柄に結婚したいと云った時、武帝は、王・謝はあまり門地が高すぎる。もう少し低いものと婚せよと云った。貴族は皆譜諜を作り、それによって等級が定まっていた。唐の太宗が天子になった時、譜諜の調べをさせたところが、博陵の崔氏（崔氏は多いが、博陵の崔氏は一流である。）が第一流、太宗の家は第三流であった。この時、全体の門閥を九等に分けたが、合せて二百九十三姓、千六百五十一家あった」（全集三二六頁）と、譜諜によって等級が定まっていたという解釈が示されている。しかし、ここに引用されている侯景の婚姻の話は、『南史』巻八〇賊臣・侯景伝に、

（侯景）請娶於王・謝、（梁武）帝曰、「王・謝門高非偶、可於朱・張以下訪之。」

とあるのによっており、僑姓名族の王・謝が、呉姓名族の朱・張よりも評価が高かったことを示してはいるが、南朝において譜諜によって等級が定まっていたことまで明示しているわけではなく、唐の太宗の時に等級が付けられたことからの類推解釈にとどまる。なお、『晋書』巻五一摯虞伝に、

　虞以漢末喪乱、譜伝多亡失、雖其子孫不能言其先祖、撰族姓昭穆十巻、上疏進之、以為足以備物致用、広多聞之益。以定品違法、為司徒所劾、詔原之。

とあって、西晋の摯虞の『族姓昭穆』では、「定品」すなわち格付けが行われていたことがわかるが、東晋南朝の姓譜に関する記述からは格付けが行われていたという確証は得られない。

　さらに、『宋書』巻八三宗越伝には、

　宗越、南陽葉人也。本河南人、晋乱、徙南陽宛県、又土断属葉。本為南陽次門、安北将軍趙倫之鎮襄陽、襄陽多雑姓、倫之使長史范覬之条次氏族、辨其高卑、覬之点越為役門。

とあり、いわゆる姓譜における格付けではないものの、襄陽において氏族の格付けが行われ、次門、役門、そしておそらく次門の上の名族と、少なくとも三等級があったことが知られる。越智重明はこの記載をひとつの論拠として、甲族、次門、後門、三五門（役門）の四つの階層から成る「族門制」を想定する（『魏晋南朝の貴族制』研文出版、一九八二）が、右の記載はあくまで襄陽における氏族の格付けであって、これを全国的に施行された制度と見なしがたいことについては、本書第八章「南朝貴族の家格」で述べた。

（27）本書第十二章「柳芳「氏族論」と「六朝貴族制」学説」を参照。

（28）中村圭爾「九品官人法における起家」（注（25）所掲『六朝貴族制研究』）。

（29）『宋書』巻四二王弘伝に、

　（義熙）十四年、遷監江州豫州之西陽新蔡二郡諸軍事・撫軍将軍・江州刺史。

とあり、王僧虔の伯父、王弘が江州刺史に就任したことが確認できる。

（30）『宋書』巻四五檀韶伝に、

（義熙）十二年、遷督江州豫州之西陽新蔡二郡諸軍事・江州刺史、（左）将軍如故。

とあり、檀珪の祖父、檀韶が江州刺史に就任したことが確認できる。

（31）『宋書』巻七五王僧達伝に、

年未二十、以為始興王濬後軍参軍。

とあり、王僧虔の従兄（王弘の子）、王僧達が始興王濬の後将軍府の参軍に起家したことが確認できる。

（32）檀珪の父については、『南史』巻一五檀道済伝附檀韶伝に、

子臻字係宗、位員外郎、臻子珪。

とあるのみで、起家官については確認できない。

（33）広範な官僚層の了解を得られるような人事ということに関連して、南朝の吏部の人事行政における清議の役割を重視する野田俊昭「南朝における吏部の人事行政と家格」（注（10）所掲）など一連の研究が示唆的である。また、『藝文類聚』巻四八引『王蘊別伝』に、東晋時代に吏部郎となった王蘊に関する逸話を載せ、

蘊字叔仁、為吏部郎、欲使時無屈滞。……一官欠者、求者十輩。蘊連状呈宰録曰、「某人有地、某人有才。」不得者甘心無怨。

とある。ひとつの官職をめぐって激しい競争があり、官職を得られなかった者にも納得がいく人事を行うことが、吏部担当者としての高い評価につながったことをうかがわせる。そのほか、『宋書』巻五八王球伝に、

遷吏部尚書。……居選職、接客甚希、不視求官書疏、而銓衡有序、朝野称之。

とあり、『梁書』巻二一王泰伝に、

復徴中書侍郎、勅掌吏部郎事。累遷給事黄門侍郎、員外散騎常侍、並掌吏部如故、俄即真。自過江、吏部郎不復典大選、令史以下、小人求競者輻湊、前後少能称職。泰為之不通関求、吏先至者即補、不為貴賤請囑易意、天下称平。

とあるのも、吏部人事が「朝野」ないしは「天下」に注目され、評価の対象となっていたことを示唆する。

（34）前掲『九品官人法の研究』（全集）二〇六～二〇七頁。

(35)『晋書』巻四五劉毅伝では、「上品無寒門、下品無勢族」となっている。

(36) 前掲『九品官人法の研究』(全集) 四五三頁。越智重明『魏晋南朝の貴族制』(注 (26) 所掲) も、西晋貴族制の特質として、「十分には家格中心に固まっていない」点を挙げる (一七二頁)。

(37) この通説的理解は、宮崎市定説にもとづく。たとえば前掲『九品官人法の研究』(全集) に、「東晋以後になると個人が殆んど無視されて、家格だけが評価されるようになった」(四五三頁) とあるのを参照。越智重明「族門制」説も、この点に関しては基本的に同様の理解である。

(38)「過立」の解釈は、安田二郎「王僧虔『誡子書』攷」(『六朝政治史の研究』京都大学学術出版会、二〇〇三所収) で解明された当時の年齢表現による。本書第八章「南朝貴族の家格」を参照。

(39) 越智重明「族門制」説では、秘書郎、著作佐郎等に起家する階層が郷品二品の甲族であり、奉朝請、太学博士等に起家する階層が郷品三〜五品の次門であるが、これに対して、越智氏のいわゆる「次門」も郷品二品に属するのではないかという批判が、中村圭爾「九品官人法における起家」(注 (28) 所掲) 二一六〜二一七頁および安田二郎「南朝貴族制社会の変革と道徳・倫理」(注 (38) 所掲『六朝政治史の研究』) 六九一頁注四九にみられ、この点、中村・安田両氏の見解に賛成である。

(40) 本書第九章「南朝官人の起家年齢」を参照。

(41) 野田俊昭「宋斉時代における参軍起家と梁陳時代の蔭制」(『九州大学東洋史論集』二五、一九九七) において、祖父や父の官職とは関係なく家格によって起家した事例として次の『宋書』巻五七蔡廓伝を挙げる (八一頁)。

蔡廓字子度、済陽考城人也。曽祖謨、晋司徒。祖系、撫軍長史。父綝、司徒左西属。廓博渉群書、言行以礼。起家著作佐郎。

とあり、たしかに父も祖父も三品官にはなっていないが、本人の学才が評価されての著作佐郎起家であったとも考えられるので、必ずしも家格による起家とはいえない。同氏「南朝における家格の変動をめぐって」(『九州大学東洋史論集』一六、一九八八) には右の蔡廓伝以外にも数例を挙げておられる (八二〜八三頁) が、いずれも家格による起家の論拠とは必ずしもいえないと考える。本章第二節での検討をふまえるならば、むしろ父の官職を主軸にその他の要素を加味して起家官あるいはその後の任官が決定されていたと考えて差支えないであろう。

(42)　ほかにも、『宋書』巻五九江智淵伝に、

江智淵、済陽考城人、湘州刺史夷弟子。父僧安、太子中庶子。智淵初為著作郎、江夏王義恭太尉行参軍、太子太傅主簿、随王誕後軍参軍。世父夷有盛名、夷子湛又有清誉、父子並貴達、智淵父少無名問、湛礼敬甚簡、智淵常以為恨、自非節歳、不入湛門。……元嘉末、除尚書庫部郎。時高流官序、不為臺郎、智淵門孤援寡、独有此選、意甚不説、固辞不肯拝。

とあり、『宋書』巻八五王景文伝附兄子蘊伝に、

景文兄子蘊字彦深。父楷、太中大夫、人才凡劣、故蘊不為群従所礼、常懐恥慨。家貧為広徳令。

とあり、『南斉書』巻四七王融伝に、

父道琰、廬陵内史。母臨川内史謝恵宣女、惇敏婦人也。教融書学。融少而神明警恵、博渉有文才。挙秀才。晋安王南中郎板行参軍、坐公事免。竟陵王司徒板法曹行参軍、遷太子舎人。融以父官不通、弱年便欲紹興家業、啓世祖求自試。

とあって、父が官僚として出世できなかった場合、子の仕官に影響があったことを示す。

(43)　この事例については、越智重明「南朝における皇帝の中央貴族支配に就いて」（『社会経済史学』二一—五・六、一九五六）九九～一〇〇頁を参照。

第十一章　東晋琅邪王氏墓誌について

はじめに

南京市博物館によって、一九九八年九月から十二月にかけて、南京市北郊の象山（俗称人台山）において三基の琅邪王氏の墓が、さらに二〇〇〇年四月にも、一基の琅邪王氏の墓が発掘された。すでに一九六〇年代から七〇年代にかけて、七基の琅邪王氏の墓が発掘されており、合計十一基の墓が調査されたことになる。それらの墓のうち、墓誌が出土したのは、以下の七基である。それぞれ出土した墓、墓誌、『文物』誌に公表された報告の掲載号を示す。

一号墓‥王彬の子王興之とその夫人宋和之（『文物』一九六五―六）
三号墓‥王彬の長女王丹虎（『文物』一九六五―一〇）
五号墓‥王興之の長子王閩之（『文物』一九七二―一一）
六号墓‥王彬の継室夫人夏金虎（『文物』一九七二―一一）
八号墓‥夏金虎の子王企之（『文物』二〇〇〇―七）
九号墓‥王彬の孫（王彭之の長子）王建之とその夫人劉媚子（『文物』二〇〇〇―七）
十一号墓‥王康之とその夫人何法登（『文物』二〇〇二―七）

これらの墓誌については、『文物』掲載の報告以外に、南京市博物館『南京出土六朝墓誌』と趙超『漢魏南北朝墓誌彙編』(1)に、一号墓、三号墓、五号墓、六号墓の墓誌が、羅新・葉煒『新出魏晋南北朝墓誌疏証』(2)に、八号墓、九号墓、十一号墓の墓誌がそれぞれ取り上げられ、とくに羅新・葉煒の著書では、詳細な考証も付されていてきわめて有益である。また、この東晋琅邪王氏墓誌に関する専論として、張学鋒「南京象山東晋王氏家族墓誌研究」(3)が公表されており、王大良『中国古代家族与国家形態』(4)にも、東晋琅邪王氏墓誌について比較的詳しい言及がある。わが国では、中村圭爾が東晋琅邪王氏墓誌に言及する論文を公表しているほか(5)、王建之夫人劉媚子墓誌を取り上げ、劉媚子の父劉璞が、茅山派道教の開祖とされる魏華存（南嶽魏夫人）の長子であると考えられることから、琅邪王氏ならびに琅邪王氏と通婚した諸家族と道教との関係を考察した堂薗淑子「南嶽魏夫人の家族と琅邪の王氏」(6)などがある。筆者もこれらの墓誌の試訳を公表したことがある。(7)ただ、その拙稿は、少部数の報告書に掲載されたものであるので、本章ではあらためて東晋琅邪王氏墓誌についての拙訳を示したうえで、これらの墓誌を貴族制社会といわれる当時の社会状況のなかに、どのように位置づけるべきか、あるいはその逆にこれらの墓誌の記述から当時の社会状況をどのように考えるべきか、を問題として取り上げてみたい。

第一節、東晋琅邪王氏墓誌

本節では、現在発掘報告の公表されているすべての東晋琅邪王氏墓誌の釈文と日本語訳を示す。釈文中の／は行末を表示している。

A　王興之墓誌（一一五字）：一号墓

君諱興之字稚陋琅耶臨／沂都郷南仁里征西大将／軍行参軍贛令春秋卅一／咸康六年十月十八日卒／以七年七月
廿六日葬于／丹楊建康之白石於先考／散騎常侍尚書左僕射特／進衛将軍都亭粛侯墓之／左故刻石為識臧之於墓
／長子閩之　女字稚容／次子嗣之　出養第二伯／次子咸之／次子預之

君、諱は興之、字は稚陋、琅邪郡・臨沂県・都郷・南仁里の人で、征西大将軍行参軍・贛令、享年三十一、咸康六年（三四〇）十月十八日死去し、七年七月二十六日に丹楊郡建康県の白石にある亡父散騎常侍・尚書左僕射・特進・衛将軍・都亭粛侯王彬の墓の左に葬った。ゆえに石に刻んで墓誌とし[8]、墓に納めることとする。長子閩之。むすめ字は稚容。次の子嗣之、第二伯の養子となった。次の子咸之。次の子預之。

B　宋和之墓誌（八十八字）：同上

命婦西河界休都郷吉遷／里宋氏名和之字秦嬴春／秋卅五永和四年十月三／日卒以其月廿二日合葬／于君柩之右
／父哲字世儁使持節散騎／常侍都督秦梁二州諸軍／事冠軍将軍梁州刺史野／王公／弟延之字興祖襲封野王／公

命婦、西河郡・界休県・都郷・吉遷里の宋氏、名は和之、字は秦嬴、享年三十五、永和四年（三四八）十月三日に死去し、同月二十二日王興之の柩の右に合葬した。父宋哲、字は世儁、使持節・散騎常侍・都督秦梁二州諸軍事・冠軍将軍・梁州刺史・野王公。弟宋延之、字は興祖、野王公に封ぜられた。

C　王丹虎墓誌（六十五字）：三号墓

晋故散騎常侍特進衛将軍尚書左／僕射都亭粛侯琅耶臨沂王彬之長／女字丹虎年五十八升平三年七月／廿八日卒
其年九月卅　日葬于白／石在彬之墓右刻塼為識

晋の故散騎常侍・特進・衛将軍・尚書左僕射・都亭粛侯、琅邪・臨沂の王彬の長女、字は丹虎、享年五十八、升平三年（三五九）七月二十八日死去し、同年九月三十日、白石にある王彬の墓の右に葬り、塼に刻んで墓誌とする。

D　王閩之墓誌（八十四字）：五号墓

晋故男子琅耶臨沂都郷南仁／里王閩之字治民故尚書左僕／射特進衛将軍彬之孫贛令興／之之元子年廿八升平二
年三／月九日卒葬于旧墓在贛令墓／之後故刻磚于墓為識／妻呉興施氏字女式／弟嗣之咸之預之

晋の故男子、琅邪郡・臨沂県・都郷・南仁里の王閩之、字は治民、故尚書左僕射・特進・衛将軍・彬の孫、贛令興之の長子。享年二十八。升平二年三月九日死去し、旧来の墓所に葬った。それは王興之の墓の後方にある。ゆえに磚に刻み墓誌とする。妻、呉興の施氏、字は女式。弟、嗣之・咸之・預之。

E　夏金虎墓誌（八十六字）：六号墓

晋故衛将軍左僕射粛侯琅耶／臨沂王彬継室夫人夏金虎年八十五／太元十七年正月廿二亡夫人男企之[9]衛軍参軍／
婦彭城曹季姜父蔓少府卿大女翁愛／適済陽丁引父宝永嘉太守小女隆愛適長楽／馮循父懐太常卿

晋の故衛将軍・左僕射・粛侯、琅邪・臨沂の王彬の継室夫人、夏金虎、享年八十五。太元十七年正月二十二日死去。夫人の息子企之、衛軍参軍。企之の妻、彭城の曹季姜。曹季姜の父、蔓、少府卿。夫人の上の娘、翁愛、済陽の丁引にとつぐ。丁引の父、宝、永嘉太守。下の娘、隆愛、長楽の馮循にとつぐ。馮循の父、懐、太常卿。

F　王企之墓誌（八十八字）：八号墓

晋故前丹楊令騎都尉琅耶臨沂都郷南／仁里王企之字少及春秋卅九泰和二年／十二月廿一日卒三年初月廿八日葬
于／丹楊建康之白石故刻石為志／所生母夏氏／妻曹氏／息女字媚栄適廬江何[10]□字祖慶／息男摸之字敬道

晋の故前丹楊令・騎都尉、琅邪郡・臨沂県・都郷・南仁里の王企之、字は少及、享年三十九。太和二年（三六七）十二月二十一日死去。三年正月二十八日、丹楊・建康の白石に葬ったので、石に刻んで墓誌とする。生みの母、夏氏。妻、曹氏。娘、字は媚栄、廬江の何□、字は祖慶にとつぐ。息子、摸之、字は敬道。

G　王建之墓誌（二七五字）：九号墓

晋故振威将軍鄱陽太守／都亭侯琅耶臨沂県都郷／南仁里王建之字栄妣故／散騎常侍特進衛将軍尚／書左僕射都
亭粛侯彬之／孫故給事黄門侍郎都亭／侯彭之之長子本州□西／曹不行襲封都亭侯州檄／主簿建威参軍太学博士
／州別駕不行長山令廷尉／監尚書右丞車騎長史尚／書左丞中書侍郎振威将／軍鄱陽太守春秋五十五／泰和六年
閏月丙寅朔十／二日丁丑薨于郡官舎夫／人南陽涅陽劉氏先建之／半年薨咸安二年三月甲／午朔十四日丁未遷神
其

（背面）

年四月癸亥朔廿六日戊／子合葬旧墓在丹楊建康／之白石丹楊令君墓之東／故刻石為識／二男未識不育大女玉亀
／次女道末並二歳亡小女／張願適済陰卞嗣之字奉／伯小男紀之字元万／建之母弟翹之見廬陵太／守小弟朔之前
太宰従事／中郎

晋の故振威将軍・鄱陽太守・都亭侯、琅邪郡・臨沂県・都郷・南仁里の王建之、字は栄妣、故散騎常侍・特進・衛将軍・尚書左僕射・都亭粛侯王彬の孫、故給事黄門侍郎・都亭侯彭之の長子、本州が西曹に任命したが行かず、都亭侯の封爵を継承した。また本州が主簿に任命し、建威参軍、太学博士を歴任し、州別駕に任命されたが行かず、長山令、廷尉監、尚書右丞、車騎長史、尚書左丞、中書侍郎、振威将軍・鄱陽太守を歴任した。享年五十五、太和六年（三七一）閏十月十二日、鄱陽郡の官舎で死去した。夫人、南陽・涅陽の劉氏は、王建之より半年先に死去した。咸安二年（三七二）三月十四日、帰葬に着手し、同年四月二十六日、旧墓に合葬した。その旧墓は丹楊郡建康県の白石、丹楊令君王企之の墓の東にある。ゆえに石に刻んで墓誌とする。二人の男子は夭折、上の娘玉亀、次の娘道末はともに二歳で死去。末の娘張願は、済陰の卞嗣之、字は奉伯に嫁いだ。末の息子紀之、字は元万。建之の同母弟翹之、現廬陵太守。末弟朔之、前太宰従事中郎。

H　劉媚子墓誌（一七一字）：同上

晋振威将軍鄱陽太守都亭侯琅／耶臨沂県都郷南仁里王建之字／栄妣故夫人南陽涅陽劉氏字媚／子春秋五十三泰和六年六月戊／戌朔十四日辛亥薨于郡官舎夫／人修武令乂之孫光禄勲東昌男／璞之長女年廿来帰生三男三女／二男未識不育大女玉亀次女道／末並二歳亡小女張願適済陰卞／嗣之字奉伯小男紀之字元万其／年十月丙申朔三日戊戌喪還都／十一月乙未朔八日壬寅倍葬于／旧墓在丹楊建康之白石故刻石／為識

晋の振威将軍・鄱陽太守・都亭侯、琅邪郡・臨沂県・都郷・南仁里の王建之、字は栄妣の故夫人、南陽・涅陽の劉氏、字は媚子、享年五十三、太和六年六月十四日、鄱陽郡の官舎で死去した。夫人は、修武令劉乂の孫、光禄勲・東昌男劉璞の長女であり、二十歳で嫁いできて、三男三女を生み、二人の男子は夭折、上の娘玉亀と次女道末は、ともに二歳で死去、末娘張願は済陰の卞嗣之、字は奉伯にとついだ。末の息子紀之、字は元万。太和六年十月三日、遺体が都へ帰り、十一月八日、旧墓に陪葬した。その旧墓は丹楊郡建康県の白石にある。ゆえに石に刻んで墓誌とする。(11)

Ｉ　王康之墓誌（四十四字）：十一号墓

永和十二年十月十七日晋／故男子琅耶臨沂王康之字／承叔年廿二卒其年十一月／十日葬於白石故刻磚為識

永和十二年（三五六）十月十七日、晋の故男子、琅邪・臨沂の王康之、字は承叔、享年二十二にて死去。同年十一月十日、白石に葬る。ゆえに磚に刻んで墓誌とする。

Ｊ　何法登墓誌（八十字）：同上

晋故処士琅耶臨沂王康之妻廬江／潜何氏侍中司空父穆公女字法登／年五十一泰元十四年正月廿五日卒／其年三月六日附葬処士君墓于／白石刻磚為識／養兄臨之息績之／女字夙旻適廬江何元度

晋の故処士、琅邪・臨沂の王康之の妻、廬江・潜の何氏、侍中・司空であった父穆公（何充）の娘で、字は法登。享年五十一。太元十四年（三八九）正月二十五日死去。同年三月六日、白石にある王康之の墓に附葬した。磚に刻んで墓誌とする。兄臨之の息子績之を養子にした。娘は字を夙旻といい、廬江の何元度に嫁いだ。

以上が、現時点で報告の出ている東晋琅邪王氏墓誌のすべてである。節を改めて、これらの墓誌から当時の貴族の実態に迫ろうとするとき、どのような点が問題になるか考えてみることにしたい。

第二節、東晋琅邪王氏墓誌からみた貴族社会

十点の東晋琅邪王氏墓誌をみたとき、もっとも目につくのは、王閩之【Dの墓誌、以下記号のみ記す】と王康之【I】のように官爵をもたず「男子」とのみ記される事例のあることである。六朝の貴族という存在が王朝官人と不可分の関係にある、(12)ということについては、学界共通の認識であるだけに、東晋の名門、琅邪王氏の家系に、このような官爵をもたない者が存在すること自体、大きな問題であるといわねばならないであろう。まず、王閩之の事例から詳しくみていくことにしよう。

一、王閩之

王閩之は升平二年（三五八）に二十八歳で死去しているから、生年は、咸和六年（三三一）。父の興之【A】は、咸康六年（三四〇）に三十一歳で死去、王閩之が十歳の時である。祖父の王彬については、『晋書』巻七六本伝に、

彬字世儒。……敦平、有司奏彬及兄子安成太守籍之、並是敦親、皆除名。詔曰「司徒導以大義滅親、其後昆雖或有違、猶将百世宥之、況彬等公之近親。」乃原之。徴拝光禄勲、転度支尚書。蘇峻平後、改築新宮、彬為大匠。以営創勲労、賜爵関内侯、遷尚書右僕射。卒官、年五十九。贈特進・衛将軍、加散騎常侍、謚曰粛。長子彭之嗣、位至黄門郎。次彪之、最知名。

彬字は世儒。……王敦の乱が平定されると、有司は王彬と兄の子安成太守王籍之が、ともに王敦の親族であることを上奏して、二人とも除名とされた。詔していうことには、「司徒王導は君臣の大義のために親族との関係を

無視したので、その子孫にあやまちがあった場合でも、百代の後までもこれをゆるそう。まして王彬らは王導の近親であるからなおさらのことである」と。そこでこれを許した。徴されて光禄勲を拝命し、度支尚書に転じた。蘇峻の乱が平定された後、改めて新宮を築こうとしたとき、王彬は将作大匠となった。新宮造営の勲労によって、爵関内侯を賜り、尚書右僕射にうつった。在任中に死去し、享年五十九であった。特進・衛将軍、加散騎常侍を贈られ、謚を粛といった。長子の彭之が嗣ぎ、その位は黄門郎に至った。次子の彪之は、最も名を知られた。

とある。東晋初期に反乱をおこした王敦の親族ということで除名されようとしたところ、同じく王敦の親族でありながら朝廷に忠義を貫いた王導に免じて許すようにとの詔勅がでて、許され、その後、光禄勲、度支尚書、尚書右僕射[13]を歴任して、五十九歳で死去したという。『晋書』では、年次を記さないが、『北堂書鈔』巻一三九所引『晋起居注』によれば、王彬は咸康元年に、尚書左僕射に在任していたことがわかり、『資治通鑑』巻九五によれば、王彬は咸康二年（三三六）二月に死去している。[14]このことから、王閩之が甲族[15]の起家年齢である二十歳前後になったころ、父も祖父も死去していて、その蔭を享受できなかったことが確認できるのである。このように、王閩之が任官に際して不利な状況におかれていたことは確認できるのであるが、それにしても一切の官爵をもたずに一生を終えたということは、当時の社会に対する常識的な理解からすると、やはり奇妙である。

南京市博物館「南京象山5号・6号・7号墓清理簡報」（『文物』一九七二—一一）では、このことについて、次のように分析している。

王閩之は史籍に見えない。墓誌によれば、彼は「晋の故男子」であり、いかなる官職にも就任したことのないことがわかる。死んだ時の年令は二十八歳であり、墓誌にはまた彼に子女がいたという記載がなく、奢侈で糜爛した生活をおくる貴族の子弟であったらしいことがわかる。

墓誌には王闓之の妻が「呉興の施氏」であったと記載している。封建時代の習俗では、統治階級における婚姻では、門第を考慮する。王氏は当時の東晋統治集団における最大の豪族の一つであるから、それと婚姻を結ぶ江南呉興の施氏も、必ずや南方土着の豪門大族であったはずである。東晋政権が江南におちついたとき、北方豪族が大挙して南に移住し、彼らと南方土着豪族との間には、政治・経済等の面で、一定の矛盾が存在した。王導はこのような矛盾を緩和し、その封建統治を安定させるため、いささかの措置を採用したが、南北大族の間の婚姻はその中の一つである。『晋書』陸玩伝に、「時王導初至江左、思結人情、請婚于（陸）玩」とある。この件は陸玩に拒絶されたけれども、南北豪族間の通婚が存在していたことの反映である。王闓之の妻が「呉興の施氏」であることは、このことについて一つの具体的例証を提供している。（三二頁）

「簡報」は、官爵をもたず子女もないことに注目して、その原因を「奢侈で糜爛した生活をおくる貴族の子弟であったらしいこと」に帰しているようである。墓誌のわずかな情報からこのような推測を導くのは、もとより困難である。さらに、後半の、南人の豪族、呉興の施氏との婚姻についての理解も特異である。「簡報」も引く、王導が陸玩に通婚を求めて拒絶された記述をはじめとする諸史料を論拠として、南北人不婚という理解が通説であるが、「簡報」では、王闓之と呉興の施氏との通婚という、この墓誌の事例を論拠として南北大族間の通婚が存在していたことの例証と断言しているからである。

最近、秦冬梅「論東晋北方士族与南方社会的融合」(16)は、王導が陸玩から通婚を拒絶された事例を重視して、南人の高門には、王氏のような名門であっても北人との通婚に対しては抵抗感が強かったが、同じ南人でも施氏のような「低等士族」の場合、抵抗感はそれほど強くはなく、通婚が行われたのだという見解を公表している。秦氏の場合、施氏を王氏と同等の大族ではないと考える点で「簡報」と見解を異にするが、王闓之が「第一流高門」であることが前提とされている点では、「簡報」と同じである。これに対して王大良『中国古代家族与国家形態』[17]は、王興之、王閩之父子がおそらく庶出に属するため、落ちぶれて、呉姓でしかも望族ともいえない施氏と通婚するに至ったのではないかという見解であり、王閩之の境遇にも留意している点で「簡報」や秦冬梅説と異なり、次に述べる中村圭爾説に近い。王大良は、王閩之の南北人通婚を特例とみる。ただ、『顔氏家訓』後娶篇によれば、江南では庶出の場合でもとくに差別されることはなかったといい、またこの嫡庶身分の差異を究明した唐長孺の研究によれば、『顔氏家訓』に記述される江南の特徴は、魏晋の際に洛陽を中心に起った新風尚であって、それが永嘉の乱後、北来の名族によって江南にもたらされたものであるという[18]。このように、江南では嫡庶の差別があまり厳格ではなかったといわれる点を考慮するならば、王興之、王閩之父子庶出説も成立しがたいように思われる。

わが国では、中村氏が、王閩之自身が無官であり、その父王興之も単なる一地方長官にすぎないことなどから、王彬の門流が王導の門流などに比べて劣位にあったことを確認しつつ、それにしても、南人の、しかもさしたる名望のあった一族ともいえない施氏との通婚という事実を、「従来の南北人不婚という通婚のありかたについての考えに修正をせまるもの」と指摘する。そのうえで、あらためて王閩之の不遇状況を勘案して、「これをもって、最上層全体に一般化することには慎重であるべきかもしれない」とし、「南北人不婚の問題についての最終的結論は現時点では留保したい」と述べ、結論を留保しておられる[19]。

「南北人不婚の問題についての最終的結論」は留保せざるを得ないとしても、中村氏が再三指摘されたように、王閩之が官爵をもたないことと、南人で、しかも正史等の記録による限り、有力な官人をまったく出していない呉興の施氏との通婚ということとの間に因果関係のあることは確実であろう。とくに「簡報」では、王閩之が無官であることと、王閩之の父も官界で出世することなく若くして死去していることなどに示される不遇状況や、一方の呉興の施氏が南人豪族の中でも劣位にあったと思われることなどに注意を払っておらず、これをもって南北の大族間での通婚が立証されたとはいえないことは確かである。それぞれ北来の僑姓、江南土着の呉姓という相違はあれ、ともに官界での出世とは無縁であることにおいては共通する家同士の通婚と考えるのが穏当であろう。

二、王康之

王康之【I】には、永和十二年（三五六）に二十二歳で無位無官のままに死去したことが書かれているのみであるが、妻の何法登【J】に、兄臨之の子を養子にしたことがみえ、この臨之が王彪之の子であることから、王康之の父も王彪之であることが判明する。[20]この【J】で、さらに注目すべきは、【I】では、王康之を「故男子」と記しているのに対して、「故処士」とする点である。「処士」とは、仕官しない在野の士人のことであり、無位無官であるということでは、「男子」と変わりがないが、「処士」という場合には、仕官しないことについて、本人の積極的意志がかかわっていることを強く印象づける。この「処士」ということばを念頭において、この瑯邪王氏の系譜につらなる人物を調査していくと、高官を輩出する名門貴族の印象の強い瑯邪王氏から、意外にも「処士」、隠逸の士が出ているという事実が浮かび上がってくる。以下、このことを述べてみよう。

まず、王彬の子孫である王素の伝（『南史』巻二四）に、次のようにみえる。[21]

素字休業、彬五世孫而逡之族子也。高祖翹之、晋光禄大夫。曽祖望之・祖泰之、並不仕。父元弘、位平固令。素少有志行、家貧母老、隠居不仕。

王素、字は休業、王彬の五世孫にして王逡之の族子である。高祖父の翹之は、東晋の光禄大夫であった。曽祖父の望之・祖父の泰之は、ともに仕えなかった。父の元弘は、平固県令になった。王素は若くして志行があり、家が貧しく母が年老いているため、隠棲して仕えなかった。

ここにみえる王翹之は、王建之【G】によれば、王建之の同母弟で、王彭之の子である。

この王彭之については、『晋書』巻七六王彬伝に、

長子彭之嗣、位至黄門郎。次彪之、最知名。

長子の彭之が嗣ぎ、位は黄門郎に至った。次子の彪之は、最も名を知られた。

とあって、王彪之の兄であり、王康之と王翹之とは従兄弟にあたることがわかる。さらに、王彭之、彪之兄弟に関して、興味深い逸話が『世説新語』軽詆篇にみえる。

王右軍在南、丞相与書、毎歎子姪不令、云「虎㹠・虎犢、還其所如。」

王羲之が南にいたとき、王導は手紙をやり、いつも子や甥どものできが良くないことを嘆いていった。「虎㹠や虎犢は、やはりその名の通りです」と。〔㹠は子豚、犢は子牛〕

とあって、劉孝標注によれば、虎㹠は、王彭之の小字であり、虎犢は王彪之の小字である。[23] この逸話から、王彬の従兄弟で東晋初期の琅邪の王氏を代表する人物である王導が、従兄弟の子をふくめた一族の子弟のことも気にかけていたことを示す点で注目に値する。また、王羲之は、王彬の兄、曠の子であり、王彭之、彪之兄弟とは従兄弟の関係である。六朝貴族制研究のなかでも、とくに矢野主税や越智重明の研究では、門流ごとの独立性が強調される傾向にあるが、[24] 右の逸話では、その門流をこえた同族意識が認められるのである。もとより、このことをもって、ただちに門流の独立性という学説への反証とはなしえず、たとえば同じ琅邪の王氏でも門流ごとにその境遇がちがっていることは確かであり、門流ごとの独立性という指摘が重要であることに変わりはないのであるが、門流が異なる場合でも、同族意識をもって婚姻や仕官に際して面倒をみるなどのことがあり得たことまでは、認めてよいであろう。この意味

において、王興之【A】についての張学鋒「南京象山東晋王氏家族墓誌研究」（注（3）所掲）の指摘は重要である。同論文は、王興之は、【A】によれば、「征西大将軍行参軍・贛令」となっているが、この征西大将軍とは庾亮であり、その庾亮の征西府には、右の『世説新語』の逸話にもみえる王羲之が王興之よりも上級の参軍や長史として在任していた、と指摘する（三五八頁）。このことも、門流を超えた同族間で仕官に際して斡旋仲介等のあり得たことを強く示唆するのである。

さて、王彭之の子、王翹之は、王建之の埋葬の時点で廬陵太守であったというから、官僚としての生活をおくっていたことが知られる。ところが、先に引いた『南史』王素伝によれば、その子・孫である望之・泰之はいずれも出仕せず、曽孫の元弘は出仕したらしいが、県令でおわり、玄孫である王素については隠居して仕えなかったとある。この王素自身のことについては、『宋書』巻九三隠逸・本伝のほうが詳細で、

素少有志行、家貧母老。初為廬陵国侍郎、母憂去職。服闋、廬陵王紹為江州、親旧勧素修完旧居、素不答、乃軽身往東陽、隠居不仕、頗営田園之資、得以自立。愛好文義、不以人俗累懐。

王素は若くして志行があり、家は貧しく母は年老いていた。初め、廬陵国侍郎であったが、母の喪に服するため職を去った。喪があけ、廬陵王紹[25]が江州刺史となると、親戚や旧知の者は王素に旧居を修理するように勧めたが、王素は答えず、ほとんど荷物をたずさえずに東陽郡に行き、そこで隠棲して仕えず、少しばかり田園の資産を経営して、自活することができた。学問を愛好し、俗世間のことで思いをわずらわせるようなことはしなかった。

とある。これによれば、王素は出仕の経験がないわけではなく、劉宋・文帝の時代に、王国侍郎（廬陵国）に起家したものの母の喪に服するために職を去ったのを機に、その後は廬陵王など官界とのつながりを絶って、東陽郡に隠居して仕えなかった。その隠居生活は、荘園経営によって成り立っていたことも、この記述から窺える。

王彬の子孫には、右のように隠逸を輩出した家系が存在するのであるが、同じ王彬の子孫でも、王康之の属する王彪之の家系自体は、『宋書』巻六〇王准之伝に、

高祖彬、尚書僕射。曽祖彪之、尚書令。祖臨之、父訥之、並御史中丞。彪之博聞多識、練悉朝儀、自是家世相伝、並諳江左旧事、緘之青箱、世人謂之「王氏青箱学」。

高祖父の彬は、尚書僕射。曽祖父の彪之は、尚書令。祖父の臨之、父の訥之は、ともに御史中丞であった。彪之は博識で、朝儀に精通していたので、以後代々子孫に伝え、子孫はみな東晋の旧事を暗誦し、これを青い箱にひもをかけて保管し、世の人はこれを「王氏青箱学」といった。

とみえるように、「王氏青箱学」と称せられる有職故実の継承で有名になるから、王彪之の子孫に限れば、王康之のように「処士」で終るのは例外に属する。

ただ、王康之の夫人である廬江の何氏をみると、まず夫人の叔父の何準が「処士」であることが注目されよう。『晋書』巻九三外戚・何準伝に、

穆章皇后父也。高尚寡欲、弱冠知名、州府交辟、並不就。兄充為驃騎将軍、勧其令仕、準曰、「第五之名何減驃騎。」準兄弟中第五、故有此言。充居宰輔之重、権傾一時、而準散帯衡門、不及人事、唯誦仏経、修営塔廟而已。徴拝散騎郎、不起。年四十七卒。升平元年、追贈金紫光禄大夫、封晋興県侯。子惔以父素行高潔、表譲不受。

（何準は）穆章皇后の父である。高尚で欲がなく、弱冠にして名を知られ、州や府がそれぞれ辟召したが、就任しなかった。兄の充は驃騎将軍になると、準に勧めて仕えさせようとした。準がいうことには、「第五の名はどうして驃騎に劣ることがありましょうか」といった。準は兄弟のなかで五番目だったので、こういったのである。充は宰輔の重任にあって、その権勢は一世を風靡するほどであったが、準は隠棲して、世間のことにかかわらず、

ただ仏経をとなえ、寺院の建物を整備するだけであった。徴召して散騎郎にしようとしたが、受けなかった。四十七歳で死去した。升平元年、金紫光禄大夫を追贈され、晋興県侯に封ぜられた。子の惔は、父の高潔な生き方のため、上表して辞退し受けなかった。

とあって、娘が皇后となって、外戚ではあったが、終生処士であった(26)。

王康之の場合、父彪之が吏部尚書など高官を歴任して活躍中であったし、夫人も、当時はすでに死去していたとはいえ、宰相何充の娘であったし、従姉妹は、皇帝穆帝の皇后であった。王閩之の父が若くして死去し、婚姻の相手も江南土着の豪族の娘であったのとは、大いに異なっている。ゆえに、同じく無位無官とはいっても、それぞれの状況は大いに異なるところがあったといわねばならない。王康之の場合、本人が望みさえすれば、二十歳前に、秘書郎あるいは著作佐郎のような名門の起家官に起家することも可能であったと推測されるが、王閩之の場合は、せいぜい二十歳代後半で二流貴族の起家というところであったろう。ところで王康之の場合、本人の墓誌には「男子」とあるが、妻の墓誌には、「処士」と書かれていて、仕官しなかったのが本人の意志であること顕示するもののごとくであるが、他に理由がなかったとまでは確言できない。王閩之の場合には、そもそも妻の墓誌が出土しておらず、「処士」であったとする論拠はないが、先述の門流を超えた同族意識のあることを考慮すれば、王閩之が仕官したくてもできなかった、とまでは断言できない。結局、二人とも、本人が仕官しない道を積極的に選び取ったのか、それともよい仕官の口がなくてやむなく仕官の道を断念したかまでは、不明としておかざるをえないであろう。ただ、東晋一流の名門、琅邪王氏の場合でも、無位無官「男子」として生涯を終える人々の存在したことは、確認できた。彼らはおそらく荘園経営などにより生活の糧を得ていたにちがいない。王閩之の妻が、江南土着豪族施氏の出であることは、あるいはそのような大土地経営とかかわってのことであるかもしれない。

以上のように、王閩之【D】と王康之夫婦【I】【J】とを比較した場合、いくつかのことがわかったが、それにしても王閩之の妻、施氏の墓誌が出ていないことはどのように考えるべきか。この疑問点については、琅邪王氏墓誌全体を通じて考える必要がある。

三、南京象山出土琅邪王氏墓誌の全般的傾向

南京象山出土琅邪王氏墓誌のうち、王興之夫婦【A】【B】、王建之夫婦【G】【H】、王康之夫婦【I】【J】の六点三例は、夫婦合葬墓から夫婦の墓誌が出土した事例である。これに対して、王丹虎【C】は独身女性の墓誌と考えられ(27)、夏金虎【E】は王彬の後妻の墓誌である。王彬の墓は、【A】【C】の記述から、一号墓と三号墓の間の前方にあったようであるが、この墓はすでに破壊されてしまっている(28)。そのため確認はできないが、王彬と前妻がここに合葬され、墓誌も作られた可能性がある。夏金虎が死去したのは、王彬よりも五十年以上もたった太元十七年（三九二）であったから、おそらくそのこともあって、独立した墓が作られたのであろう。【D】の王閩之と【F】の王企之には、それぞれ施氏、曹氏(29)という妻の存在が知られるものの、妻の墓誌は発見されていないのみならず、副葬品からも、また墓誌や副葬品の出土状況を記した平面図からも夫婦合葬が行われた形跡すら見出し得ないのである。このことについて、ひとつの解釈としては、夏金虎の場合と同様、夫の死後、長い年月を経て妻が死去したため、妻は独立の墓に葬られたということが考えられよう。いずれにしても、夫婦の場合でも合葬されない事例があるということだけは確かであり(30)、王閩之夫妻が合葬されていない理由について、たとえば南北人間の通婚などの特殊事情を想定することは困難なのである。

以上、十点の東晋琅邪王氏墓誌について、無位無官で終ったという点で特に注目される王閩之【D】と王康之【I】を中心に煩瑣な考証を重ねてきた。この考証の結果、同じく王彬の子孫といっても、その婚姻や仕官などの境遇にはそれぞれ大きなちがいがあるということである。六朝貴族の家格を考察する際、従来は、琅邪の王氏、陳郡の謝氏等、大きな氏族を一括して考えることは有効ではなく、たとえば琅邪の王氏のなかでも、王導の門流と王彬の門流とでは大きなちがいがあり、門流単位で考えるべきことが強調されてきた。

しかし、以上の考察の結果、同じ王彬の門流でも、大きな格差が認められた。同じ王彬の子のなかでも、佐著作郎に起家して尚書令にまでなった王彪之と行参軍・県令で終った王興之とでは大きなちがいがある。王興之の場合、早くに死去したことも考慮しなくてはならないが、そのことを考慮に入れてもなお格差は大きい。この場合、やはり本人の資質の影響が大きいのではなかろうか。前引の『世説新語』軽詆篇の逸話では王導から酷評されている王彪之であるが、やはり前引の『宋書』巻六〇王准之伝によれば、有職故実の知識をもち優秀な官僚としての資質を備えていたのであり、そのことは『晋書』巻七六の本伝からも読み取ることができる。

王興之の子である王閩之と、王彪之の子である王康之とをいま一度比較すれば、両者とも王彬の孫であり、ともに無位無官のまま生涯を終えた点は共通するが、婚姻の面では当時の官界では目立たない存在であった南人、呉興の施氏と婚姻した王閩之と、皇后や宰相を出した北来の名門、廬江の何氏と婚姻した王康之との間に、大きな格差を認めないわけにはいかない。この差は、王閩之の父が早くになくなっていたのに対し、王康之の父が官僚として活躍中であったことによるところが大きいであろう。また、彼らが無位無官で生涯を終えたことについて、王康之の場合はその恵まれた境遇や「処士」という表現から自らの意向で仕官しなかったことを強くうかがわせるものであったのに対し、王閩之の場合は仕官に有利な境遇ではなかったことは確かであるが、仕官しなかった理由まではわからない。ただ、夫人が呉興の施氏であることから、荘園など農業経営にかかわった可能性はある。このふたりの事例は、必ずしも六朝貴族即官人ではなく、多様な存在形態がありえたことを、あらためて認識させてくれたという点で貴重なのではないだろうか。

このように、同じ王彬の子孫でも、本人の資質や父の官職などの事情によって、本人の仕官や婚姻の面で大きな格差が生じていることを確認できたことが、本章の考察におけるささやかな成果なのである(31)。

おわりに

六朝貴族制研究において、特定の家系をとりあげて、婚姻や仕官等の状況を具体的に考察することは、重要な研究方法の一つであり、その結果、大きな氏族単位ではなく、細分された門流単位で考察すべきことが強調されてきた(32)。この同じ門流のなかにさえ大きな格差の存在したことを確認した本章の考察結果は、門流単位で家格が決められ、その家格にもとづいて婚姻や仕官が決まっていたという通説的理解に大きな修正をせまるものではなかろうか。もちろん、本章で考察した東晋琅邪王氏墓誌のみにもとづいて六朝貴族の性格全般について断定することは不可能であり、今後多面的考察が必要である。しかし、少なくとも本章の考察のささやかな成果からは、東晋の貴族の婚姻や仕官をはじめとする境遇は、琅邪王氏あるいは王彬の門流について決定された家格というよりは、本人の資質、意向や父の官位、加えて琅邪の王氏や婚姻関係にある諸氏の有力者の援助など多様な条件によって決定されていたという仮説が成り立つように考えられるのである。この有力者の援助について付言すれば、本文でも述べたように、それは同族の子弟に対して門流を超えて援助した事例も想定されるのであり、上に述べた個人の資質もしくは父親の官位が重要であったということとは、方向性は逆になるが、このことも門流重視の観点のみでは貴族の具体相をとらえきれない要素のひとつであろう。

注

（1）南京市博物館『南京出土六朝墓誌』（文物出版社、一九八〇）。趙超『漢魏南北朝墓誌彙編』（天津古籍出版社、一九九二）。

（2）羅新・葉煒『新出魏晋南北朝墓誌疏証』（中華書局、二〇〇五）。

（3）張学鋒「南京象山東晋王氏家族墓誌研究」（『漢唐考古与歴史研究』生活・読書・新知三聯書店、二〇一三所収）。

（4）王大良『中国古代家族与国家形態――以漢唐時期琅邪王氏為主的研究』（甘粛人民出版社、一九九九）。

（5）中村圭爾『六朝貴族制研究』（風間書房、一九八七）第三篇補章「墓誌銘よりみた南朝の婚姻関係」、同氏『六朝江南地域史研究』（汲古書院、二〇〇六）第八章「南京附近出土六朝墓に関する二三の問題」、初出は一九八二）、同書補章「江南新出六朝墓と墓誌」。

（6）堂薗淑子「南嶽魏夫人の家族と琅邪の王氏――王建之妻劉媚子墓誌を中心に」（『桃の会論集』三、二〇〇五）。

（7）拙稿「東晋の墓誌」（『『歴史資源』として捉える歴史資料の多角的研究』平成十四年度東北大学教育研究共同プロジェクト成果報告書、二〇〇三）。

（8）原文「識」を、拙稿「東晋の墓誌」（注（7）所掲）では、「標識」と訳した。「標識」という意味合いがあるという私見に変わりはないが、『南京出土六朝墓誌』の「誌文中『刻石為識』的『識』、意即墓誌的『誌』」という指摘に従い「墓誌」と改める。なお、窪添慶文「墓誌の起源とその定型化」（『立正史学』一〇五、二〇〇九）は、「刻石為識」等の記述について、「墓誌が「しるし」としての意味を強くもたされていることを明示するであろう」（七頁）という。

（9）王企之について、南京市博物館「南京象山5号・6号・7号墓清理簡報」（『文物』一九七二―一一）所載の夏金虎墓誌釈文では「王仚之」としており（二七頁）、拓本をみるとたしかに「仚」の字にみえる。また、南京市博物館「南京象山8号・

9号・10号墓発掘簡報」（『文物』二〇〇〇―七）でも「王仚之」墓誌としており、拓本でもやはり「仚」の字にみえる。しかし、羅新・葉煒『新出魏晋南北朝墓誌疏証』によれば、八号墓出土の墓誌からこの人物の字が少及であることがわかり、名と字の意義の関係からみて「企」とするのがよいという（一八頁）。『文選』巻五四、陸機「五等論」に、「蓋企及進取、仕子之常志。」とみえ、李善注によれば、『礼記』檀弓上の「子思曰、先王之制礼也、過之者、俯而就之、不至焉者、跂而及之」にもとづくというから、羅新・葉煒説が妥当であろう。よって、本稿では「王企之」とした。

(10) 南京市博物館「南京象山8号・9号・10号墓発掘簡報」（前掲）では、判読不能としているが、羅新・葉煒『新出魏晋南北朝墓誌疏証』は、「粋」、張学鋒「南京象山東晋王氏家族墓誌研究」（注（3）所掲）は、「釈」と読むが、「何粋」も「何釈」も他の文献から確認できないので、とりあえず「簡報」にしたがい、□にしておく。

(11) 劉媚子墓誌は、ここに訳出した石質墓誌のほかに、磚質墓誌も出ているが、内容は磚質墓誌のほうが簡略であるほか相違点はないので、とくに訳出しなかった。南京市博物館「南京象山8号・9号・10号墓発掘簡報」（前掲）によれば、この磚質墓誌は、墓坑の塡土から出土した。「簡報」は、劉媚子が王建之より半年早く死去していることから、後の合葬に便利なように置いたのだろうと推測する（一九頁）。張学鋒「南京象山東晋王氏家族墓誌研究」（注（3）所掲）は、この点について、劉媚子を埋葬した十一月八日の時点では、王建之が任地で閏十月十二日に死去したことは建康に伝わっておらず、劉媚子の葬礼を行った時点では、磚質墓誌が墓室に置かれ、その後に王建之の訃報が伝わり遺体も帰ってきて、合葬したときに、あらたに作り直された石質墓誌のほうが墓室に置かれ、磚質墓誌は墓坑の塡土のなかに廃棄された、という見解を発表している（三六三頁）。張氏説が妥当と考えられる。

(12) 中村圭爾「六朝貴族制と官僚制」（『六朝政治社会史研究』汲古書院、二〇一三所収）六二頁。

(13) 『晋書』では、尚書右僕射であり、右と左はまちがいやすいので、確実なことはわからないが、【A】【C】【D】【E】【G】ではいずれも左となっており、尚書左僕射が正しいかもしれない。

(14) 『資治通鑑』巻九五「晋紀」一七、咸康二年の条に、
二月、尚書僕射王彬卒。

とある。

(15) 私見では、宋・斉時代には、二十歳前後で起家する甲族と三十歳前後（おおむね二十代後半）で起家する後門との格差があった。本書の第九章「南朝官人の起家年齢」を参照。

(16) 秦冬梅「論東晋北方士族与南方社会的融合」（『北京師範大学学報』二〇〇三―五）一三五〜一三六頁。

(17) 王大良『中国古代家族与国家形態』（前掲）四七二〜四七三頁。

(18) 唐長孺「読顔氏家訓後娶篇論南北嫡庶身分的差異」（『唐長孺文集六山居存稿続編』中華書局、二〇一一）。

(19) 中村圭爾『六朝貴族制研究』第三篇補章「墓誌銘よりみた南朝の婚姻関係」四一四〜四一五頁。

(20) 『晋書』巻七六王彪之伝には、「二子、越之、撫軍参軍、臨之、東陽太守。」とあるが、少なくとももう一人の子、康之が存在したわけである。このことについては、羅新・葉煒『新出魏晋南北朝墓誌疏証』一三頁、張学鋒「南京象山東晋王氏家族墓誌研究」（注（3）所掲）三六五〜三六六頁を参照。張氏は、さらに、王康之墓誌に、父祖のことなどが一切書かれていないことについて、『晋書』王彪之伝にみえる記事に着目して次のように推測する。王彪之伝によれば、
　永和末に伝染病が大流行した。旧来の制度では、朝臣は家に伝染病にかかった者が三人以上いた場合、本人が病気でなくとも、百日間宮中に参内してはならないことになっていた。この時、百官は家族の病気を申告して参内しないものが多数にのぼった。王彪之は、「病気のはやる年には、どの家にも感染者が出るものである。もしこのことを理由に参内しなければ、宿直侍衛に支障をきたし、王者の宮省が空になってしまう」と。朝廷はこれに従った。

とあり、王康之の死去した永和十二年は永和末であるから、王康之の死は必ずやこの伝染病のためであり、墓誌に王彪之のことに触れないのは、この家族に感染者が出ても、公務を優先して考え、前引の上書をしたことと関係があるにちがいない、と。興味深い指摘であると考える。

(21) 王素の伝は、『宋書』巻九三隠逸伝にもみえるが、「高祖翹之、晋光禄大夫」とあるのみで、父祖についての詳しい記述はみられない。

(22) 劉孝標注には、さらに、「彪之、字叔虎、彭之第三弟」とあって、『晋書』よりも詳細な情報を得ることができる。

(23) 目加田誠『世説新語』下（明治書院「新釈漢文大系」、一九七八）一〇五〇頁を参照。

(24) 矢野主税「張氏研究稿」（『長崎大学学芸学部社会科学論叢』五、一九五五）、同「魏晋南朝の中正制と門閥社会」（『門閥社会史』長崎大学史学会、一九六五所収）、越智重明「南朝における皇帝の中央貴族支配に就いて」（『社会経済史学』二一―五・六、一九五六）等。

(25) 盧陵王紹は、『宋書』巻六一本伝によれば、文帝の元嘉九年（四三二）に、盧陵王に封ぜられ、同二十年に十二歳で江州刺史となっている。

(26) ちなみに、王彬の兄王廙の家系では、王廙の曽孫、弘之が『宋書』巻九三隠逸伝に立伝されているのが目につく。本伝には、

　少孤貧、為外祖徴士何准所撫育。従叔献之及太原王恭、並貴重之。晋安帝隆安中、為琅邪王中軍参軍、遷司徒主簿。家貧、而性好山水、求為烏程令、尋以病帰。桓玄輔晋、桓謙以為衛軍参軍。……母随兄鎮之之安成郡、弘之解職同行、荊州刺史桓偉請為南蛮長史。義熙初、何無忌又請為右軍司馬。高祖命為徐州治中従事史、除員外散騎常侍、並不就。家在会稽上虞。

とある。王弘之が王廙の曽孫であることは、王弘之の兄鎮之の伝（『宋書』巻九二良吏伝）で確認できる。この王弘之の場合も、仕官の経験はあるが、東晋末、劉裕が頭角を現してくるころから、隠逸生活に入ったことが知られる。ここで注目されるのは、彼が「外祖徴士何准」に養育されたとあることである。この何准とは、『晋書』巻九三外戚伝に立伝される何準のことと考えられるが、何準は本伝によれば、升平元年（三五七）以前に死去しており、一方、王弘之は、本伝によれば、元嘉四年（四二七）に六十三歳で死去しているから、三六五年の生まれであり、何準に養育されることはあり得ない。何準については、王康之の夫人の叔父でもあり、大いに注目したいところであるが、右の疑問点については、今のところ保留せざるをえない。

(27) 南京市文物保管委員会「南京象山東晋王丹虎墓和二・四号墓発掘簡報」（『文物』一九六五―一〇）三八頁、『南京出土六朝墓誌』（注（1）所掲）。

(28)【A】によれば、王興之の墓は王彬の墓の左にあり、【C】によれば、王丹虎の墓は王彬の墓の右にあった。しかし、両墓の間からも両墓の間の前方からも、王彬の墓は発見されていない。李蔚然「論南京地区六朝墓的葬地選択和排葬方法」(『考古』一九八三―四)によれば、この場所は解放前と解放初期にレンガを焼くための土取り場であり、破壊された可能性が高い(三四五頁)。

(29)【F】の曹氏は、【E】から彭城の曹季姜であり、少府卿曹蔓の娘であったことがわかる。曹蔓については、『世説新語』品藻篇注引『曹氏譜』に、

茂之字永世、彭城人也。祖韶、鎮東将軍司馬。父曼、少府卿。茂之仕至尚書郎。

とみえる。また、『世説新語』徳行篇注引『王氏譜』に、

導娶彭城曹韶女、名淑。

とあるように、王導の妻も彭城の曹氏であり、彭城の曹氏と琅邪の王氏との関係の深さをうかがわせる。このことについては、王大良『中国古代家族与国家形態』(前掲)も参照(四七八頁)。

(30)夫婦でも合葬される場合とされない場合とがあることについては、第十一回漢魏石刻の会(二〇〇五年十二月二十六日、北海道大学)で、「東晋琅邪王氏墓誌の研究」と題する報告を行った際、北海道大学の吉開将人氏や国士舘大学の津田資久氏からいただいた質問から示唆を得た。

(31)墓誌の出土していない墓もふくめてみた場合、さらに謎が加わる。たとえば、王廙の墓と推定される七号墓は、副葬品は大量に発見されているのに墓誌が出ていない。南京市博物館「南京象山5号・6号・7号墓清理簡報」(前掲)によれば、この七号墓が東晋初期のものであることは、墓室の構造や副葬品の特徴から確実であり(三三頁)、大量の副葬品のなかには、玻璃杯や金剛石の指環など西アジア、南アジア方面からもたらされたと考えられるものもある(三四〜三五頁)。また、副葬品の分布や漆片等の情況から判断して、もと木製の棺が三つ並べられ、その真ん中に男性の遺体が、左右に女性の遺体が置かれていたであろう、という(二七頁)から、この墓も夫婦合葬墓と思われる。墓の規模が大きいことや、副葬品の豪華さから、「簡報」は、この墓主を王廙と推定する(三四頁)。そもそも、盗掘の形跡がないにもかかわらず、墓誌が出ていない

のであるから、はじめから墓誌がなかったのではないかと考えられる。その理由はよくわからないが、七号墓の墓主が王廙であるとすれば、王廙が王敦の反乱に加担して、王敦から平南将軍・荊州刺史に任命され、まもなく病死し、反乱の平定後、特に許されて、遺体が都にもどってきて、埋葬されたという経緯が関係しているかもしれない。この経緯については、『晋書』巻七六王廙伝を参照。

(32)　守屋美都雄『六朝門閥の一研究――太原王氏系譜考』(日本出版協同、一九五一)、矢野主税「張氏研究稿」(注(24)所掲)等。

第十二章　柳芳「氏族論」と「六朝貴族制」学説

はじめに

内藤湖南以来の伝統をもつわが国の六朝貴族制研究については、第二章「日本の六朝貴族制研究」でその一端をみてきた。この第二章では、日本の六朝貴族制研究には、家格と官職との間の対応を厳密に考える傾向が特徴的にみられることを指摘し、その原因は日本の貴族のあり方を念頭においているためではないかという見通しを述べた。だが、日本の研究が想定するほど明示的で厳密なものではないとしても、六朝隋唐時代に、家格に応じた官吏任用が行われた可能性を示唆する記述自体は、存在していることも事実である。第二章では、この点について論じなかったので、本章で考察したい。

家格に応じた官吏任用を示唆する記述は、西晋の劉毅による中正制度批判に、「上品に寒門無く、下品に勢族無し」（『晋書』劉毅伝）とあり、南朝の沈約『宋書』恩倖伝序文「凡そ厥れ衣冠は、二品に非ざる莫く、此れ自り以還、遂に卑庶と成る」とあるように、六朝時代当時からみられた。これらの議論にみられるように、上級の郷品、とりわけ郷品二品を与えられた高官の子弟が、六品官の秘書郎などに起家して、エリートコースを歩む傾向のみられることは確かであるものの、それは、家格というよりは、むしろ父の官職に対応したものとみることが可能であり、これらの記述を根拠に、ただちに、家格と官職との間の対応関係が論証されたとすることはできないのである。(1)

そこで、内藤湖南以来注目されてきたのが、譜学である。この譜学と六朝隋唐の貴族社会との関係については、内藤湖南「概括的唐宋時代観」(2)に、六朝隋唐時代の貴族が系譜を重んじ、そのために譜学が盛んになったという指摘があり、さらに、内藤湖南の京都帝国大学における講義(一九二七年)である『支那中古の文化』には、「貴族は皆譜牒を作り、それによって等級が定まっていた」、「この譜牒は、之を役所に収めていて、その官吏任命の際には之を調べてきめる。それで譜学が大いに重んぜられた」などの指摘がみえる。(3)この内藤湖南の学説は、清朝の考証学者、趙翼の説(4)をふまえて導かれたものであるが、現在の学界においても、六朝隋唐、とくに六朝時代には、譜によって貴族の家系が序列化され、その序列にもとづいて官吏登用が行われたという理解が一般的なものとなっている。(5)

この譜学の盛行に、家格と官職との対応関係を見出す最初の議論は、唐の柳芳の「氏族論」であると考えるので、本章では、この柳芳「氏族論」を取り上げ、とくにそこにみえる南朝の譜学についての所説の信憑性に検討を加えたい。

第一節、柳芳「氏族論」にみえる南朝の譜学

いわゆる柳芳「氏族論」は、『新唐書』巻一九九柳沖伝に、唐の太宗の命による『氏族志』編纂以来、玄宗開元初の『姓系録』改訂に至る経緯を述べた後に、「後柳芳著論甚詳、今刪其要、著之左方。芳之言曰」として採録された柳芳の論の抜粋であって、「氏族論」と題されているわけではない。だが、ここでは、何啓民「柳芳氏族論中的一些問題」(6)の考証にしたがい、「氏族論」という名称を採る。この「氏族論」には、三国・魏以来の門閥貴族社会の形成と譜学とを関連付けて論じた次のような記述がある。

魏氏立九品、置中正、尊世冑、卑寒士、権帰右姓已。其州大中正・主簿、郡中正・功曹、皆取著姓士族為之、以定門冑、品藻人物。晋・宋因之、始尚姓已。然其別貴賤、分士庶、不可易也。于時有司選挙、必稽譜籍、而考其真偽。故官有世冑、譜有世官、賈氏・王氏譜学出焉。由是有譜局、令史職皆具。

魏氏九品を立て、中正を置き、世冑を尊び、寒士を卑しみ、権右姓に帰せり。其の州大中正・主簿、郡中正・功曹、皆著姓の士族を取りて之と為し、以て門冑を定め、人物を品藻す。晋・宋之に因り、始めて姓を尚べり。然れども其の貴賤を別ち、士庶を分つは、易かるべからざるなり。時において有司選挙するに、必ず譜籍を稽え、其の真偽を考う。故に官に世冑有り、譜に世官有りて、賈氏・王氏の譜学焉に出づ。是由り譜局有りて、令史の職皆具われり。

魏の九品中正制度が門閥重視に傾いたことを背景として、賈氏・王氏の譜学が出現したと説く。さらに、この賈氏・王氏の譜学について、「氏族論」には、

晋太元中、散騎常侍河東賈弼譔姓氏簿状、十八州百十六郡、合七百一十二篇、甄析士庶無所遺。宋王弘・劉湛好其書。弘毎日対千客、可不犯一人諱。湛為選曹、譔百家譜以助銓序、文傷寡省。王倹又広之、王僧孺演益為十八篇、東南諸族自為一篇、不入百家数。弼伝子匪之、匪之伝子希鏡、希鏡譔姓氏要状十五篇、尤所諳究。希鏡伝子執、執更作姓氏英賢一百篇、又著百家譜、広両王所記。執伝其孫冠、冠撰梁国親皇太子序親簿四篇。王氏之学、本於賈氏。

晋の太元中、散騎常侍河東の賈弼姓氏簿状を譔し、十八州百十六郡、合して七百一十二篇、士庶を甄析して遺す所無し。宋の王弘・劉湛其の書を好む。弘毎日千客に対し、一人の諱も犯さざるべし。湛選曹たりて、百家譜を譔して以て銓序を助けたるも、文寡省なるに傷あり。王倹又之を広め、王僧孺演益して十八篇と為し、東南の諸

族自ずから一篇と為して、百家の数に入れず。弼は子の匪之に伝え、匪之は子の希鏡に伝え、希鏡は姓氏要状十五篇を譔し、尤も諳究する所なり。希鏡は子の執に伝え、執は更めて姓氏英賢一百篇を作り、又百家譜を著し、両王の記す所を広む。執は其の孫の冠に伝え、冠は梁国親皇太子序親簿四篇を撰す。王氏の学、賈氏に本づく。

とある。東晋の太元年間（三七六〜三九六）、『姓氏簿状』を編纂した河東の賈弼に始まって、その子孫に家学として伝えられたのが賈氏の学である。これに対して、王氏の学とは、賈弼の『姓氏簿状』を好んだ宋の劉湛が作った『百家譜』を増補した南斉の王倹、さらにそれを増補した梁の王僧孺の譜学をいうが、王倹は琅邪の王氏であり、王僧孺は東海の王氏であるので、家学である賈氏の学とは性格を異にする。また、この王倹、王僧孺の『百家譜』を賈執が増補しているように、賈氏の学と王氏の学とが相互に影響を与えていたことも知られる。

みてきたように「氏族論」では、東晋末の賈弼から説き起こすが、すでに西晋時代に、摯虞が『族姓昭穆』を編纂していた。『晋書』巻五一摯虞伝に、

虞以漢末喪乱、譜伝多亡失、雖其子孫不能言其先祖、撰族姓昭穆十巻、上疏進之、以為足以備物致用、広多聞之益。以定品違法、為司徒所劾、詔原之。

虞漢末喪乱し、譜伝多く亡失し、其の子孫と雖も其の先祖を言う能わざるを以て、族姓昭穆十巻を撰し、上疏して之を進め、以為えらく以て物を備え用を致すに足り、多聞之益を広めんと。定品法に違うを以て、司徒の劾する所と為るも、詔して之を原す。

とあり、「定品違法」とあることから、「族姓」の格付けも行われていたように考えられるが詳細は不明である。この『族姓昭穆』は、『隋書』巻三三経籍志二譜系篇序では、『族姓昭穆記』となっており、西晋末の混乱のなかで散逸したという。(7)

その後、東晋の太元年間になって編纂されたのが賈弼の『姓氏簿状』であり、『南斉書』巻五二文学・賈淵伝に、

先是譜学未有名家、淵祖弼之広集百氏譜記、専心治業。晋太元中、朝廷給弼之令史書吏、撰定繕写、蔵秘閣及左民曹。淵父及淵三世伝学、凡十八州士族譜、合百帙七百余巻、該究精悉、当世莫比。永明中、衛軍王倹抄次百家譜、与淵参懐撰定。

是より先　譜学に未だ名家有らず、淵の祖弼之　広く百氏の譜記を集め、専心業を治む。晋の太元中、朝廷　弼之に令史・書吏を給し、撰定繕写せしめ、秘閣及び左民曹に蔵す。淵の父及び淵　三世学を伝え、凡そ十八州の士族譜、合して百帙七百余巻、該究精悉、当世比する莫し。永明中、衛軍王倹　百家譜を抄次し、淵と参懐撰定す。

とあり、賈弼（『南斉書』では賈弼之）のいわゆる『姓氏簿状』が十八州の士族譜であり、詳細をきわめたことが知られる。また、南斉の永明年間（四八三〜四九三）に、王倹と賈淵とが協力して『百家譜』を編纂したことも記されている。右の東晋から南斉にかけての修譜については、『南史』巻五九王僧孺伝にも記述がある。宋・斉時代に関する記述は、ほぼ柳芳の「氏族論」と重複するので省略し、東晋の賈弼の修譜についての記述のみ引用する。

始晋太元中、員外散騎侍郎平陽賈弼篤好簿状、乃広集衆家、大捜群族、所撰十八州一百一十六郡、合七百一十二巻。凡諸大品、略無遺闕、蔵在秘閣、副在左戸。及弼子太宰参軍匪之・匪之子長水校尉深、世伝其業。

始め晋太元中、員外散騎侍郎　平陽の賈弼　篤く簿状を好み、乃ち広く衆家を集め、大いに群族を捜し、撰する所十八州一百一十六郡、合して七百一十二巻。凡そ諸大品、略々遺闕無く、蔵して秘閣に在り、副は左戸に在り。弼の子　太宰参軍匪之・匪之の子　長水校尉深（淵）に及ぶまで世々其の業を伝う。

この記事によって賈弼のいわゆる『姓氏簿状』の正本が宮中の書庫に、副本が尚書省の左民曹に所蔵されたことがわ

かる。この左民曹に副本が所蔵された事情は、右に引いた記事の前に記される、梁代初期に王僧孺が百家譜の改定を命ぜられたことに関する次の記述に明瞭である。

転北中郎諮議参軍、入直西省、知撰譜事。先是、尚書令沈約以為「晋咸和初、蘇峻作乱、文籍無遺。後起咸和二年以至于宋、所書並皆詳実、並在下省左戸曹前廂、謂之晋籍、有東西二庫。此籍既並精詳、実可宝惜、位宦高卑、皆可依案。宋元嘉二十七年、始以七条徴発、既立此科、人姦互起、偽状巧籍、歳月滋広。以至于斉、患其不実、於東堂校籍、置郎・令史以掌之、競行姦貨、以新換故、昨日卑微、今日便成士流。……臣謂宋・斉二代、士庶不分、雑役減闕、職由於此。窃以晋籍所余、宜加宝愛。」武帝以是留意譜籍、州郡多離其罪、因詔僧孺改定百家譜。

北中郎諮議参軍に転じ、西省に入直し、撰譜の事を知す。是より先、尚書令沈約以為えらく、「晋咸和初、蘇峻乱を作し、文籍遺る無し。後　咸和二年に起こして以て宋に至るまで、書する所並びに皆詳実、並びに下省左戸曹の前廂に在りて、之を晋籍と謂い、東西二庫有り。此の籍既に並びに精詳、実に宝惜すべく、位宦の高卑、皆依りて案ずべし。宋元嘉二十七年、始めて七条を以て徴発し、既に此の科を立ててより、人姦互いに起こり、状を偽り籍を巧ること、歳月ごとに滋々広し。以て斉に至り、其の不実を患え、東堂に於て校籍し、郎・令史を置きて以て之を掌らしめたるも、競って姦貨を行い、新を以て故に換え、昨日の卑微、今日便ち士流と成る。……臣謂えらく宋・斉二代、士庶分たれず、雑役減闕せるは、職ら此に由る、と。窃に以えらく晋籍の余る所、宜しく宝愛を加うべし」と。武帝是を以て譜籍に留意し、州郡多く其の罪に離り、因りて僧孺に詔して百家譜を改定せしむ。

上の記述によれば、梁の尚書令沈約が、戸籍の記述を不正に書き換えて徭役を免れる弊害が宋の元嘉二十七年（四五〇）の七条徴発を契機として激化していることを述べ、さらにその防止策として、尚書下省の左民曹に保管されている東晋の戸籍（晋籍）の記述と比較して不正の摘発を推進すべきことを提案した。[8] 沈約の上言はもっぱら「籍」すなわち晋籍に言及するのみで、譜には触れないが、[9] この上言を受けた梁の武帝が「譜籍」に留意するようになり、王僧孺に百家譜の改定を命ずるに至ったのであるから、この場合の「譜」は、「籍」（晋籍）と同様、戸籍の記述内容を確認するための資料として想定されたものであるに相違ない。賈弼のいわゆる『姓氏簿状』の副本が左民曹に所蔵されていたことを考えれば、戸籍の記述内容を「譜」によって確かめることは、梁の武帝に始まるものではなく、すでに東晋末期から行われていたものであり、沈約の上言の主旨は、東晋から宋の戸籍を戸籍点検のための資料として重視することにあったため、「譜」については言及しないのであろう。この『南史』王僧孺伝の記述によれば、東晋南朝における百家譜の編纂、改定の主たる目的は、戸籍の記載内容の確認――士庶の弁別のための資料にするということなのであり、柳芳の「氏族論」が九品官人法制定以来の門閥貴族制の形成過程にこの百家譜を位置づけ、任官の基準である家格の資料として記述するのとは大きな隔たりがある。また、「氏族論」には、北魏の姓族分定についての記事の後に、

故江左定氏族、凡郡上姓第一、則為右姓。

故に江左氏族を定むるに、凡そ郡の上姓第一なれば、則ち右姓と為す。

という記述があって、『姓氏簿状』あるいは百家譜等編纂の際に、氏族の格付けも行われたことを示唆するが、池田温「唐朝氏族志の一考察」が指摘するように、『南斉書』賈淵伝や『南史』王僧孺伝には氏族の格付けを示唆する記述はみられない。[10]「氏族論」と南朝史書にみられるこれらの相違は、いわゆる貴族制を考える上で重要な論点となると考えられよう。この論点をさらに考究するためには、南朝の譜の内容や用途を検討する必要があるが、史料の残存状況の制約から、北朝の史料もふくめて考える必要がある。節を改めよう。

第二節、南北朝時代の譜の内容

南朝の譜のなかで、最も注目されるのは、七百余巻におよぶいわゆる十八州譜であるが、その内容は、池田温「唐朝氏族志の一考察」によれば「各州各郡毎に有力氏族の家譜を集積したもの」であった。(11)ここにもみられるように、譜には、特定氏族の家譜（単譜）と、複数の氏族にわたる総譜と二種類がある。(12)南北朝時代のこれらの譜で現存するものは皆無であるため、その記述内容を正確に復元することは困難であるが、先行研究の成果によりつつ、考察を進める。

南北朝時代の譜の内容についての研究としては、まず、陳直「南北朝譜牒形式的発現和索隠」(13)がある。陳氏は、当時の家譜の形式を窺い得る石刻史料として、「薛孝通貽後券」（北魏太昌元年刻）、「宋散騎常侍臨澧侯劉襲墓誌」（宋泰始六年刻）、「北魏彭城王元勰妃李媛華墓誌」（北魏正光五年刻）の三点を挙げたが、(14)詳しい分析までは行っていない。その後、楊冬荃「六朝時期家譜研究」(15)が比較的詳しい分析を行っている。楊氏によれば、我々が現在見ることのできる六朝時期の家譜の原物で、完全なものは、北魏の薛孝通の「歴叙世代貽後券」のみ、残欠のものは新疆出土の「某氏家譜」のみであり、このほか基本的に家譜によって作られ、おおむねもとの家譜の内容を反映していると考えられるものとしては沈約『宋書』の自序があるという。北魏の薛孝通の「歴叙世代貽後券」とは、陳直論文所載の「薛孝通貽後券」のことであり、その前半がこの石刻を立てた理由などを述べた譜序で、後半が家譜にあたり、五世祖以来の歴代祖先の名字・官歴を記すが、家譜そのものではなく、家譜のうち直系の人物について節録したものであろうという。

次に、「某氏家譜」は、一九六六年に出土したもので、楊氏は、麴氏高昌国時期のものとする馬雍説[16]によっているが、王素[17]「吐魯番出土『某氏族譜』新探」は、十六国時代における敦煌張氏の族譜であろう、とする。王氏の綿密な考証が正しいとしても、南北朝時代の譜の内容を考えるうえでの重要資料であることに変わりはない。楊氏が強調しているように、この「某氏家譜」は隋以前の図式家譜の貴重な実例であり、また、そこには、一族の男女の世系と婚姻関係が示されるが、各人に関する記述は名字と官職のみである。

さらに、『宋書』自序は、沈氏の譜そのものではなく、沈約によって節略されたものではあるけれども、そこには各人の名字、官歴、封爵、居住地、享年などが記されており、沈氏譜のおおよその内容を推測することができる、と楊氏は指摘する。

上記二論文のほか、徐揚傑「魏晋至唐代的中古譜牒略論」[18]が、魏晋から唐におよぶ中古全般の譜牒を取り上げ、『世説新語』劉注に引用された譜牒の佚文などによりつつ、家譜の基本内容を、家族歴史、血縁世系、婚配姻親、官爵履歴の四点であるとまとめている。

以上のように、南北朝時代の家譜には、氏族や家柄の等級――家格が記されることはなかったことが、ほぼ確認できた。家格が記されていた可能性があるのは、官修の総譜の場合に限られるとみて間違いないであろう。総譜のなかでも、南朝の十八州譜に、氏族の等級が記されていた形跡のないことは前述したとおりであり、家格が記されたようにみえる例には、前述の西晋・摯虞の『族姓昭穆』があるが、その「定品」が違法ということで弾劾されていることに明らかなように、そのランクは国家が定めた統一的基準によるものではなかった。池田温の指摘のように、国家の定めた統一的基準によるランクが記された例としては、北魏の姓族分定を除けば、唐の貞観氏族志等の例が知られるぐらいなのである。

節を改めて、北魏の姓族分定について概観し、南朝のいわゆる貴族社会の特質を考える手がかりを得たいと思う。

第三節、北魏の姓族分定

北魏の姓族分定を考察するにあたって、まず、柳芳の「氏族論」における関連の記述を見る。

山東則為郡姓、王・崔・盧・李・鄭為大、関中亦号郡姓、韋・裴・柳・薛・楊・杜首之。虜姓者、魏孝文帝遷洛、有八氏十姓、三十六族九十二姓。八氏十姓、出於帝宗属、或諸国従魏者、三十六族九十二姓、世為部落大人。並号河南洛陽人。郡姓者、以中国士人差第閥閲為之制、凡三世有三公者曰膏粱、有令・僕者曰華腴、尚書・領・護而上者為甲姓、九卿若方伯者為乙姓、散騎常侍・太中大夫者為丙姓、吏部正員郎為丁姓。凡得入者、謂之四姓。又詔代人諸冑、初無族姓、其穆・陸・奚・于、下吏部勿充猥官、得視四姓。北斉因仍、挙秀才・州主簿・郡功曹、非四姓不在選。

山東は則ち郡姓たりて、王・崔・盧・李・鄭大たり、関中もまた郡姓と号し、韋・裴・柳・薛・楊・杜之に首たり。虜姓なる者は、魏の孝文帝洛に遷るや、八氏十姓、三十六族九十二姓有り。八氏十姓、帝の宗属に出で、或は諸国の魏に従う者にして、三十六族九十二姓、世々部落大人たり。並びに河南洛陽の人と号す。郡姓なる者は、中国の士人閥閲を差第するを以て之が制を為し、凡そ三世三公有る者を膏粱といい、令・僕有る者を華腴といい、尚書・領・護而上の者もて甲姓と為し、九卿若しくは方伯の者もて乙姓と為し、散騎常侍・太中大夫の者もて丙姓と為し、吏部正員郎もて丁姓と為す。凡そ入るを得る者は、之を四姓と謂う。又た詔すらく代人の諸冑、初め族姓無ければ、其の穆・陸・奚・于は、吏部に下して猥官に充つること勿く、四姓に視らうを得しめん、と。北斉因仍し、秀才・州主簿・郡功曹を挙ぐるに、四姓に非ざれば選に在らず。

とあり、北魏・孝文帝の洛陽遷都以後、鮮卑拓跋氏等の北族と漢族士人との双方の格付けを実施したことを伝え、漢族士人の格付けが三世の就官状況によったことも知られる。「氏族論」ではさらに、姓族分定の際に作られた「方司格」について次のように述べる。

魏太和時、詔諸郡中正、各列本土姓族次第為挙選格、名曰方司格、人到于今称之。

魏の太和の時、諸郡の中正に詔して、各々本土の姓族の次第を列して挙選の格と為さしめ、名づけて方司格といい、人今に到るも之を称す。

これによれば、「方司格」とは、郡ごとに姓族の格付けをして官吏登用の際の基準として用いたものであった。まさしく、格付けされた家柄によって任官が行われるという貴族制の通説的理解とぴったり符合する記述である。(19) 通説的には典型的門閥貴族社会とされる南朝については、かえってこの種の記述を見出すことができず、北魏の姓族分定の記述にこのような家柄の等級による官吏登用を直接的に示す記述のみられることは、どのように理解したらよいのであろうか。この点は、「六朝貴族制」学説を考えるうえで手掛かりとなる重要な事実であるので、さらに考察を進める。同時代史料ともいうべき『魏書』巻一一三官氏志所載の姓族分定の詔には次のように見える。

太和十九年、詔曰、「代人諸冑、先無姓族、雖功賢之胤、混然未分。故官達者位極公卿、其功衰之親、仍居猥任。比欲制定姓族、事多未就、且宜甄擢、随時漸銓。其穆・陸・賀・劉・楼・于・嵇・尉八姓、皆太祖已降、勲著当世、位尽王公、灼然可知者、且下司州・吏部、勿充猥官、一同四姓。自此以外、応班士流者、尋続別勅。原出朔土、旧為部落大人、而自皇始已来、有三世官在給事已上、及州刺史・鎮大将、及品登王公者為姓。若本非大人、而皇始已来、職官三世尚書已上、及品登王公而中間不降官緒、亦為姓。諸部落大人之後、而皇始已来、官不及前

列、而有三世為中散・監以上、外為太守・子都、品登子男者為族。若本非大人、而皇始已来、三世有令已上、外為副将・子都・太守、品登侯已上者、亦為族。凡此姓族之支親、与其身有緦麻服已内、微有一二世官者、雖不全充美例、亦入姓族、五世已外、則各自計之、不蒙宗人之蔭也。雖緦麻而三世官不至姓班、有族官則入族、官無族官則不入姓族之例也。凡此定姓族者、皆具列由来、直擬姓族以呈聞。朕当決姓族之首末。其此諸状、皆須問宗族、列疑明同、然後勾其旧籍、審其官宦、有実則奏、不得軽信其言、虚長僥偽。……令司空公穆亮・領軍将軍元儼・中護軍広陽王嘉・尚書陸琇等詳定北人姓、務令平均。随所了者、三月一列簿帳、送門下以聞。」於是昇降区別矣。太和十九年（四九五）、詔して曰く、「代人の諸冑、先に姓族無ければ、功賢の胤と雖も、混然として未だ分たれず。故に官達せる者位公卿を極むるも、其の功衰の親、仍お猥任に居る。比ろ姓族を制定せんと欲するも、事多く未だ就らざれば、且らく宜しく甄擢すべきは、随時漸く銓せん。其の穆・陸・賀・劉・楼・于・嵇・尉八姓、皆な太祖已降、勲当世に著われ、位王公を尽くし、灼然として知るべき者は、且に司州・吏部に下し、猥官に充つること勿く、一に四姓に同じくせしめん。此れ自り以外、応に士流に班すべき者は、尋いで続けて別に勅せん。原と朔土に出で、旧と部落大人たりて、皇始（三九六〜三九七）自り已来、三世官給事已上及び州刺史・鎮大将に在り、及び品王公に登る者有らば姓と為せ。若し本と大人に非ざるも、皇始已来、職官三世尚書已上、及び品王公に登りて中間官緒を降さざる者も、亦た姓と為せ。諸部落大人の後にして、皇始已来、官前列に及ばざるも、三世中散・監以上と為り、外は太守・子都と為り、品子男に登る者有らば族と為せ。若し本と大人に非ざるも、皇始已来、三世令已上有り、外は副将・子都・太守と為り、品侯已上に登る者も、亦た族と為せ。凡そ此の姓族の支親と、其の身の緦麻服已内に有り、微かに一二世官有る者とは、全ては美例を充たさざると雖も、亦た姓族に入れ、五世已外は、則ち各々自ら之を計り、宗人の蔭を蒙らざらしむるなり。緦麻にして三世　官　姓の班に至らざると雖も、族の官有れば則ち族に入れ、官に族の官無ければ則ち姓族の例に入れざるなり。凡そ此の姓族を定むる者は、皆な具さに由来を列し、直ちに姓族を擬して以て呈聞せよ。朕当に姓族の首末を決すべし。其れ此の諸状、皆な須らく宗族に問い、疑を列し同じきを明らかにし、然る後に其の旧籍を勾べ、其の官宦を審らかにし、実有れば則ち奏し、軽々しく其の言を信じ、虚しく僥偽を長ずるを得ず。……（不実の場合の罰則）……司空公穆亮・領軍将軍元儼・中護軍広陽王嘉・尚書陸琇等をして北人の姓を詳定せしめ、務めて平均ならしめん。了する所の者に随い、三月ごとに一たび簿帳を列し、門下に送りて以聞せよ」と。是こに於て昇降区別せり。

北族の八姓は、漢人の四姓と同格とし、その他については、もと部落大人であったか否か、三世の間、規定以上の官職就任者を出したか否か、規定以上の封爵を与えられたか否かなどの基準を適用して等級を分けたことがわかる。北魏の孝文帝の治世に、胡漢の貴族の家格がこのように明瞭に定められたことについて、宮崎市定『九品官人法の研究』は「孝文帝の南朝から輸入した貴族主義」と述べ[20]、陳寅恪『隋唐制度淵源略論稿』も、「北朝自魏孝文以来、極力模倣南朝崇尚門第之制」と述べる[21]ように、南朝貴族制の影響とみる説が主流である。この説は、三国・魏の九品官人法制定を契機として門閥尊重の傾向が強まり、隋唐に至るまでその傾向が続くとみる柳芳「氏族論」等の見解とも符合することもあって主流の位置を占めているのであるが、このような見方とは正反対の、宋代の沈括の見解もある[22]。

沈括『夢渓筆談』巻二四「雑誌」一[23]には、

士人以氏族相高、雖従古有之、然未嘗著盛。自魏氏銓総人物、以氏族相高、亦未専任門地。唯四夷則全以氏族為貴賤。如天竺以刹利・婆羅門二姓為貴種、自余皆為庶姓、如毘舎・首陁是也。其下又有貧四姓、如工巧純陁是也。其他諸国亦如是。国主大臣各有種姓、苟非貴種、国人莫肯帰之、庶姓雖有労能、亦自甘居大姓之下。至今如此。自後魏拠中原、此俗遂盛行於中国、故有八氏・十姓・三十六族・九十二姓。凡三世公者曰膏粱、有令僕者曰華腴、尚書領護而上者為甲姓、九卿方伯者為乙姓、散騎常侍・太中大夫者為丙姓、吏部正員郎為丁姓。得入者謂之四姓。

士人氏族を以て相い高しとするは、古従り之有りと雖も、然れども未だ嘗て著盛ならず。魏氏人物を銓総するに、氏族を以て相高しとするといえども、亦た未だ専らには門地に任ぜず。唯だ四夷は則ち全て氏族を以て貴賤と為す。如えば天竺は刹利（クシャトリヤ）・婆羅門（バラモン）二姓を以て貴種と為し、自余は皆な庶姓と為し、毘舎（ヴァイシャ）・首陁（シュードラ）の如きは是なり。其の下又た貧四姓有り、工・巧・純・陁の如きは是なり。其の他の諸国も亦た是の如し。国主大臣各々種姓有り、苟しくも貴種に非ざれば、国人肯えて之に帰すこと莫く、庶姓は労能有りと雖も、亦た自ら甘んじて大姓の下に居る。今に至るも此の如し。後魏中原に拠りて自り、此の俗遂に中国に盛行し、故に八氏・十姓・三十六族・九十二姓有り。凡そ三世公たる者は膏粱と曰い、令僕有る者は華腴と曰い、尚書領護而上たる者は甲姓と為し、九卿方伯たる者は乙姓と為し、散騎常侍・太中大夫たる者は丙姓と為し、吏部正員郎たるは丁姓と為す。入るを得る者は之を四姓と謂う。

とあって、三国・魏以来の氏族尊重の風潮と、北魏の姓族分定とは異質なものであり、後者は中国的なものではないという。沈括によれば、もっぱら門地を尊重する風潮は、本来中国的なものではない。右に続く記述では、北魏の姓族分定を契機として門地尊重が一世を風靡するようになり、唐末まで続いたという。この沈括の見解について、「もっぱら」ということではないにしても、門地尊重の風潮が北魏以前の魏晋時代にも存在したことは、沈括自身認めるところであり、姓族分定が非中国的なものであるという点については、必ずしもそうはいえないと考える。だが一方、姓族分定のように国家が姓族を格付けする制度が、魏晋南朝にはみられない制度であることは確かなのであり、そのことを明確に指摘し、柳芳「氏族論」等とは異なる見解を提起していることは注目に値しよう[24]。

右のように、北魏の姓族分定については、南朝貴族社会からの影響を重視する説と、北魏独自のものと考える説とがあった。第二・三節で述べたように、南朝において姓族の格付けが行われたことをうかがわせる記述は一切みられないことから、南朝貴族社会の影響と考えることは困難である。やはり、北魏独自の制度とみる立場に傾くのであるが、ただ、北魏独自の制度であるにしても、魏晋以来の姓族尊重の風潮と無関係ではないと考える。その意味で、次の唐長孺の説が注目に値しよう。唐氏は、

史籍には北魏のように先祖がかつていかなる官職に就任していれば士族になれるのかを具体的に規定したものはみられないし、官爵の高下と門閥の序列との密接な関係を具体的に規定したこともない。東晋南朝で士庶や門閥の高低を弁別する標識は婚姻と官職である。官職は清官濁官の区別、とりわけ起家官を重視し、官爵の高低だけによるのではなく、門閥の昇降はもとよりその時点での官爵と関係があり、どのような品級の官職につけば昇格し、つかなければ降格するという具体的規定はない。よって、北魏のこの規定は現在見られる関係記載についてみるとかつて先例の無いものであるが、その精神は、伝統的慣例の具体化であり制度化であるといっても差し支えない。[25]

という。そして、この姓族分定の意図は、鮮卑等の族も包括した新たな門閥の序列と体制を打ち立て、拓跋政権を強固にするところにあった、とする。[26]

この唐氏の見解は、従来の研究が、六朝時代に、譜学を媒介として家格と官職との間に密接な対応関係が存在した、という柳芳「氏族論」の主張をほぼそのまま受け容れて、南朝に典型的な貴族制社会を想定し、したがって、北魏の姓族分定を南朝からの影響であるととらえ、南朝の史料に国家による家格の認定の痕跡が見いだせなくても、北魏の姓族分定でそれが行われた以上、必ず南朝にも家格の認定とそれに対応した官吏登用が行われてきた、と考えてきたのとは、まったく異なる理解であるといえよう。もっとも、姓族分定における家格を非漢族的なものとする沈括の説

や、北魏・孝文帝の改革が南朝側に影響を与えたとする岡崎文夫説(27)、南朝では王朝の統一的基準による家格のなかったことを示唆した池田温説など、部分的に唐長孺説と方向性を同じくする学説も出されてはいたが、上記論文に示された唐長孺説こそ、もっとも核心をついていると考える。このような考えにもとづき、私も唐氏の基本的見通しに賛成したいと思う。

おわりに

本章では、六朝隋唐を貴族制の時代とみる、内藤湖南以来の学説の根本ともいうべき、柳芳「氏族論」の諸説に検討を加えてきた。「氏族論」のなかでも、「六朝貴族制」学説の根拠とされてきたのは、譜学を媒介とする家格と官職との密接な関係が六朝時代にはみられた、という柳芳の主張であったが、それを南朝の史料に即して検討してみた結果、その主張を裏付ける根拠を見出すことはできなかった。この事実を直視するならば、従来考えられてきたような家格と官職とが緊密に結びついた貴族制社会を南朝に見出すことは困難なのであり、むしろ家格と官職との間の緊密な関係はないということを率直に承認したうえで、南朝社会の特質の把握に努めるのが妥当であろう。私見では、家格と官職とを密接に対応させる制度はなくとも、官吏登用の際の資料として、父祖、とくに父の官職を主としつつも、そのほかにも、池田氏の指摘のように、家譜や総譜に記載される累代の仕官や婚姻など、様々な情報が参照されたことは確かなのであり、南朝社会が一種の貴族制社会であったことまでを否定する考えはない。以上、要するに、柳芳の六朝社会に関する主張が、南朝社会の実態と乖離していたと考えられることを確認したうえで、王朝による姓族のランク付けが行われた北朝社会と対比させつつ、南朝社会の特質を把握する視点を提起した。残された大きな課題は、なぜ柳芳は、六朝時代に家格と官職との密接な対応関係のあったことを主張するのであろうか、ということである。これは、姓族をもっと尊重すべきであるという、彼の主張と関連しているであろう。この「氏族論」が書かれたのは、唐の粛宗（七五六〜七六二）の時代であろうと思われるが、その当時の政治・社会情勢と関連させて、柳芳の主張の意味をより深く考究することは、今後の課題としたい。

注

（1）唐長孺「士族的形成和昇降」（『魏晋南北朝史論拾遺』一九八三、『唐長孺文集二』中華書局、二〇一一所収）は、劉毅の言の「勢族」に着目して、たとえ士族高門であっても、一旦権勢を失えば、中正はこの家の子弟の品を引き下げることがあり得るということであり、品の高下はその時の権勢で決定され、祖先の名位によるのではない、という（文集二の五六〜五七頁）。『宋書』恩倖伝序文については、本書第十章「門地二品について」で取り上げた。

（2）「概括的唐宋時代観」（初出一九二二、『内藤湖南全集』第八巻、筑摩書房、一九六九所収）一一一頁。

（3）『支那中古の文化』（前掲『内藤湖南全集』第十巻所収）三二六〜三二七頁。

（4）趙翼『陔余叢考』巻一七「譜学」に、

至魏九品中正法行、于是権帰右姓、州大中正・主簿・郡中正・功曹皆取著姓士族為之。有司選挙、必稽譜牒、故官有世冑、譜有世官、于是賈氏・王氏譜学出焉。

とあって、魏の九品中正法が行われて以来、官吏登用法は名族に有利に運用され、官吏を任用する際には、必ず譜牒を参照するようになって、賈氏・王氏の家学としての譜学も出現したことが指摘されている。ほぼ同趣旨の指摘は、宋の鄭樵の『通志』巻二五氏族略「氏族序」にも次のようにみえる。

自隋唐而上、官有簿状、家有譜系、官之選挙必由於簿状、家之婚姻必由於譜系。歴代並有図譜局、置郎・令史以掌之、仍用博古通今之儒知撰譜事。凡百官族姓之有家状者則上之、官為考定詳実、蔵於秘閣、副在左戸。若私書有濫、則糾之以官籍、官籍不及、則稽之以私書。此近古之制、以縄天下、使貴有常尊、賤有等威者也。所以人尚譜系之学、家蔵譜系之書。自五季以来、取士不問家世、婚姻不問閥閲、故其書散佚而其学不伝。

上記の趙翼や鄭樵の指摘は、唐の柳芳の「氏族論」（『新唐書』巻一九九柳沖伝）の次の記事をふまえていることは、明瞭である。

魏氏立九品、置中正、尊世冑、卑寒士、権帰右姓已。其州大中正・主簿、郡中正・功曹、皆取著姓士族為之、以定門冑、品藻人物。晋・宋因之、始尚姓已。然其別貴賤、分士庶、不可易也。于時有司選挙、必稽譜籍、而考其真偽。故官有世冑、譜有世官、賈氏・王氏譜学出焉。由是有譜局、令史職皆具。

（5）多賀秋五郎「古譜の研究」（『東洋史学論集（東京教育大学）』四、一九五五）、同氏『中国宗譜の研究』上巻（日本学術振興会、一九八一）第一章「宗譜成立の伏線としての古譜の研究」、森田憲司「宋元時代における修譜」（『東洋史研究』三七―四、一九七八）、井上徹『中国の宗族と国家の礼制』（研文出版、二〇〇〇）序章などを参照。ただ、池田温「唐朝氏族志の一考察」（『北海道大学文学部紀要』一三―二、一九六五）では、貴族の系譜の集積と官吏登用のあり方について、南朝、北朝、唐それぞれの間でちがいがみられることを、次のように指摘している。南朝では、梁の武帝の時、十八州譜の改編が行われたが、それは有力氏族の家譜の集積であって、王朝が設定した統一的基準による家柄のランク付けではないものの、集積されたデータが各家門の子孫の出身を規定していた。一方、北朝の北魏・孝文帝による姓族分定は、国家が官品の高低を基準に家柄をランク付けしたもので、この家格が、各家門の子孫の出身を規定した。さらに、科挙制が採用され蔭子孫の体系が確立していた唐代では、父祖の官品によって自動的に子孫の出身階が定まり、もはや家格は存在せず、従って唐代に氏族志が編纂されたとはいっても、その氏族志には、未来の仕官の際の家格基準を示すという機能はなく、氏族の過去の栄誉を現わすにとどまる、と（五三～五五頁）。この池田氏の指摘は、通説的理解と微妙に相違する点があり、旧来の「六朝貴族制」学説に根本的修正をせまる論点を含むものであると考えるが、意外にも、この点については、あまり注目されなかった。

（6）何啓民「柳芳氏族論中的一些問題」（初出一九八一、『唐代研究論集』新文豊出版公司、一九九二所収）。

（7）ちなみに、『隋書』巻三三経籍志二譜系篇から、「氏族論」にあげられている人物の著作を拾ってみると以下のようである。

劉湛『百家譜』二巻（亡）、王倹『百家集譜』十巻、王僧孺『百家譜』三十巻、王僧孺『百家譜集鈔』十五巻、賈執『百家譜』二十巻、賈執『姓氏英賢譜』一百巻。

（8）この沈約の上言は、『通典』巻三食貨三「郷党」にも載せられていて、『通典』所載のほうが詳しいほか、字句の相違もあるが、論旨は共通するので、引用はしない。なお、不正の具体的内容については、中村圭爾「南朝戸籍に関する二問題」（一九九二初出、『六朝江南地域史研究』汲古書院、二〇〇六所収）に詳しい。

（9）沈約の上言にみえる「晋籍」について、趙翼『陔餘叢考』巻一七「譜学」は、「此即賈弼所撰者」と注記し、賈弼が編纂した譜牒のことと解するが、文脈から判断して「晋籍」は戸籍である。このことについては、第十章「門地二品について」注（19）でも指摘したのであわせて参照されたい。

（10）注（5）を参照。

（11）海野洋平「梁武帝の皇子教育」（『集刊東洋学』七五、一九九六）は、この十八州譜を改編した「王僧孺『百家譜』の佚文が『元和姓纂』に数条引用されて残っている」として、二条を挙げておられる（三二頁）。そこには婚姻関係が記されるのみであるが、この引用文だけから、『百家譜』の記述内容を推定するわけにはいかないので、以下本節では、南北朝時代の譜の記載内容についてあらためて考究する。

（12）多賀秋五郎『中国宗譜の研究』上巻（前掲）七九頁。徐揚傑「魏晋至唐代的中古譜牒略論」（『家族制度与前期封建社会』湖北人民出版社、一九九九所収）の場合は、基本的に多賀説によりつつ、単姓族譜（家譜）と望族譜に分ける（八一頁）。

（13）陳直「南北朝譜牒形式的発現和索隠」（『西北大学学報（社会科学版）』一九八〇年第三期）。

（14）三点のうち、劉襲墓誌は、明・陶宗儀『古刻叢鈔』に全文が載せられており、李媛華墓誌は、趙超『漢魏南北朝墓誌彙編』（天津古籍出版社、一九九二）等に載せられているが、「薛孝通貽後券」は、陳直氏によれば、一九二〇年、山西省太原で出土し、原石は夏子欣によって得られ、その後誰かに売られて所在がわからなくなっており、このことを知る者も少ないという。なお、陳直氏は、これら三点につき、「南北朝の家譜の刻石に載する者」とするが、家譜の内容の抄録であって家譜そのものではないことは、注（12）所掲徐揚傑「魏晋至唐代的中古譜牒略論」に指摘するとおりであろう（九四頁）。

(15) 楊冬荃「六朝時期家譜研究」(『譜牒学研究』四、一九九五)。
(16) 馬雍「略談有関高昌史的幾件新出土文書」(『考古』一九七二―四)
(17) 王素「吐魯番出土『某氏族譜』新探」(『敦煌研究』一九九三―一)。なお、楊氏は言及しないが、一九六六年出土の「某氏族譜」(アスタナ五〇号墓出土)のほか、一九七三年にアスタナ一一三号墓から出土した譜(やはり残欠)も存在する。一九七三年出土の譜については、王素「トゥルファン出土「某氏残族譜」初探」(關尾史郎訳、『吐魯番出土文物研究会会報』七二・七三・七五・七六、一九九二)で、本譜は「西平麴氏族譜」というべきものであることを明らかにしている。この西平麴氏は王族金城麴氏とは別の一族であり、譜に記載の人物は、おおよそ五胡十六国時代後半であるという。この譜も一九六六年出土「某氏族譜」と同様、いわゆる図式家譜である。
(18) 注(12)。
(19) 姓族分定の記事としては、「氏族論」と『魏書』官氏志以外に、『隋書』巻三三経籍志二譜系篇序の次の記事が知られている。

後魏遷洛、有八氏十姓、咸出帝族。又有三十六族、則諸国之従魏者、九十二姓、世為部落大人者、並為河南洛陽人。其中国士人、則第其門閥、有四海大姓・郡姓・州姓・県姓。

とあり、「四海大姓・郡姓・州姓・県姓」という四ランクの格付けのことがみえる。
なお、姓族分定については、宮崎市定『九品官人法の研究――科挙前史――』(一九五六、『宮崎市定全集6九品官人法』岩波書店、一九九二所収)などを参照。
(20) 宮崎市定『九品官人法の研究』(前掲)、三七三頁。
(21) 陳寅恪『隋唐制度淵源略論稿』(中華書局、一九六三)九六頁。最近の研究では、牟発松「従社会与国家的関係看唐代的南朝化傾向」(牟発松主編『社会与国家関係視野下的漢唐歴史変遷』華東師範大学出版社、二〇〇六所収、のち「従南北朝到隋唐――従社会与国家的関係看唐代的南朝化傾向――」と改題して牟発松『漢唐歴史変遷中的社会与国家』上海人民出版社、二〇一一に収録)も南朝からの影響とみる。

(22) 岡崎文夫『魏晋南北朝通史』（弘文堂、一九三二）には、
梁武蕭衍は一箇優秀な統治者と認めて差支ない。彼は和帝の下にあつて政を執つた数ヶ月間に発布せしめた詔に於て氏族を分定して社会の統制を立つることを極力実行して居る。之は一面より考ふれば、南朝の伝統政策でもあるが、併し帝王が中心となりて崩れかかつた姓族の位置を安定ならしめると云ふことは、他面より見れば姓族をして帝王の保証に依頼せしむることであつて、此政策は却つて北魏の英主孝文帝によつて樹立された者である。故に姓族の位置を認むることが、同時に国家の定めた礼制を以て彼等を拘束し、儒学の統をたてて彼等の徳性を涵養せしめ、よつて以て国家の体統を維持せんとするのである。（二八六頁）
と独自の見解を述べる。梁の武帝が、即位前、南斉の和帝のもとで、士庶区別の厳格化などの改革政策を打ち出したことは確かだが、それは姓族分定とはいえない。その点において正確さに欠けるものの、宮崎氏らの説とは逆に、むしろ梁の武帝のほうが、北魏の孝文帝の政策から影響を受けたという視点は、本文で後述する沈括の見解とも一部共通する点があり、示唆的である。

(23) 胡道静『夢渓筆談校証下』（上海古籍出版社、一九八七）、梅原郁訳注『夢渓筆談３』（平凡社「東洋文庫」、一九八一）を参照。

(24) 仁井田陞「敦煌発見の天下姓望氏族譜」（一九五八、『補訂中国法制史研究　奴隷農奴法・家族村落法』東京大学出版会、一九九一所収）では、『夢渓筆談』のこの記事を引いて、「中国的社会の歴史の上で、カースト的身分集団の形成がもっとも著しかったのは、六朝期であった。唐代はその転形期にあたる。十一世紀の人、沈括はその随筆集の夢渓筆談のなかで、中国における身分階層のもっともきわだったのは、やはり六朝のことであるとして、インド古代のカーストを引合に出している。引合いに出すについて最も適当な時期は、その時期をはずして他に存在しない」（六二二頁）と述べている。ここでいう「六朝」が広義の、北朝を含む用法であるとしても、沈括の論旨とは若干のズレがあると考える。一方、ジェニファー・ホルムグレンは、『夢渓筆談』のこの記事を引いて、後漢末から唐初にかけての中国的門閥貴族社会を仮定する考え方とは合わない見解であるということを正当に指摘している。吉岡真「J．ホルムグレンの、新たな北魏征服王朝国家論」（『福大史学』

六八・六九合併号、二〇〇〇）六八～六九頁を参照。

(25) 唐長孺「論北魏孝文帝定姓族」（注（1）所掲『魏晋南北朝史論拾遺』所収）、『唐長孺文集二』の八二～八三頁。劉琳「北朝士族的興衰」（『魏晋南北朝史研究』四川省社会科学院出版社、一九八六）も唐長孺説を支持する（三〇九頁）。なお、井上晃「後魏姓族分定攷」（『史観』九、一九三六）は、「漢族の家柄の差等」については「当時の漢族社会の現状を肯定して、これに形式的規制を与えたもの」とし、「鮮卑族の家柄の差等」については、「漢族社会の実情に照合して作製された形式的規制に、鮮卑族を当て嵌めようとしたものである」とする（一二二～一二三頁）。南朝からの影響ではなく、漢族社会の現状の制度化という観点は唐長孺説と同様だが、姓族分定の画期的側面を重視してはいないように思われる。

(26) 注（25）所掲唐長孺論文、九〇～九一頁。

(27) 注（22）を参照。

結論

本書では、南朝貴族制の具体相を政治的側面と社会的側面と両面から考察してきた。まず、政治的側面からの考察結果を、南朝前期、宋斉時代の政治史をたどりながらまとめてみたい。

南朝政治史は、劉裕の革命によって幕を開ける。皇室を推戴しつつその下で北来僑姓の名門が軍事権を分有して権力の均衡状態を保つ東晋政治体制は、劉宋（四二〇〜四七九）以後、大きく変貌し、軍事権は皇族諸王の間で分有されることになった。皇帝権力は、一見強化されたように見えるが、その実、皇族間の内訌により皇位―政権は不安定かつ弱体であった。一方、東晋以来の名門の多くは、劉宋以後も高官を輩出し続けたが、さらにこれらの名門に加えて、劉裕の擡頭以前より劉裕一族と通婚関係にあった寒門層も、新たに高官を輩出する貴族に参入した。この点からみれば、劉宋も貴族政権であったといえるが、やがて、東晋以来の名門や劉宋皇族と通婚してきた寒門層のほかにも、広汎な寒門・寒人層が擡頭してきて、貴族層に参入するようになり、社会的階層の流動性は一気に高まっていく。このような政治的・社会的変動の時期における旧来の貴族層の危機意識の高まりをよく表しているのが『宋書』王弘伝の同伍犯法の論議である。この論議は、士人の優位を一方的に強調する硬直した立場と、士人の優位とともにその責任・義務の面も重視する立場との間で戦わされた論争であり、後者の立場が採択されたのである。

寒門・寒人層の擡頭の背景には、江南開発の進展にともなう階層分解などが考えられるが、彼らの擡頭の直接のきっかけは、皇帝と皇族諸王とが、それぞれ権力基盤強化のために、有能な人材の糾合を競い合ったことにあった。従来、皇帝と名族の合議政治が理想的に行われ、南朝貴族制の極致をあらわしたとされた元嘉時代（四二四～四五三）においてさえ、寒門・寒人層は擡頭の動きを強めていたのである。この元嘉時代までは、中原恢復のための北伐遂行という国家的目標が存在したが、元嘉末の北伐大敗以後、北伐政策は放棄される。そして、皇太子による文帝殺害事件以後の、皇位をめぐる皇族間の熾烈な争いの末に即位した孝武帝（四五三～四六四在位）は、皇族諸王や高官に対する優位を示すための制度改革など、ひたすら内向きの皇帝権力強化策につとめた。

孝武帝を継いだ前廃帝（四六四～四六五在位）の前半は、輔政の大臣により孝武帝型の政治からの一定の脱却が進められようとしていたが、親政を志向する前廃帝による政変によって挫折する。その前廃帝は、孤立して恐怖政治に走り、叔父の明帝（四六五～四七二在位）による宮廷政変へとつながる。このような政情不安を規定していたのは、皇位の不安定――皇帝は皇族のなかの第一人者に過ぎない――と、たえず党争をくりかえす官僚層によって規定されていた。沈約『宋書』は、皇帝・恩倖寒人対門閥貴族という図式で、その政情不安の原因を説明し、恩倖寒人の悪行と門閥貴族の無能力とを強調するが、その図式は、実情を正確にとらえたものとは言い難い。皇帝権力と名門貴族・寒門・寒人出身者を含む官僚層とはむしろ一体のものと考えられ、皇帝権力の不安定と官僚の党争とが相互に作用しあった結果の政情不安ととらえた方が実情に近いと考えられる。

劉宋の行きづまりを受けて登場した南斉（四七九～五〇二）でも事態はほとんど変わらない。劉宋末の国家財政破綻を受けて、南斉の武帝（四八二～四九三在位）が恩倖寒人の主導のもと推進した戸籍検査と物資流通への課税強化に対して、蕭子良（武帝の子）・蕭嶷（武帝の弟）ら良識派の皇族や官僚が士大夫の立場から批判を強めていた、というのが蕭子顕『南斉書』の描く図式である。確かに蕭子良らの政論には、鋭利な指摘が含まれており、そのすべてが虚構とは考えられないが、その『南斉書』豫章王嶷伝に採録される、武帝と蕭嶷（子顕の父）との間の往復書簡の内容からは、皇族・名門・恩倖寒人からなる武帝周辺の限られた集団の中で意志決定が行われている状況が浮かび上がってくる。そこには、皇帝・恩倖寒人と皇族や名門との間に対立関係はみられず、大局的にはむしろ一体の関係にあったと考えられるのであり、『南斉書』の強調する皇帝・恩倖寒人対良識派皇族・官僚という図式は、多分に割り引いて考える必要があろう。

要するに、南朝前期政治史においては、強力な皇帝権力も、高官を独占する門閥貴族も存在しない。また、門閥貴族対寒門・寒人のような明確な階級的対抗も存在しない。皇帝権力と、旧門閥貴族、寒門・寒人など各階層出身者からなる官僚層とは大局的には一体であるが、皇位継承をめぐる内訌の際には、分裂して党争をくりかえす。この場合の党派は、門閥貴族対寒門のような階級的対抗軸によって形成されるわけではなく、婚姻関係や故主―故吏関係が契機となって形成される。(1)

以上の政治史的考察から浮かび上がった不安定で流動的な状況は、社会身分の考察からも、それに対応した、流動的な状況を確認できる。南朝社会においては、皇帝権力（越智重明説）あるいは州大中正（野田俊昭説）によって決定される族門は存在しなかったし、岡崎文夫や宮崎市定によって論ぜられたような東晋中末期以来の門閥貴族層の固定化細分化という状況も見出しがたい。東晋末期以来、寒門・寒人層が擡頭して、貴族層に新規参入してくることによって、南朝貴族社会は複雑化し、流動化して、不安定なものとなった。このような社会的状況が、政治の不安定に拍車をかけたとみることができよう。

南朝官僚の起家年齢の分析からは、二十歳前後で起家する甲族層と二十代半ば以降に起家する後門層との格差がみられた。この格差は、従来考えられてきたような家格によるものとは考えられず、主として中村圭爾が指摘した任子制的原理――父の官職によるものであった。従って、甲族や後門という門第、家格は、父の官職、あるいは存命して在職している祖父の官職によるものであって、遠い先祖から連綿と続く家の伝統は直接には関係しない。本人が、かつて高官を輩出した門流に属していても、父が早逝したため不遇であった事例が多く確認できるのは、そのためであると考えられる。もちろん、父の官職が子の任官のすべてを左右したわけではなく、本人の才能や叔父や婚家の任官状況も副次的には勘案されたに相違ないし、場合によっては遠い先祖から続く家の伝統も参照されることはあったであろう。さらにいえば、父の官職や本人の才能も、遠い先祖から累積された任官の実績や連綿と伝えられてきた家学などによって得られた場合がむしろ多かったであろう。その意味でこの南朝社会を貴族制社会と呼ぶことは妥当と考えるのであるが、そのことは決して南朝社会が安定的固定的であるのを意味しない(2)。

東晋前期の琅邪王氏の墓誌からは、高官の子孫でも、本人の父親が早く死去していた場合、婚姻や仕官の面で不遇状況にあったことがうかがえる。通説では、門閥貴族制固定化以前の状況と説明されるが、むしろ南朝貴族制社会にも共通する事例と考える。それにもかかわらず、南朝社会にあっては家格が重視され、家系の学問(譜学)が発達し、任官は家系を参照して行われたとする学説が強固に主張されてきた。その源流は、唐の柳芳の「氏族論」にあり、それが南宋の鄭樵の『通志』や清の趙翼の『陔餘叢考』に継承され、さらに内藤湖南以来のわが国の学界に引き継がれて、現在の日本学界における通説的理解となったと考えられる。先述のように、一面で、先祖以来営々と積み重ねられてきた任官の実績や家学の伝統の重みを完全に否定するわけではないが、その反面に存在する、政情不安による出世の機会をつかんで貴族層に新規参入してくる階層の人々の存在も無視してはならないであろう。それら新興の貴族も先述の任子制的な特権を活用して、子孫を有利な条件で起家させ、累世高官の家系を維持しようと努める。勿論、それよりも長い間、高官家系を維持してきた家門からは差別されるけれども、その差別も、同じ官僚世界に存在しているからこその差別である。旧来の高官家門も、まずは健康の維持からはじまり、本人はもとより子子孫孫までの学問の修得に心を配るなど、家門の維持には相当な努力が必要であり、この努力を怠った場合には、競争から脱落する。これが南朝貴族制社会の実情であった。

以上述べてきた南朝貴族制下の政治社会状況のもとでも、安定した国家——社会秩序の模索は常に続けられていた。安田二郎が指摘した儒教的徳治主義・尚賢主義に基づいた任官の機会均等の要求は、その模索の一つであるし、梁の武帝の改革は不十分であるにしてもその要求に応えたものであった。(3) その任官の機会均等の要求が、隋唐の科挙制につながるという安田氏の見通しは正当であると考えるが、それは本論文の考察結果からいえば、南朝門閥貴族体制の固定性・閉鎖性突破の運動とはとらえられない。南朝貴族体制の不安定性・流動性のゆえに、任官の機会は門閥貴族に対して閉鎖的に保証されていたわけではなく、むしろ、皇族間の内訌で勝ち馬に乗ることができさえすれば、という厳しい条件のもとでではあったが、非門閥貴族たる寒門や寒人にも任官の機会は開かれていた。政情不安から絶好の機会をつかむような非正規で大きなリスクをともなう任官出世のコースに対して、学問的才能をもつものに等しく任官の機会を保証するものが科挙であった、と考えることができよう。南朝貴族制社会のもとでも隋唐帝国への道は確かに準備されつつあったと考えるのである。(4)

注

(1) 川勝義雄「門生故吏関係」(『六朝貴族制社会の研究』岩波書店、一九八二所収)、石井仁「南朝における随府府佐——梁の簡文帝集団を中心として——」(『集刊東洋学』五三、一九八五)、同氏「梁の元帝政権と荊州政権——「随府府佐」再論——」(『集刊東洋学』五六、一九八六)。

(2) 本書では、南朝貴族制社会の流動性、不安定性を強調しすぎている、という印象を与えるかもしれない。しかし、従来の南朝貴族制研究における叙述のあり方が、専門書以外の書物における正確とはいいがたい南朝貴族制認識につながっていることを意識するので、本書では特にこの流動性、不安定性について注意を喚起したかったのである。たとえば、「唐の前の六朝時代には、門閥が偏重されて、特定の家柄に生まれれば、どんな者でも地位と富とを保証され、それ以外の家に生まれれば、どんなに才能があっても、努力しても、手も足も出なかった」（高島俊男『李白と杜甫』講談社学術文庫、一九九七、三五頁）などを、正確とはいいがたい南朝貴族制の例として示すことができよう。

（3）安田二郎「晋安王劉子勛の反乱と豪族・土豪層」、「梁武帝の革命と南朝門閥貴族体制」（『六朝政治史の研究』京都大学学術出版会、二〇〇三所収）。

（4）拙稿「南朝史からみた隋唐帝国の形成」（『唐代史研究』一五、二〇一二）。

あとがき

本書は、二〇一三年に東北大学大学院文学研究科に提出した博士学位請求論文「南朝貴族制研究」（二〇一四年五月学位授与）にもとづく。本書の構成は、博士論文のそれとほぼ同じであるが、主査である熊本崇先生（東洋史）、副査の佐竹保子先生（中国文学）ならびに三浦秀一先生（中国思想）から受けた指摘に応えるべく、修正加筆した部分がある。

私が東北大学文学部に入学したのは、一九七六年である。二年生のときに、教養部の山田勝芳先生の東洋史講読を受講して『資治通鑑』読解の手ほどきを受けたのが、中国史研究の途への第一歩となった。そのころから秦漢帝国崩壊後の大混乱期――魏晋南北朝時代に漠然とした興味をいだきつつあったが、三年生となった時、ちょうど高知大学から東北大学文学部に着任された安田二郎先生の特殊講義「六朝貴族制の研究」や『宋書』列伝の講読を受講するに及んで、魏晋南北朝の中でも安田先生のご専門である南朝という時代への関心は益々強くなっていった。加えて、安田先生の授業からは、その時代の研究方法を学ぶことができた。私が魏晋南北朝史の研究を続けることができたのは、ひとえに安田先生のお蔭であり、心より感謝申し上げたい。当時の文学部東洋史学講座には、安田先生のほかに佐藤圭四郎先生（西アジア史・東西交渉史）や寺田隆信先生（明代史）がおられた。佐藤先生の東西交渉史の講義や寺田先生の『陔餘叢考』の講読などが印象深く、記憶に残っている。東洋史学講座以外にも、日本文化研究施設に井上秀雄先生（朝鮮古代史）がおられ、井上先生の演習を受講して朝鮮古代史史料『三国史記』にもふれることができた。東洋史以外では、中国哲学講座の中嶋隆藏先生が六朝思想史の講義を開講しておられたので、受講して、その重厚な内容に感銘を受けた。竹園卓夫助手（後漢・魏晋史）からは、南朝をやりたいならまず自分で『南史』を読むように勧められ、四苦八苦して取り組んだのも楽しい思い出である。東洋史を学ぶ上で本当に恵まれた環境であったと思う。

劉裕の革命を取り上げた卒業論文「劉裕政権の成立と貴族」を書いて大学院へ進学した。博士前期二年の課程では、本書第五章のもとになった修士論文「『元嘉の治』と貴族制」を書いて、後期三年の課程に進んだ。大学院生時代にも安田先生をはじめ先生方からは、学部に引き続き充実したご指導を受けることができた。そのほか、学部四年生から博士前期の頃には、松木民雄助手（先秦史）主催の『資治通鑑』輪読会に参加して、史料読解能力の向上を目指すとともに、一人一人お名前を挙げることはしないが、先輩後輩の院生・学部生諸氏と楽しい交流の時間をもつことができた。当時の私は、寡黙で取っ付きにくい人間であったと思うが、それにもかかわらずお付き合いしていただいたことは本当にありがたく、感謝している。

後期課程で五年間お世話になったところで、一九八七年、弘前大学人文学部に専任講師として採用された。初めての就職であると同時に郷里の宮城県を離れるのも初めてであったが、東洋文化コースの細谷良夫先生（東洋史）をはじめ、中屋敷宏先生（現代中国論）、植木久行先生（中国文学）、細川一敏先生（中国思想）、北川誠一先生（西アジア史）は暖かく迎えて下さり、私も大学教員としての第一歩を踏み出すことができた。弘前大学では、細谷先生の後任の井上徹先生や教養部の山田史生先生（中国思想）をはじめ諸先生にも、研究や教育等様々な面で色々とお世話になった。弘前大学で六年間勤務の後、一九九三年四月、北海道大学文学部に助教授として採用された。

北大では、東洋史の高畠稔先生（インド近代史）、小山皓一郎先生（オスマン朝史）、津田芳郎先生（中国近世史）、中井英基先生（中国近代史）、菊池俊彦先生（北東アジア史）のお世話になった。私が二〇〇一年九月に北大を離れるまでに、高畠先生、小山先生が定年を迎えられ、中井先生が筑波大学に転出され、城山智子先生（中国近代史）、森本一夫先生（西アジア史）が着任され、ともに研究や教育に励むことができた。また、助手の四宮宏貴先生（インド近代史）には、研究室運営や北海道大学東洋史談話会、北大史学会、北海道歴史研究者協議会の活動などに関わる様々な面で本当にお世話になった。

二〇〇一年十月からは、母校の東北大学大学院文学研究科で、今度は教員としてお世話になることとなり、東洋史の安田二郎先生、熊本崇先生（宋代史）をはじめ諸先生から暖かく迎えていただいた。その後、東洋史では、安田先生が定年を迎えられ、大野晃嗣先生（明清史）が着任されて今日に至っている。

大学教員としての生活の中で、講義や演習を通じての学生・院生諸氏とのふれあいも、研究を進めるうえで大いなる刺激となったことはいうまでもない。また、初めての学会発表の場であった東北中国学会をはじめ、東北史学会、東洋史研究会、史学会、中国中世史研究会、中国中世研究者フォーラム、魏晋南北朝史研究会、唐代史研究会、六朝学術学会など、各種の学会や研究会も学問的刺激を受ける場であった。

これまで研究を続けてこられたのは、家族の支援はもとより、先生方や先輩、後輩、院生、学生の方々のおかげである。本書をまとめたことを契機として、さらに研究を推進し深めていくことができればよいと願っている。

本書の出版に際しては、独立行政法人日本学術振興会から平成二十六年度科学研究費補助金（研究成果公開促進費）の交付を受けた。また、出版に際して、汲古書院の方々には大変お世話になった。末尾で失礼であるが、心からお礼申し上げる。

二〇一四年十二月

川　合　　安

初出一覧

第一章　「六朝隋唐の「貴族政治」」（『北大史学』三九号、一九九九年）
第二章　「日本の六朝貴族制研究」（『史朋』四〇号、二〇〇七年）
第三章　「劉裕の革命と南朝貴族制」（『東北大学東洋史論集』九輯、二〇〇三年）
第四章　「南朝・宋初の同伍犯法の論議」（『集刊東洋学』六七号、一九九二年）
第五章　「元嘉時代後半の文帝親政について――南朝皇帝権力と寒門・寒人――」（『集刊東洋学』四九号、一九八三年）
第六章　「『宋書』と劉宋政治史」（『東洋史研究』六一巻二号、二〇〇二年）
第七章　「唐寓之の乱と士大夫」（『東洋史研究』五四巻三号、一九九五年）
第八章　「南朝貴族の家格」（『六朝学術学会報』五集、二〇〇四年）
第九章　「南朝官人の起家年齢」（東北大学教育研究共同プロジェクト成果報告書『歴史資源アーカイヴの構築と社会的メディア化』二〇〇五年）
第十章　「門地二品について」（『集刊東洋学』九四号、二〇〇五年）
第十一章　「東晋琅邪王氏墓誌について」（『東北大学東洋史論集』十一輯、二〇〇七年）
第十二章　「柳芳「氏族論」と「六朝貴族制」学説」（平成十七年度～平成十九年度科学研究費補助金研究成果報告書『「六朝貴族制」の学説史的研究』二〇〇八年）

汲古叢書

1	秦漢財政収入の研究	山田　勝芳著	本体 16505円
2	宋代税政史研究	島居　一康著	12621円
3	中国近代製糸業史の研究	曾田　三郎著	12621円
4	明清華北定期市の研究	山根　幸夫著	7282円
5	明清史論集	中山　八郎著	12621円
6	明朝専制支配の史的構造	檀上　寛著	13592円
7	唐代両税法研究	船越　泰次著	12621円
8	中国小説史研究－水滸伝を中心として－	中鉢　雅量著	品　切
9	唐宋変革期農業社会史研究	大澤　正昭著	8500円
10	中国古代の家と集落	堀　敏一著	品　切
11	元代江南政治社会史研究	植松　正著	13000円
12	明代建文朝史の研究	川越　泰博著	13000円
13	司馬遷の研究	佐藤　武敏著	12000円
14	唐の北方問題と国際秩序	石見　清裕著	品　切
15	宋代兵制史の研究	小岩井弘光著	10000円
16	魏晋南北朝時代の民族問題	川本　芳昭著	品　切
17	秦漢税役体系の研究	重近　啓樹著	8000円
18	清代農業商業化の研究	田尻　利著	9000円
19	明代異国情報の研究	川越　泰博著	5000円
20	明清江南市鎮社会史研究	川勝　守著	15000円
21	漢魏晋史の研究	多田　狷介著	品　切
22	春秋戦国秦漢時代出土文字資料の研究	江村　治樹著	品　切
23	明王朝中央統治機構の研究	阪倉　篤秀著	7000円
24	漢帝国の成立と劉邦集団	李　開元著	9000円
25	宋元仏教文化史研究	竺沙　雅章著	品　切
26	アヘン貿易論争－イギリスと中国－	新村　容子著	品　切
27	明末の流賊反乱と地域社会	吉尾　寛著	10000円
28	宋代の皇帝権力と士大夫政治	王　瑞来著	12000円
29	明代北辺防衛体制の研究	松本　隆晴著	6500円
30	中国工業合作運動史の研究	菊池　一隆著	15000円
31	漢代都市機構の研究	佐原　康夫著	13000円
32	中国近代江南の地主制研究	夏井　春喜著	20000円
33	中国古代の聚落と地方行政	池田　雄一著	15000円

34	周代国制の研究	松井　嘉徳著	9000円
35	清代財政史研究	山本　進著	7000円
36	明代郷村の紛争と秩序	中島　楽章著	10000円
37	明清時代華南地域史研究	松田　吉郎著	15000円
38	明清官僚制の研究	和田　正広著	22000円
39	唐末五代変革期の政治と経済	堀　敏一著	12000円
40	唐史論攷－氏族制と均田制－	池田　温著	18000円
41	清末日中関係史の研究	菅野　正著	8000円
42	宋代中国の法制と社会	高橋　芳郎著	8000円
43	中華民国期農村土地行政史の研究	笹川　裕史著	8000円
44	五四運動在日本	小野　信爾著	8000円
45	清代徽州地域社会史研究	熊　遠報著	8500円
46	明治前期日中学術交流の研究	陳　捷著	品　切
47	明代軍政史研究	奥山　憲夫著	8000円
48	隋唐王言の研究	中村　裕一著	10000円
49	建国大学の研究	山根　幸夫著	品　切
50	魏晋南北朝官僚制研究	窪添　慶文著	14000円
51	「対支文化事業」の研究	阿部　洋著	22000円
52	華中農村経済と近代化	弁納　才一著	9000円
53	元代知識人と地域社会	森田　憲司著	9000円
54	王権の確立と授受	大原　良通著	品　切
55	北京遷都の研究	新宮　学著	品　切
56	唐令逸文の研究	中村　裕一著	17000円
57	近代中国の地方自治と明治日本	黄　東蘭著	11000円
58	徽州商人の研究	臼井佐知子著	10000円
59	清代中日学術交流の研究	王　宝平著	11000円
60	漢代儒教の史的研究	福井　重雅著	12000円
61	大業雑記の研究	中村　裕一著	14000円
62	中国古代国家と郡県社会	藤田　勝久著	12000円
63	近代中国の農村経済と地主制	小島　淑男著	7000円
64	東アジア世界の形成－中国と周辺国家	堀　敏一著	7000円
65	蒙地奉上－「満州国」の土地政策－	広川　佐保著	8000円
66	西域出土文物の基礎的研究	張　娜麗著	10000円

67	宋代官僚社会史研究	衣川　強著	品　切
68	六朝江南地域史研究	中村　圭爾著	15000円
69	中国古代国家形成史論	太田　幸男著	11000円
70	宋代開封の研究	久保田和男著	10000円
71	四川省と近代中国	今井　駿著	17000円
72	近代中国の革命と秘密結社	孫　江著	15000円
73	近代中国と西洋国際社会	鈴木　智夫著	7000円
74	中国古代国家の形成と青銅兵器	下田　誠著	7500円
75	漢代の地方官吏と地域社会	髙村　武幸著	13000円
76	齊地の思想文化の展開と古代中國の形成	谷中　信一著	13500円
77	近代中国の中央と地方	金子　肇著	11000円
78	中国古代の律令と社会	池田　雄一著	15000円
79	中華世界の国家と民衆　上巻	小林　一美著	12000円
80	中華世界の国家と民衆　下巻	小林　一美著	12000円
81	近代満洲の開発と移民	荒武　達朗著	10000円
82	清代中国南部の社会変容と太平天国	菊池　秀明著	9000円
83	宋代中國科擧社會の研究	近藤　一成著	12000円
84	漢代国家統治の構造と展開	小嶋　茂稔著	10000円
85	中国古代国家と社会システム	藤田　勝久著	13000円
86	清朝支配と貨幣政策	上田　裕之著	11000円
87	清初対モンゴル政策史の研究	楠木　賢道著	8000円
88	秦漢律令研究	廣瀬　薫雄著	11000円
89	宋元郷村社会史論	伊藤　正彦著	10000円
90	清末のキリスト教と国際関係	佐藤　公彦著	12000円
91	中國古代の財政と國家	渡辺信一郎著	14000円
92	中国古代貨幣経済史研究	柿沼　陽平著	13000円
93	戦争と華僑	菊池　一隆著	12000円
94	宋代の水利政策と地域社会	小野　泰著	9000円
95	清代経済政策史の研究	黨　武彦著	11000円
96	春秋戦国時代青銅貨幣の生成と展開	江村　治樹著	15000円
97	孫文・辛亥革命と日本人	久保田文次著	20000円
98	明清食糧騒擾研究	堀地　明著	11000円
99	明清中国の経済構造	足立　啓二著	13000円

100	隋唐長安城の都市社会誌	妹尾　達彦著	未　刊
101	宋代政治構造研究	平田　茂樹著	13000円
102	青春群像－辛亥革命から五四運動へ－	小野　信爾著	13000円
103	近代中国の宗教・結社と権力	孫　　江著	12000円
104	唐令の基礎的研究	中村　裕一著	15000円
105	清朝前期のチベット仏教政策	池尻　陽子著	8000円
106	金田から南京へ－太平天国初期史研究－	菊池　秀明著	10000円
107	六朝政治社會史研究	中村　圭爾著	12000円
108	秦帝國の形成と地域	鶴間　和幸著	13000円
109	唐宋変革期の国家と社会	栗原　益男著	12000円
110	西魏・北周政権史の研究	前島　佳孝著	12000円
111	中華民国期江南地主制研究	夏井　春喜著	16000円
112	「満洲国」博物館事業の研究	大出　尚子著	8000円
113	明代遼東と朝鮮	荷見　守義著	12000円
114	宋代中国の統治と文書	小林　隆道著	14000円
115	第一次世界大戦期の中国民族運動	笠原十九司著	18000円
116	明清史散論	安野　省三著	11000円
117	大唐六典の唐令研究	中村　裕一著	11000円
118	秦漢律と文帝の刑法改革の研究	若江　賢三著	12000円
119	南朝貴族制研究	川合　　安著	10000円
120	秦漢官文書の基礎的研究	鷹取　祐司著	未　刊

（表示価格は2015年１月現在の本体価格）

著者略歴

川合　安（かわい　やすし）

1958年　宮城県生まれ。

東北大学大学院文学研究科博士後期課程単位取得退学。

博士（文学）。

弘前大学人文学部助教授、北海道大学大学院文学研究科助教授を経て、

現在、東北大学大学院文学研究科教授。

主要論文に、「六朝の帳下について」（『東洋史研究』48巻２号、1989年）、「沈約の地方政治改革論――魏晋期の封建論と関連して」（中国中世史研究会編『中国中世史研究続編』京都大学学術出版会、1995年）、「南朝史からみた隋唐帝国の形成」（『唐代史研究』15号、2012年）などがある。

汲古叢書119

南朝貴族制研究

二〇一五年一月十五日　発行

著　者　川　合　　安

発行者　石　坂　叡　志

整版印刷　富士リプロ㈱

発行所　汲　古　書　院

〒102-0072 東京都千代田区飯田橋二-五-四

電　話　〇三（三二六五）九七六四

FAX　〇三（三二二二）一八四五

ISBN978-4-7629-6018-5　C3322

A Study of the Aristocratic System of the Southern Dynasties

by KAWAI Yasushi

2015

KYUKO-SHOIN

TOKYO

索　　引

人名索引

研究者名索引

ワ行